POLITIQUE

Londres, de nos jours. Moshe est un acteur dilettante. Un peu trop intellectuel, un rien névrosé, juif mais non circoncis, il a un physique plutôt ingrat, mais on lui trouve un certain charme. Il sort avec Nana, étudiante en architecture, une jolie fille « blonde partout », timide et réservée, très proche de son papa. Ils s'aiment et s'appliquent consciencieusement à être de bons amants. Ce qui inclut, au lit, mises en scène élaborées (bondage, etc.) et accessoires en tout genre. Mais ça n'est pas toujours très convaincant.

Les choses se compliquent lorsque Anjali s'immisce dans le couple. D'origine indienne, belle et pétillante, lesbienne, actrice elle aussi, elle est férue des productions cinématographiques de Bollywood. Et surtout, elle vit à merveille sa sexualité débridée. Anjali tombe amoureuse de Nana et le couple devient trio…

Politique raconte avec un humour ravageur les tribulations de ce ménage à trois. Les réponses aux douloureuses questions que se posent Moshe, Nana et Anjali (Dois-je être jaloux ? Suis-je en droit d'occuper la place du milieu au lit ?) trouvent une réponse dans les multiples digressions, dignes de Milan Kundera, que s'accorde Adam Thirlwell. Entrent donc en scène, tour à tour, Stendhal (de l'amour), Mao (de l'hygiène sexuelle), Staline (de la manipulation), Gramsci (de l'hégémonie) et bien d'autres… Mordant, terriblement intelligent, *Politique* explore une génération qui essaie de se trouver dans une époque où tout est permis.

*Adam Thirlwell est né en 1978. Fellow d'All Souls College (Oxford), il est rédacteur en chef adjoint d'*Areté*, la revue littéraire fondée par le poète Craig Raine.* Politique *est en cours de publication dans une vingtaine de pays.*

Adam Thirlwell

POLITIQUE

ROMAN

Traduit de l'anglais
par Marc Cholodenko

Éditions de l'Olivier

TEXTE INTÉGRAL

Titre original : *Politics*
Éditeur original : Jonathan Cape, 2003

ISBN 2-02-078747-4
(ISBN 2-87929-403-7, 1re publication)

www.seuil.com

À

June Goldman

1921-1998

I

1

LE PROLOGUE

1

Comme Moshe essayait, doucement, de resserrer les menottes d'un rose duveteux qui entouraient les poignets de sa petite amie, il remarqua un léger froncement de sourcils.

Je pense que vous allez aimer Moshe. Sa petite amie s'appelait Nana. Je pense que vous allez l'aimer, elle aussi.

« Ma chatte ! dit-il. Qu'est-ce qui ne va pas ? »

Il était accroupi près de son cou. Elle était allongée sur le ventre. Ses bras étaient tendus, comme ceux d'une plongeuse, au-dessus de sa tête.

C'était cela qui n'allait pas. Les poignets de Nana étaient trop fins pour les menottes. C'était pourquoi elle fronçait les sourcils. Il y avait un problème logistique. Et Nana était une fille pour qui comptait la logistique. Elle prenait le sexe au sérieux. Mais il était difficile de prendre le sexe au sérieux si, quand elle se trémoussait, ses mains manquaient de glisser des menottes. Ce n'était pas, expliqua-t-elle, idéal. Le trémoussement faisait le charme de la chose.

Nana leva les yeux et vit le visage contrarié de Moshe.

« Chaton ! dit-elle. Qu'est-ce qui ne va pas ? »

Gentiment, Nana expliqua qu'il faudrait qu'elle joue la comédie. Il lui faudrait ne pas bouger et faire comme si elle se débattait. Elle était douce avec lui. Il était vrai, dit-elle d'un ton mélancolique, parlant dans la couette, que ce n'était pas ça qui était prévu. Elle savait qu'elle devait être immobilisée, sans défense, tandis que Moshe le tyran mimerait en jubilant la perte des deux jeux de clés des menottes, les vraies et celles de rechange. Mais ce qui était amusant c'était l'improvisation.

J'aime ce couple. C'est un couple bricoleur, et j'aime ça.

C'est Nana qui avait tout imaginé. Elle avait esquissé un synopsis. Nana devait être attachée et sodomisée, sans pitié. Elle voulait que son homme puissant prouve sa puissance. Et – parce que c'était un couple qui essayait d'être mutuel – Moshe avait réagi en suggérant une petite virée à Sh !, le sex-shop d'Hoxton qui n'était pas ouvert à tous.

Pas ouvert à tous ? Non non. Les hommes sans femmes ne pouvaient pas entrer.

Nerveusement, à Sh !, Moshe et Nana déambulèrent pendant quatre minutes. Sh ! sentait l'encens. Moshe décida qu'ils devraient s'en aller. Puis il réfléchit. S'ils partaient, pensa Moshe, on pourrait croire que les gadgets les gênaient. Ils donneraient l'impression d'avoir peur du sexe.

Je ne sais pas vraiment pourquoi cela inquiétait tant Moshe. Moshe avait peur. Il avait peur des gadgets sexuels. Il avait particulièrement peur d'un godemiché de trente centimètres de long avec une pointe veinée supplémentaire pour l'anus. Mais il ne voulait pas avoir l'air effrayé. Il voulait avoir l'air indifférent.

Ils achetèrent un petit godemiché lisse imprimé léopard, pour lui ou elle, qui à présent dépassait de sous le lit dans sa boîte en carton. Ils achetèrent de la corde. En concession au bondage, ils achetèrent un soutien-gorge en cuir noir pour Nana. Il était trop petit de trois tailles. C'était comme un soutien-gorge de sport en cuir. Il lui aplatissait la poitrine. Faisant de son mieux dans le rôle de la soumise, Nana avait les seins d'une fille de treize ans. Quant à Moshe, son domaine était le contrôle. Moshe fut donc l'acheteur et le praticien de menottes d'un rose duveteux – ou du moins il l'eût été si les cliquets, les dents, les serrures, quoi que ce fût, n'avaient pas été trop grands pour la frêle ossature de Nana.

Ils étaient trop grands. Elle devait faire semblant.

Abandonnant les menottes, Moshe saisit la fine corde rose spécial bondage. Il la passa en huit autour des mains quasi menottées, puis l'attacha au montant du lit. Il arrangea les poignets en une vague croix fluorescente.

Nana était douloureusement confortable. Ce qui était parfait, pensa-t-elle. C'était exactement ce qu'il fallait. Elle voulait faire de la douleur un plaisir.

Puis Moshe écarta les fesses.

La réaction première de Nana fut la gêne. Qui fut promptement suivie, toutefois, par la jubilation. Moshe reniflait sa fente. Ça avait de l'attrait. Comme un chien Moshe lécha, lapa le trou du cul de Nana. Il dardait la langue dans le froncis plus sombre de l'orifice. Peut-être devrais-je être plus précis. Nana était blonde. C'était une blonde partout. Par « plus sombre », je ne veux pas signifier sombre. Non, Nana avait un trou du cul très pâle. C'était un trou du cul albinos.

Moshe commençait à y prendre plaisir, étirant son trou du cul rose tandis qu'il ouvrait ses fesses avec ses mains. C'était – pensa-t-elle, gênée d'être maniée – une sensation nouvelle. C'était ça, pensa-t-elle, une feuille de rose. Ce n'était pas vraiment excitant mais la feuille de rose était intéressante. Elle lui donnait un nouveau frisson.

Et Nana dit : « Parle-moi. » Plus précisément, en hommage à la pornographie, elle prononça d'une voix traînante : « Parlmoi. »

2

Les conceptions sont nombreuses touchant le fait de parler pendant le sexe. Il y a de nombreuses façons de parler pendant le sexe. Certains aiment crier des ordres. Par exemple, ils disent : « Suce ma queue. » Les ordres peuvent devenir très paradoxaux. Par exemple parfois un garçon va dire : « Demande-moi si tu peux sucer ma queue » – ce qui est ordonner une demande. Ou une fille ou un garçon va dire : « Dis-moi de sucer ta queue » – ce qui est ordonner un ordre. Ce qui métamorphose presque l'ordre en demande. D'autres veulent que ce soit leur partenaire qui parle. Ils veulent entendre des obscénités gutturales et profuses. Ce qui est particulièrement excitant quand quelqu'un soupçonne son ou sa partenaire d'être coincé. D'un autre côté, il y a des gens pour qui la parole est simplement rassurante. En fait, parfois ils n'ont même pas besoin de la parole pour obtenir le réconfort dont ils ont besoin. Le bruit suffit amplement. Pour ces gens, le bruit est une version de la parole. L'autre extrême, je suppose, implique un certain degré de déplacement de la réalité ou de jeu de rôle. Beaucoup de gens aiment être quelqu'un d'autre pendant le sexe. Beaucoup de gens aiment imaginer que quelqu'un d'autre est quelqu'un d'autre pendant le sexe.

Et Nana, aujourd'hui, était fantasmatique. Elle avait envie d'une histoire. Elle avait envie d'un jeu de rôle.

Normalement, toutefois, Nana n'aimait pas qu'on parle pendant le sexe. Même un murmure la gênait. Mais juste alors, dans un appartement de la partie la plus sordide de Finsbury, légèrement distraite par la tenue en cuir de la femme sur la boîte du godemiché, et le fil noir de la lampe de chevet Habitat, Nana était pour. Un fantasme, pensa-t-elle, serait une gâterie pour Moshe. Ça ferait passer la soirée en douceur.

Elle faisait preuve de sollicitude. Elle cherchait à calmer le jeu. Mais, et là est le *hic*, la demande de Nana ne calma pas Moshe. En fait, elle le rendit plus nerveux. Moshe était *une boule de nerfs*.

Pourquoi est-ce qu'il ne suffit jamais d'être simplement dégueulasse ? C'était cela que pensait Moshe. Pourquoi tant compliquer la chose ? Il ne se laissait pas abattre, pas encore. Il réfléchissait. Il élaborait une intrigue. Il pensait, et il avait raison, que Nana avait envie d'un vrai numéro. Elle avait envie d'un fantasme détaillé. Elle avait envie d'imagination.

Moshe imagina un fantasme antisémite. Je sais que ça peut surprendre, mais c'est le fantasme que Moshe avait trouvé.

Entre lèchements et lapements Moshe accabla sa petite amie banlieusarde, fille unique d'un riche goy, de contes illustrant les splendeurs de l'ascendance juive de Moshe. C'était le triomphe de l'opprimé. Ou plutôt, Nana croyait peut-être qu'il était l'opprimé, mais en réalité Moshe possédait pouvoir et éducation. Le père de Moshe avait fait la première croisière du *Shalom* en 1964. Le *Shalom* était la fierté d'Israël – un modèle de tape-à-l'œil, jusqu'au modernisme capitonné de la chaise longue de Charles Eames dans chaque cabine. Il possédait même sa propre synagogue privée.

Son amant avait de puissantes origines. Le grand-père de Moshe, par exemple, était un héros de l'East End. C'était un boxeur. On l'appelait le Thésée de poche. Tandis que Nana n'était que la petite princesse de son Papa. Contrairement à Moshe son maître juif, elle était dorlotée, non métropolitaine. Elle habitait la banlieue. Elle habitait, dit Moshe avec dégoût, Edgware.

Et c'était vrai. Ce n'était pas un fantasme. Nana avait grandi à Edgware avec son père. Edgware est dans la banlieue nord de Londres.

À ce point de son récit, Moshe décida qu'un geste

d'autorité était approprié. Il était à cours de matériau. Donc il la fessa, légèrement. Nana gémit et dressa la tête puis la reposa. Il la fessa de nouveau, plus fort, sauf que, parce que Moshe était excitable, sa main glissa en quelque sorte et tomba et il la fessa en retour sur la partie charnue où se rencontrent la fesse et le haut de la cuisse.

Sa maladresse l'ennuya. Il se sentit soudain vulnérable, agenouillé entre les cuisses de Nana, son bras droit levé. Il n'avait pas l'impression d'être tyrannique. Il n'avait pas l'impression d'être sultanique. Il avait seulement l'impression d'être Moshe.

Dans l'appartement du dessus, un bébé tomba en s'essayant à marcher. Il heurta brutalement le sol et se mit à pleurer.

Cela contribua à accroître la gêne de Moshe.

Pauvre Moshe. C'était un sadique nerveux, un sodomite timide. Il n'avait pas l'expérience. C'était ça son souci. Enfin, un de ses soucis. Un autre de ses soucis tenait au degré d'expérience de Nana. Les deux soucis étaient inextricables.

Quittant son personnage, Moshe frappa Nana. Il la frappa très fort. Nana fit un bruit impossible à interpréter.

3

Puis, à genoux, Moshe se prépara. Il introduisit deux doigts dans son con tandis que son pouce s'enfonçait dans son trou du cul. Ses doigts formaient la configuration plus communément utilisée pour tenir une boule de bowling. Puis il humecta son sexe et poussa, là où il espérait que se trouvait son trou du cul, en maintenant son sexe abaissé de sa main droite.

Nana lui demanda de s'arrêter. Elle dit que ça faisait trop mal.

C'était le signe que Moshe devait persévérer.

Toutes les goyettes aiment se faire baiser par un juif, répliqua Moshe, cabotinant.

Quelle noble persévérance. Pas très sûr de lui, Moshe poursuivait son fantasme. Et je trouve que cette persévérance est admirable, vraiment. Certains pourraient ricaner. Certains pourraient dire que, pour ce qui est du sexe, seul compte le savoir-faire – mais je pense que c'est faux. La persévérance aussi est noble. Moshe était noble.

Se soutenant de la main gauche, l'autre guidant le gland de manière efféminée tandis qu'un fin index localisait son trou du cul, il essaya de le pousser. Mais cet arrangement présentait un problème. Son bras gauche, incapable, tremblant, n'était pas assez fort. Et c'était, après tout, pensa Moshe, très difficile – baiser le cul d'une fille immobile. Il songea à dire : « Eh, la bombe sexuelle ! Tu peux te soulever un peu ? » Mais Nana ne pouvait rien faire. Il savait cela. Il savait qu'elle ne pouvait pas relever son trou du cul qui attendait docilement. L'excitant c'était de ne pas avoir l'air excité.

Cela le fit s'interrompre. Nana, le visage écrasé, remarqua l'interruption. Si elle louchait elle pouvait lire les lettres Dunlopillo sur l'étiquette du matelas, imprécises sous le drap.

Mais il y a des moments d'inspiration et tel était celui-ci.

Moshe tendit le bras et saisit du bout des doigts un tube de crème pour les mains – Ren Tahitian Vanilla Hand and Body Milk – à côté du lit. Il l'ouvrit du pouce et de l'index et ensuite, épuisé, la pressa directement sur le bout de sa queue, le gland, le frein, toute son érection. Puis il abandonna le tube au-dessus des cheveux blonds et vaporeux de Nana. Il resta là jusqu'à la fin.

La crème faisait reluire et brûler sa queue. Il la poussa de nouveau et sentit une étrange et tiède constriction et il s'arrêta là. *Des vagues de soulagement submergèrent Moshe.* Il s'offrit un moment de répit. Qui ne l'aurait fait ? Ne soyons pas hypocrites. Il était en train de baiser le cul de sa petite amie. Il attendit à l'intérieur d'elle, se sentant glisser lentement de l'avant.

C'était *le point culminant* de la soirée de Moshe.

Il retira un peu son sexe, avant de s'embarquer plus loin, et il glissa et retomba à l'extérieur. Et paniquant, consterné, honteux, il essaya de le refourrer rapidement dans son foyer contre nature, mais ne fit que se retrouver dans le vagin surpris de Nana.

Faisant preuve d'optimisme, pendant un moment il continua quand même à baiser Nana, la pressant contre le matelas par-derrière. Il se persuada que le sexe par-derrière était presque la même chose que la sodomie. Il tortilla. Il plongea. Il angula.

Mais non.

Cela n'était pas du sexe anal. Il n'y avait nul doute là-dessus. Moshe savait cela. C'était le contraire du sexe anal. C'était le rapport vaginal hétérosexuel normal.

Il se détendit sur Nana et songea à Israël.

Cela aurait dû être *le point le plus bas* de la soirée de Moshe. Mais ce ne l'était pas. Les choses empirèrent. Il resta là, sans rien dire, et se mit à réfléchir. Tandis qu'il réfléchissait, il devint légèrement hystérique. Oui, libre de faire tout ce qu'il voulait, Moshe devint hystérique.

Cela, pensa Moshe, doit être une scène de sexe terriblement nerveuse. Ça doit être la scène de sexe la plus nerveuse de toute l'histoire du sexe. Il évoqua de manière générale les autres couples, les couples rassasiés de par le monde. Dans toutes les autres chambres filles et garçons, par deux et trois et qui sait quatre, hurlaient d'extase. Ils caracolaient, pensa le raide et immobile Moshe. Ils étaient extatiques. Il en était sûr.

4

Je vais m'étendre un peu sur le problème de Moshe. C'est un problème universel. C'est l'insécurité universelle, de n'être pas universel.

Dans son premier ouvrage, intitulé, *De l'amour*, le célèbre romancier français Stendhal explique pourquoi selon lui nous aimons la lecture. Voici sa théorie : « Or, comme en physiologie l'homme ne sait presque rien sur lui-même que par l'anatomie comparée, de même dans les passions, la vanité et plusieurs autres causes d'illusion font que nous ne pouvons être éclairés sur ce qui se passe dans nous que par les faiblesses que nous avons observées chez les autres. Si par hasard cet essai a un effet utile, ce sera de conduire l'esprit à faire de ces sortes de rapprochements. »

Laissez-moi vous expliquer. Pas plus que vous ne savez pas à quoi votre estomac ressemble, vous ne savez pas à quoi ressemblent vos propres sentiments. Vous ne savez pas à quoi votre estomac ressemble à cause de votre peau. Vous ne savez pas à quoi vos sentiments ressemblent à cause de la vanité et autres causes d'illusion. Pour régler le problème de la peau, nous avons les livres d'anatomie. Pour régler le problème de la vanité et autres causes d'illusion, nous avons les romans.

Comparez cela à l'inquiétude exagérée de Moshe tandis qu'il est couché sur le dos de Nana. Il s'inquiétait de ce que tout le monde baisait mieux que lui. Il souffrait de dépit. Bien, le remède au dépit est de se comparer sincèrement et calmement aux autres. Quand on fait cela, alors on prend conscience que tout le monde, à un moment ou à un autre, est également maladroit. Seuls quelques privilégiés réussissent le sexe anal à chaque fois. On retrouve le sens des proportions.

Moshe avait besoin d'un roman. (Il avait besoin de ce roman.) Moshe souffrait de l'absence du roman. Ce roman, par exemple, n'est qu'un formidable tour de miniaturisation. Tout est à la bonne dimension. S'il avait lu ce roman, je pense que Moshe aurait été heureux.

C'est un problème universel. Comparez avec vous-même. Peut-être, par exemple, votre première réaction au petit souci de Moshe juste à l'instant a été de l'ignorer. Vous avez pensé qu'il paraissait exagérément faible. Vous ne pouviez tout simplement pas imaginer un garçon qui fût névrosé quant au sexe comme Moshe. Peut-être avez-vous même pensé que l'écriture également était obscène. Eh bien, c'est ce que vous pouvez avoir pensé au premier abord. Votre vanité et autres causes d'illusion peuvent vous avoir poussé à penser ça. Mais en réalité, je ne crois pas que vous êtes vraiment mécontent. Mon idée est que vous êtes comme ça aussi. Peut-être, peut-être seulement, que vous ne l'êtes pas. Mais j'estime que vous l'êtes. J'estime que, à un certain moment de votre vie, quelque chose de presque identique à cela vous est arrivé.

Bien sûr que oui ! Ce livre est fait pour être rassurant. Ce livre est universel. C'est une étude comparative. La dernière chose que je désire c'est qu'il ne soit question que de moi.

Parce qu'il est universel, il ne devrait pas y avoir de difficultés ponctuelles dans ce livre. Par exemple, peut-être que le prénom de Moshe est difficile. C'est un prénom très juif. C'est parce que c'est l'unique concession que le père de Moshe avait faite à sa famille juive pour avoir épousé une non-juive. Peut-être que vous ne savez pas comment on doit le prononcer. Possiblement, vous n'avez pas eu d'éducation juive. Eh bien, je vais vous le dire. Moshe se prononce « Moïshè ». C'est comme ça qu'on le prononce. Vous voyez ? Je ne veux pas du tout que ceci soit privé.

5

Quant à Nana, elle se sentait un peu inconfortable. Le métal des menottes, tandis qu'elle faisait mine d'être attachée, avait irrité ses poignets. Aussi, un des ongles ébréchés de Moshe l'avait griffée.

Elle lui dit : « Détache-moi. »

Moshe se pencha en avant, défit la corde rose et lâche, puis roula sur le dos et regarda son sexe s'attrister, rétrécir, s'arrêter. Nana se caressa les poignets. Tandis qu'elle caressait, elle remarqua un silence effacé. Elle se tourna donc sur le dos pour regarder Moshe. Elle craignait qu'il ne fût triste. Elle craignait qu'il ne fût mélancolique. Mais afin de ne pas être mélancolique il faut parler, raisonna-t-elle, raisonnablement.

Oh Nana, si seulement les choses étaient si simples. Si seulement, juste alors, Moshe avait possédé le calme nécessaire. Mais non. Au lieu de quoi Moshe était théâtral. C'était un théâtral dans l'âme.

Le petit ami de Nana était deux émotions. Aucune n'était utile. Ainsi qu'il a été souligné ci-dessus, leur point commun était l'hystérie. Moshe avait peur et honte. Il avait honte parce qu'il avait échoué. Il n'avait pas été un fantasme crédible. Il n'était pas réaliste. Et parce qu'il pensait avoir échoué, il pensait également qu'elle était en colère. Elle devait l'être. Et cela l'effrayait, parce qu'il pensait que, du fait de sa colère, elle pouvait être sarcastique, ou frustrée. Cela l'effrayait particulièrement parce que si Nana était réellement frustrée alors il aurait encore plus honte.

Tout compte fait, alors, il avait plus honte que peur.

Mais Nana, non sarcastique, non frustrée, était toute sollicitude. Elle était amicale et pas découragée. « Ça va ? » dit Nana.

Elle est toute sollicitude ! Cette fille s'inquiète ! s'inquiéta Moshe.

Sa réaction, néanmoins, fut simple. Il improvisa un personnage de calme triomphe. Tout, décida-t-il, s'était bien passé. Moshe était un séducteur sûr de lui. D'abord une étonnante procédure sexuelle avait eu lieu et maintenant, tandis qu'ils étaient allongés là, satisfaits, il décida de la conquérir de nouveau, lui livrant les secrets de son moi endommagé. C'était pour ça que les gens baisaient – l'après, l'intimité paisible, la discussion.

C'était une soirée inoubliable. Oh que oui.

Moshe ne répondit pas à la question de Nana. Il ne décrivit pas son état mental et physique. Enfin, pas directement. Il lui fit un petit cours.

Les yeux détournés, parce que c'était une attitude de – non, pas de gêne – de sincérité, Moshe dit : « Un jour j'étais avec mes parents dans un petit resto en Normandie. Et par la fenêtre j'ai vu cette sorte de parodie de la Libération, avec une armée en reproduction qui défilait dans les rues. » Mais, et là était le truc, ça aurait pu tout aussi bien être l'Occupation. Peut-être mimaient-ils l'Occupation, dit Moshe. Parce qu'il voyait aussi un château au sommet du village et des hommes blonds en uniforme tout droit sortis du pressing qui se déplaçaient lentement, et un minuscule Moshe, d'une manière ou d'une autre, mêlé à toute l'affaire.

Et c'était tout. C'était sa contribution à la catastrophe – une anecdote de Moshe miniature, une peur secrète, une bizarrerie.

Qu'est-ce que Moshe essayait de dire ? je vais vous l'apprendre. Il essayait de dire qu'il était désolé. Il demandait à Nana de ne pas être en colère. Il essayait de lui inspirer de la pitié pour lui. Il disait que Moshe avait peur des nazis.

Mais Nana n'était pas en colère. Elle n'était pas nazie. Elle était juste déconcertée. Elle se demandait si

Moshe était gêné. Elle se demandait quelles autres explications il pouvait y avoir à cette situation – Moshe le beau parleur au lit, lui racontant ses peurs enfantines, entouré d'adjuvants sexuels.

6

Le trou du cul de Nana lui faisait mal là où Moshe l'avait griffée. Cela la faisait gigoter. Elle essaya de se détendre. Elle se demanda jusqu'où était allé Moshe à l'intérieur de son trou du cul avant de. Elle se demanda si cela signifiait que maintenant elle était infectée.

Il la voyait qui le regardait – nu sur le dos. Il était exposé. Moshe était embêté que Nana regarde son ventre, et regarde plus bas et là se trouvait son sexe. Son sexe avait l'air bête et luisant. Il avait l'air déprimé. Donc il se leva pour trouver des vêtements. Il n'était que neuf heures du soir mais il ne pensait qu'à enfiler son pyjama.

Moshe retourna à son travestissement de judaïté. Il dit : « Tu n'as pas aimé le truc juif ? C'est ce que j'ai trouvé de mieux. »

Déprimé, Moshe sourit.

Elle le regardait, en silence. Il assurait une diversion visuelle comique. « Quoi ? » dit-il. Et elle sourit. Elle dit : « Chéri, tu n'es qu'à moitié juif. »

Moshe était debout devant elle, son corps penchant légèrement vers l'avant. Il avait le poids du corps sur la jambe droite, qui était maintenant pyjamée d'écossais. Le pied de sa jambe gauche était un peu avancé. Et son genou était doucement ployé. Il était en train d'enfiler son pyjama.

Nana se demandait pourquoi elle était heureuse, allongée là tandis que les réverbères s'allumaient, inégalement.

« Et tu n'es même pas circoncis », dit-elle.

« Ne nous disputons pas », l'admonesta-t-il, tandis qu'il sautait à cloche-pied à la recherche de la jambe gauche du pyjama.

2

LES PERSONNAGES PRINCIPAUX

1

Nous sommes allés bien trop loin. Je m'en rends compte.

Avant cette expérience de sexe anal et de bondage, Moshe et Nana se sont rencontrés et sont tombés amoureux. Après que *cela* est arrivé, mais avant le sexe anal, ils ont aussi essayé la position du missionnaire, l'éjaculation sur le visage de Nana, le sexe oral, l'alternance de rôles, le lesbianisme, l'ondinisme, le triolisme, et le fist-fucking. Tous ces essais n'ont pas été couronnés de succès. En fait, bien peu furent couronnés de succès.

Au cas où cette liste vous inquiéterait, je devrais peut-être m'expliquer. Ce livre ne traite pas du sexe. Non. Il traite de la bonté. Cette histoire traite du fait d'être gentil. Dans ce livre, mes personnages baisent, mes personnages font tout, pour des raisons morales.

Après qu'ils furent tombés amoureux mais avant d'expérimenter le lesbianisme et le triolisme l'un d'eux est tombé amoureux d'une autre fille.

À la fin de cette histoire un personnage sera en train de mourir d'une tumeur au cerveau.

Si seulement les choses étaient aussi simples qu'elles paraissent. Si seulement les événements se déroulaient sans arrière-plan.

2

Voici donc le début et le reste de l'histoire.

C'était une pièce.

Son Papa avait emmené Nana en tête à tête à une reprise au Donmar Warehouse. La pièce était *Vera ou les Nihilistes*, d'Oscar Wilde. C'était la première soirée, expliqua Papa, d'une semaine de représentation des œuvres complètes d'Oscar Wilde. Cette semaine avait été élaborée par le fameux dramaturge politique David Hare. Elle était conçue pour montrer qu'Oscar Wilde était notre contemporain. Il était du vingt et unième siècle. Étant homosexuel, Oscar comprenait que la politique était partout.

Papa siégeait au conseil d'administration du Donmar Warehouse, il se devait donc d'assister à la représentation. C'était son boulot, dit-il. Il n'avait pas le choix. Et il ne voulait pas la voir seul. Il voulait la voir avec Nana. Il dit que c'était une chance. C'était, dit-il pour la convaincre, une reprise contemporaine. David Hare avait déclaré que la pièce était *un classique*.

Mais ce n'est pas David Hare qui avait persuadé Nana. Non. C'était Papa. Elle y était allé parce qu'elle l'aimait.

Il faut que j'explique quelque chose. Papa était veuf. La mère de Nana était morte quand Nana avait quatre ans. Et la mère de Nana est absente de cette histoire. C'est parce qu'elle était aussi absente des relations entre Nana et Papa. Elle était calmement absente. Nana la voyait simplement comme la meilleure amie de Papa. Chaque fois que Nana imaginait sa mère, elle l'imaginait bavardant avec Papa. Et Nana ne voulait pas interrompre ces conversations entre sa mère et Papa. Elle préférait que les conversations se poursuivent sans elle.

C'est pourquoi Nana et Papa étaient un tel duo. C'est

pourquoi ils allèrent, en couple, à *Vera ou les Nihilistes*.

Et ce fut le début, pensa Nana par la suite. Cette pièce fut le début.

Comme on rallumait les lumières, Papa le privilégié emmena Nana derrière la scène. Et là se trouvait Moshe, chevauchant une chaise en plastique, avouant qu'il était la, oui, la vedette du spectacle. Mais il était fatigué de tout ça. Il était fatigué de tout ce bavassage.

Moshe était acteur.

C'était sur scène que Nana l'avait vu pour la première fois – éclairé par-derrière, mélodramatique. Sauf que – le taquina-t-elle plus tard, quand ils étaient amoureux – elle ne l'avait pas vraiment vu. Nana avait presque sommeillé. Oscar Wilde la barbait. À la place elle avait regardé autour d'elle – les projecteurs dans les cintres, le couple exhibitionniste qui se tripotait sur sa gauche. Elle était gênée par le dossier raide de son siège, les toux étouffées derrière elle.

C'est donc pourquoi quand Moshe – l'acteur qui jouait le prince Paul Maralovski – se leva ensuite dans la coulisse et lui fit son sourire princier, elle ne remarqua pas l'allusion. Tout ce qu'elle vit ce fut le tartre sur les deux dents de devant de Moshe. Un œil était bizarrement plus petit que l'autre.

Cela peut paraître méchant de sa part mais ce ne l'était pas. Il y a des gens qui sont tout le temps beaux et il est donné à tout le monde d'avoir des instants de beauté mais Moshe était quelque chose de spécial. C'était un acteur d'apparitions. C'était en partie à cause de son mètre soixante-dix et son petit ventre. C'était principalement à cause de son visage charnu comiquement mobile et de ses grands yeux bruns inégaux. Il était l'incomplet, le sardonique, l'excentrique froid. Gêné par ses dents négligées, Moshe mâchait légèrement le côté droit de sa lèvre inférieure. Cela le rendait charmant. Cela lui donnait l'allure timide.

Moshe n'était pas joli, mais il était charmant. Il avait une grâce espiègle.

3

Quand on rencontre son amour pour la première fois, c'est souvent ordinaire, et même banal. Il y a des gens qui trouvent ça inacceptable. C'est souvent trop banal. C'est particulièrement inacceptable pour les gens qui croient aux choses grandioses comme la prédestination et le destin et les âmes sœurs.

C'était, par exemple, inacceptable pour Nadejda Mandelstam. Nadejda était la femme du poète soviétique Ossip Mandelstam, mort au goulag. Nadejda croyait aux choses grandioses. Elle croyait à la prédestination. Voici comment elle décrit Ossip : « Il n'avait jamais douté de sa prédestination et l'acceptait tout aussi simplement qu'il accepta ce qui s'ensuivit. »

Je vais digresser de cette digression juste un instant.

Quel mensonge ! « Il n'avait jamais douté de sa prédestination et l'acceptait tout aussi simplement qu'il accepta ce qui s'ensuivit. » Je trouve cela immoral. Nadejda laisse entendre qu'Ossip acceptait que cette mort au goulag fût son destin. Il était, dit-elle, poétiquement heureux de mourir au goulag. Non, je ne comprends pas ce genre de pose. Pour le mari de Nadejda ça avait dû être, je pense, inacceptable. Ça a dû être difficile de manger des pâtes en paix. C'était aussi des pâtes prédestinées.

Quoi qu'il en soit. Dans le premier volume de son autobiographie et biographie de son mari, *Contre tout espoir*, Nadejda décrit comment elle a rencontré le grand poète romantique Ossip Mandelstam.

> Le soir, nous nous retrouvions à La Brocante, un night-club pour artistes, écrivains, acteurs et musiciens. C'était une cave

> dans l'hôtel principal de la ville, où étaient descendus des officiels de second ou troisième rang venus de Kharkov. M. était arrivé à trouver une place dans le train qui les avait amenés, et c'est ainsi qu'on lui attribua également, par erreur, une très jolie chambre dans le même hôtel. Le premier soir il descendit à La Brocante, et nous nous liâmes immédiatement d'amitié comme si c'était la chose la plus naturelle du monde. Nous avons toujours daté le début de notre vie commune du 1er mai 1919, bien que nous ayons été obligés de vivre séparés pendant un an et demi après cela.

Si vous réécrivez ce passage, vous obtenez la vraie histoire. Voici à peu près ce que ça donne. Ossip s'est trouvé là par hasard. Il a échoué au bar de l'hôtel et a bavardé avec quelques filles. L'une d'elles lui a pas mal plu. Il ne l'a pas revue pendant un ou deux ans après et l'a complètement oubliée. Quand il est retombé sur elle, elle ne se souvenait pas de lui. Il a dû lui rafraîchir la mémoire. Pour se faire plaisir ils se sont mutuellement déclaré que ce devait être le destin qui les avait fait se retrouver.

Aucun de mes personnages n'était aussi romantique. Mais ils étaient, comme tout le monde, un peu romantiques. Il était donc triste, pensèrent-ils, que leur première rencontre ait été si ordinaire. Il était triste qu'ils ne soient pas tombés amoureux.

4

Papa fit un sourire charmeur. Il questionna Moshe sur l'histoire du prince Kropotkine. Cela peut paraître très cultivé. Il peut sembler que Papa connaissait le contexte historique de *Vera ou les Nihilistes*, d'Oscar Wilde, pièce sur les anarchistes russes. Mais ce n'était pas cultivé. Cela prouvait seulement que Papa avait lu le programme.

Papa s'émerveillait des choses extraordinaires qu'il avait découvertes dans l'interprétation du rôle du prince Paul Maralovski par Moshe.

Moshe baissa le regard, étant modeste, sur les chaussures deux tons de Papa, leurs courbes grenées de tissu et de cuir.

« Oh ouais, dit Moshe, il m'a fallu un temps fou pour sentir cette scène. »

Mais Moshe était-il véritablement modeste ? Non, il ne l'était pas. Il y avait de l'eczéma au bout et sur le dos des doigts de Moshe, qu'il cachait en les regroupant avec style. Il dissimulait ses mains derrière son dos. Et cela limitait ses éventuels gestes d'orgueil. C'est pourquoi Moshe se tenait là, la tête un peu penchée vers l'avant, les mains serrées derrière le dos – prenant acte de la finesse du collecteur de fonds.

Papa admira la gravité, il admira l'évident savoir-faire d'une si noble pose.

5

Moshe était un professionnel fatigué. Il était fatigué d'être dans la coulisse. L'inélégance le déprimait. Et je comprends cela. Le chic feint est déprimant. Mais il y avait une autre raison à la légère dépression de Moshe. Aucun membre de la famille royale n'était présent.

La famille royale ?

Récemment, un samedi matin, Moshe avait narré *Le Guide de l'orchestre pour débutant*, de Benjamin Britten, au Barbican Hall. La reine mère assistait à la représentation. Et Moshe avait apprécié de rencontrer Sa Majesté. Il avait beaucoup apprécié de la rencontrer.

D'abord, en coulisse, les artistes s'étaient alignés en fer à cheval. Moshe, le novice, avait dérivé à l'une de ses extrémités. Dans le couloir, il entendait la voix de la reine mère, qui bavardait. Eh bien, supposa-t-il, c'était la voix de la reine mère. Une voix nasale. Une voix aristocratique. Puis finalement elle arriva.

Moshe était le plus proche de la porte. C'était une catastrophe. Cela signifiait que Moshe serait le premier à être présenté à la reine mère. Ignorant l'étiquette, Moshe avait prévu de copier quelqu'un d'autre. Il avait spécialement prévu de repérer le premier violon. Le premier violon portait une chemise avec un plastron nid-d'abeilles et ruché. Tous les autres portaient une chemise Marks & Spencer ordinaire. Le premier violon, pensa Moshe, saurait comment s'adresser à la reine mère.

Mais le premier violon ne pouvait pas aider Moshe maintenant. Elizabeth, inexorablement, s'avançait d'un pas chancelant, de sa hauteur qui n'allait pas au-delà des tétons de Moshe. Elle devait mesurer un mètre vingt-cinq, supputa-t-il. Cela le dérouta encore plus. Et Moshe demeura droit. Il ne s'inclina pas.

Moshe lui serra la main et dit : « Salut. »

La reine mère composa un sourire. Sa dame d'honneur, lady Anne Screeche, se raidit.

En matière de catastrophe, c'en était une petite.

Ce qu'il y a avec les membres de la famille royale, pensa Moshe, ébahi, c'est qu'ils sont royaux. Et il avait raison. La reine mère était la reine mère. Elle était la reine mère exactement.

Puis la conversation commença. À un bout de la pièce, la reine mère était assise dans un magnifique fauteuil, placé à côté de deux sièges mineurs. Le directeur du Barbican choisit deux personnes pour les sièges mineurs. Les autres regardèrent. Ils faisaient semblant de ne pas regarder tout en mangeant des canapés au caviar, mais ils regardaient. À intervalles soigneusement sélectionnés, orchestrés par le directeur, un des sièges était vidé et rempli.

Le partenaire de conversation de Moshe était le troisième clarinette. Il s'appelait Sanjiv et habitait Harrow Weald. Moshe s'ennuyait. Sanjiv demanda s'il y avait eu beaucoup de changements durant les cent années de vie de la reine mère. Et elle répondit que ouh oui bien sûr. Elle avait cru qu'elle ne s'habituerait même pas aux trams. Puis elle se tourna vers Moshe et leva ses petits yeux gris pour les fixer dans ses grands yeux bruns et dit : « Mais on s'habitue à tout, n'est-ce pas ? »

Est-ce du flirt ? pensa Moshe, soudain énamouré, transporté par cette femme du monde mélancolique. Il la regarda et se demanda s'il pouvait la trouver séduisante.

Il pouvait.

Et quelle petite amie, pensa Moshe. Tandis que la reine mère décrivait sa récente initiation au courrier électronique, Moshe se laissa emporter par la rêverie.

Il serait son jouet. Il serait le réconfort de ses dernières années. Il imagina la double page de *Hello !* – un reportage photographique sur la reine mère et son compagnon. Il y aurait des doubles pages non seulement dans *Hello !* mais aussi dans *¡ Hola !* Peut-être y aurait-il même des articles dans *Paris Match*. Elizabeth et Moshe feraient ensemble le tour du monde, à bord d'un yacht, nid d'amour unique. Ce ne serait pas, concéda-t-il, exactement sexuel. Eh bien, ça pourrait l'être. Ça ne le gênerait pas. Mais il imaginait que, réalistement, ce serait simplement un *béguin réciproque*. Et quand il serait révélé que son testament avait été modifié en sa faveur, et quand la presse à scandale aurait des mots durs, ses proches comprendraient. Sa dame d'honneur, lady Anne Screeche, comprendrait.

Moshe regarda Elizabeth Windsor, avec tendresse. Avec indulgence, il remarqua le bout usé de ses chaussures éraflées et bleu ciel. *Il ne nous reste plus beaucoup de temps*, pensa-t-il. Il supputa les attraits sous la mousseline habilement drapée. Ses jambes, admit-il, étaient bizarres. Ses tibias étaient gonflés d'ulcères. On aurait dit du plastique. Elle avait les jambes d'une Barbie inhabituelle. Et ses bras étaient lézardés et couverts de bleus.

Moshe imagina soudain la reine mère en train de faire chauffer de l'héroïne dans une lourde cuillère en argent, tandis qu'elle tirait avec ses dents sur un garrot en soie serré autour de son bras. Ou peut-être lady Anne Screeche faisait-elle le garrot – peut-être lady Anne Screeche faisait-elle tout pour elle.

Rien de tout cela ne semblait très vraisemblable.

Et je pense qu'il avait raison. Je ne pense pas qu'il est croyable que la reine mère soit une nymphomane droguée. Mais Moshe avait raison d'y songer. Il est toujours important de reimaginer la vie des gens riches et célèbres. C'est un excellent exercice de bonté. Cela vous rend plus empathique.

Oh, pensa Moshe. Oh ma mignonne.

Et alors, comme s'il n'avait pas été suffisamment transporté, la lettre de remerciement manuscrite. Adressée au directeur du Barbican, sur six feuilles in-octavo de papier à lettres de Clarence House, gravé d'un E R frisé et entrelacé sommé d'une couronne, elle écrivait :

> C'est toujours pour moi source d'un tel enchantement et d'une telle appréhension que de recevoir une invitation au Barbican. Chaque concert est si parfait. Mais il y a aussi de l'appréhension et cela parce que c'est toujours si parfait ! Chaque année, je suis si inquiète pour les nouveaux exécutants. Je m'inquiète qu'il soit impossible d'y prendre autant de plaisir que l'année précédente.
>
> Et ce fut pourtant le cas !
>
> Peut-être ne lisez-vous pas sir Max Beerbohm mais c'est l'un de mes écrivains favoris, et dans son livre *Zuleika Dobson* il décrit comment tout le monde tombe amoureux d'une jeune

fille nommée Zuleika parce qu'elle est si belle. Évidemment il ne serait pas juste de vous appeler tous Zuleika, alors que vous êtes si nombreux, et tous si talentueux. Mais je dois dire que chaque fois que je vous entends jouer je me sens emplie de respect et de crainte comme si j'étais l'une des admiratrices de Zuleika.

Peut-être jugez-vous cette lettre trop gaie pour une musique si parfaite mais quand je vous ai quittés samedi dernier j'étais totalement grisée et je crains de l'être encore.

Avec mes remerciements chaleureux et mon cordial souvenir,
Elizabeth R.

Quelle charmeuse, avait pensé Moshe en parcourant sa photocopie personnelle. Quel amour. Et après tout, pensa Moshe, qu'y a-t-il de mal à être poli ? Et je suis d'accord avec lui. Il n'y a rien de mal, après tout, à être vertueux.

6

C'est donc pourquoi le pauvre épuisé impatient Moshe, parlant à Papa, éprouvait la nostalgie de la politesse royale.

Il savait tout de ces réunions en coulisse. Elles l'ennuyaient. À moins qu'il n'y ait une veuve sexy, ces réceptions affligeaient légèrement Moshe. Pas le champagne ni les canapés au caviar, mais les gens l'affligeaient. Le conseil d'administration l'agaçait. Vous étiez là, se grommelait Moshe, et ils voulaient que vous les remerciiez. Ils voulaient que vous soyez captivé par leurs idées sur le jeu de l'acteur.

Moshe a ses problèmes, comme nous tous. Il peut donc être assez grossier. Particulièrement quand il est fatigué ou effrayé. Laissons-le vivre. Ignorons ses grommellements. Oublions le fait qu'il n'a pas perçu la politesse personnelle de Papa.

Elle n'était peut-être pas royale, mais Papa avait son étiquette bien à lui. Il avait quelque chose de mystique. Bien que « mystique » ne soit pas un mot que j'aime, c'est un mot qu'aimait Papa. Je le qualifierai donc de mystique. En fait, j'irai plus loin. En hommage à Papa et à ses instincts élevés, je vais lui donner une image. Papa est l'ange bienveillant de cette histoire.

Il y avait deux raisons au bavardage de Papa touchant le prince Kropotkine. C'était le premier spectacle de Papa en tant que membre du conseil d'administration. Il faisait donc montre de zèle. Il impressionnait le conseil par son engagement. Et aussi il était gentil. Bavarder avec Moshe à propos du prince Kropotkine était destiné à flatter Moshe. Ce n'était pas un cours. C'était conçu pour montrer que Papa avait été enthousiasmé par le jeu de Moshe. C'était un compliment.

7

Tandis que Moshe était déprimé par Papa, Nana s'était éclipsée. Le difficile Moshe l'avait intimidée. Elle était intimidée par cet homme qui impressionnait son Papa. Tandis que non loin se trouvait une jolie fille loquace prénommée Anjali qui adorait l'enchevêtrement de perles vertes et brillantes du bracelet de Nana. Anjali avait un diamant en plastique dans l'oreille droite. Nana dit que oh le bracelet était très incommode. Il était bien mais il lui broyait le poignet. Elle regarda Anjali, et Anjali lui sourit. Nana enleva ses petites lunettes noires – de deux doigts serrant l'extrémité de la branche droite, elle les faisait tournoyer.

Anjali est l'autre héroïne de cette histoire.

Nana admirait particulièrement le maquillage d'Anjali. Je le décrirai donc. Haut sur ses pommettes, Anjali avait du blush rose. Elle l'avait étalé jusque sous ses yeux. Autour de l'œil lui-même, elle avait de l'eye-liner noir charbonneux. Sur l'os de l'orbite elle avait passé de l'ombre à paupières brun clair qui se fondait au ton de sa peau.

Nana aimait ça. Anjali avait du style.

Nana prit un champagne. Puis elle prit un mini-blini aux œufs de saumon et crème aigre. Puis un autre mini-blini sommé du mini-croissant d'une minuscule crevette. Elle pinçait le verre à champagne précaire entre le médius et l'annulaire.

Elle dit : « C'est un prénom cool, c'est cool Anjali. » Elle dit : « Moi c'est Nana. »

Peut-être devrais-je expliquer le prénom de Nana. Je vois bien qu'il semble un peu étrange. Son vrai prénom était Nina. Mais quand Nina était bébé, Nina ne pouvait dire que Nana. C'est ainsi que le prénom de Nana était Nana.

Elles se turent. Anjali fouilla ses poches à la recherche de cigarettes. Elle en trouva une et la plaça en biais entre ses lèvres. Nana dit : « Et tu as été dans quelles autres pièces ? »

Ce n'était qu'une conversation. Mais les conversations ne sont pas toujours égales. On ne sait vraiment pas ce qu'on va en tirer. Parfois on pose une question gargantuesque et l'interlocuteur se contente d'acquiescer. Ou on pose une petite question pour la forme et on obtient une réponse gargantuesque.

En réponse à la question : « Et tu as été dans quelles autres pièces ? » Anjali offrit l'histoire de la carrière d'Anjali.

Donc Anjali avait été actrice. Mais que sont les débuts de toute façon ? Qui peut dire où commence quoi ? Non Anjali avait commencé comme actrice. Puis elle avait rencontré, récemment elle avait rencontré un professeur de chant, une fille polonaise. Enfin, ce n'était pas une fille, c'était une femme. C'était la femme mûre typique.

Et cette femme était passionnée, elle adorait l'opéra, elle adorait le bel canto dix-neuvième. Elle adorait les chanteuses plus que les actrices. Et Anjali n'avait pas voulu être chanteuse. À l'école ils avaient dit qu'elle devrait essayer le chant. Mais elle n'avait pas essayé jusqu'à ce qu'elle tombe amoureuse. Maintenant, voici la partie triste – oui, Anjali avait une histoire triste triste, rit Anjali – parce que Anjali était une chanteuse remarquable, vraiment magique. Non vraiment. Elle était la mezzo parfaite. Son timbre était le halo autour de la lune. Qui l'aurait cru ? Elle avait une voix halo autour de la lune. Mais Zosia – cette fille polonaise était Zosia – n'aimait que Bellini, Bellini le compositeur italien. Et Bellini ne s'intéresse pas aux mezzos. Non, Bellini aime les sopranos. Le premier rôle est toujours une soprano. Et Zosia voulait un premier rôle romantique. Elle voulait une Anjali soprano – musquée, à forte poitrine. Et bon Anjali était, Anjali était amoureuse de Zosia. Elle avait donc travaillé. Mais elle n'était arrivée que quelque part entre les deux – une intermezzo, rit la solitaire Anjali. Et la fille polonaise l'avait quittée pour une autre fille. Bon enfin bref, dit-elle. Au moins il lui restait sa voix pour parler. Et c'était ce qu'elle était, vraiment – une actrice. Donc tout était pour le mieux. Donc ce qu'elle *essayait* de dire, rit Anjali, c'est qu'elle n'avait pas été dans des pièces, pas récemment. Elle faisait surtout du cinéma maintenant. Du cinéma. Bon en fait surtout de la pub. La pub, dit-elle, payait un peu mieux. Elle faisait juste cette pièce avec Moshe pour. Tu l'as rencontré ? c'était un bon ami à elle. Ils étaient amis depuis oh des lustres. Elle faisait juste ça pour rendre service.

Dis donc. Ça alors.

C'était vraiment épuisant, d'être une non-parleuse.

8

Et Nana était une non-parleuse.

Peut-être avez-vous été surpris que Nana n'interrompe pas Anjali. Elle ne lui avait posé aucune question. Si une jolie fille prénommée Anjali commençait à vous raconter sa vie amoureuse avec les femmes, vous supposeriez que vous diriez quelque chose. Je peux même imaginer qu'il y en a qui pensent que le petit discours d'Anjali était une invitation à être questionnée.

Mais Nana n'était pas une questionneuse. Elle était discrète. Elle était belle et timide.

C'était une non-parleuse.

La plupart des gens qui ne sont pas jolis, et la plupart des gens ne sont pas jolis, pensent que les jolies filles sont puissantes et hautaines. Mais je pense que c'est faux. Plus souvent, les jolies filles sont timides. Elles peuvent être gauches, nerveuses, mal habillées. Souvent, elles sont surprises de s'entendre dire qu'elles sont jolies.

Les jolies filles sont jugées hautaines, je pense, parce que les gens croient que les jolies filles sont constamment jolies. Ce qui fait d'elles le contraire des gens non jolis – qui ne sont qu'occasionnellement jolis. Mais la joliesse est variable elle aussi. Il n'y a pas de jolie fille qui soit constamment jolie. La joliesse varie même avec l'âge. Il y a des jolis de quatorze ans et des délicieux de soixante-sept ans. Certains ne sont jolis qu'à quatre ans et c'est une tragédie.

Et Nana était jolie. Nana était belle.

Mais combien belle Nana était-elle réellement ?

Nana ne pouvait *pas* ne pas être belle. Elle essayait de ne pas être belle et elle était toujours belle. Voilà combien belle elle était. Nana avait essayé les cheveux longs, les cheveux courts, la frange fine, la coupe au carré, la coupe au carré vaporeuse, la coupe en brosse, la queue-de-cheval, et maintenant la frange courte asymétrique. Même, en un moment de jubilation rétro, une phase d'un mois d'ondulation.

Elle ne pouvait pas ne pas être belle.

Chez Director's Cut, sur Edgware High Street, les coiffeurs abandonnaient leurs clientes mouillées et malheureuses pour aller donner des conseils à Nana. Appelons ces coiffeurs Angelo et Paulo. Nana les ravissait tous deux. Angelo avait une minuscule moustache et des boucles noires. C'était sa pâleur, disait-il. Paulo pensait que c'était sa pâleur et la couleur de ses cheveux. Ils lui demandèrent si elle s'était jamais teint les cheveux. Nana dit non. Ils lui dirent de ne jamais les teindre. C'était la couleur la plus extraordinaire qui soit. C'était le mélange de blond et de blanc le plus étrange qui soit.

Ses cheveux étaient magnifiques. Nana était grande, mince, pâle, blonde, dotée d'une belle poitrine. Ses lunettes étaient de petits rectangles noirs et elle était toujours jolie.

Mais – et là était le *hic* – quand elle était petite elle était laide. À l'école, Nana était la plus grande, la binoclarde la plus dégingandée. Elle était masculine et sévère. Et cela eut des répercussions. Tout au long de son enfance, Nana crut qu'elle était laide. Tout le monde disait qu'elle était laide. En conséquence de quoi elle n'aimait pas les gens jolis. Ou plutôt, elle ne pensait pas que la joliesse avait de la valeur. À la place elle devint l'intelligente, la prudente, la silencieuse.

Quand vous avez quatorze ans vous êtes dégingandée et masculine. Quand vous avez vingt-cinq ans vous êtes longue en jambes et élégante. C'est ironique. C'est un problème psychologique.

Maintenant qu'elle était belle, on lui faisait des compliments sur sa beauté. Et tous ces compliments laissaient Nana perplexe. Angelo et Paulo la gênaient. Elle avait l'impression d'être favorisée sans raison. C'était une fille qui détestait sa beauté. Elle ne lui faisait pas confiance. Sa joliesse lui donnait du pouvoir et cela la déstabilisait. Mais que pouvait-elle faire ? On ne peut pas arrêter les gens qui vous disent combien vous êtes jolie. Vous ne pouvez pas dire aux gens que vous pensez que l'apparence est sans importance. Si vous faites ça, vous avez l'air prétentieux. Vous avez l'air hypocrite.

C'est pourquoi Nana devint une non-parleuse. Ç'aurait pu passer pour de la hauteur, ou de la bizarrerie, maintenant qu'elle était jolie. Mais ce ne l'était pas.

Une joliesse embarrassée – c'est ainsi que je décrirais Nana.

9

Entre-temps, Moshe et Papa bavardaient. Moshe dit : « Alors vous êtes dans la finance. Est-ce, je veux dire est-ce que vous ? Est-ce que ? » « Eh bien ça dépend de ce que vous entendez par être dans la finance », dit Papa. « Eh bien, je ne sais pas », dit Moshe. « C'est plus du risque que de la finance », dit Papa. « Exact », dit Moshe. Papa dit : « Il y a les éléments de la gestion du risque dans un contexte global. Puis la mise au net des données du risque. La modélisation du risque de crédit. Les innovations des PRGA. » Moshe ouvrit toute grande la bouche. « Les PRGA ? » dit-il. « Les principes de risque généralement acceptés, dit Papa. Qu'il ne faut pas confondre avec les PCGA. Principes comptables généralement acceptés. Les gens confondent souvent. »

« Je sais, dit Moshe. PRGA PCGA. Je ne m'y fais jamais. »

Cela ne provoqua aucun rire.

Il essaya de nouveau.

Moshe dit : « Je connais une blague sur la finance. »

Papa reprit un verre de champagne. Moshe dit : « Vous connaissez la différence entre un comptable anglais et un comptable sicilien ? » Il attendit. « Non ? Vous voulez que je vous la dise ? dit-il. Je vous la dis ? » « Dites », dit Papa. « L'Anglais, dit Moshe, peut dire combien de gens mourront chaque année. Le Sicilien peut vous donner leurs noms et leurs adresses. »

Cela provoqua un rire. Un rire poli.

Papa dit que toutefois il ne fallait pas plaisanter avec ça. Avec tristesse il dit à Moshe que la finance était *une recette pour contusions et brûlures*. « Vous connaissez New York ? dit Papa. New York c'est la folie. Je me disais toujours qu'il fallait que j'apporte mon oreiller au travail et que je finirais par mourir dans la salle de conférences. Quand je travaillais chez Banker's Trust un ami à moi, Charlie Borokowski, le type le plus charmant qui soit, de drôles de cravates avec des dessins égyptiens. Avec des dessins égyptiens. Où en étais-je ? La folie. New York c'est la folie. Ah oui Charlie Borokowski. Charlie avait travaillé deux jours et deux nuits à préparer un audit, une histoire de détournement de fonds. Il était allé au travail le lundi matin et j'avais carrément dû le porter pour sortir le mercredi. Il ne se rappelait même pas qu'il avait été à cette réunion. Il avait des dents très blanches, dit Papa. Il disait que c'était à cause des pommes. »

Papa dit : « Vous savez qu'ils veulent signer quand ils disent, ils vous appellent et ils disent : "Hé hé l'ami." C'est comme ça que vous savez qu'ils veulent signer. Ils disent : "Hé hé l'ami." »

« Ça me plaît », dit Moshe. « Oui à moi aussi », dit Papa.

Papa aimait bien cet acteur. Il aimait beaucoup Moshe.

10

Nana dit : « Tu connais mon père ? Je veux que tu connaisses mon père. » Anjali dit : « Um um oui je. » « Oh il faut que tu le connaisses », dit Nana. Elle mena Anjali à Papa. Elle présenta Papa à Anjali. Papa présenta Nana à Moshe.

Papa et Anjali se mirent à parler de la magnifique cravate de Papa.

Nana dit : « Ça marche très bien vous devez être content. » À quoi Moshe répondit : « Oh ce n'est qu'une maison de papier. »

Ce commentaire était censé être charmant, autodénigrant. Il était censé être une blague. Malheureusement, Moshe était incompréhensible. Nana n'avait aucune idée de ce qu'était une maison de papier. Elle le dévisagea, timidement. Elle dit : « C'est quoi une maison de papier ? » Elle but à son verre de champagne et se rendit compte alors qu'il était vide. Et Moshe fit semblant de ne rien remarquer. Au lieu de quoi il expliqua les machinations des théâtres, la façon qu'ils avaient de vous proposer deux engagements pour le prix d'un, leurs pots-de-vin. Elle dit : « Oh. » Puis il lui vint une inquiétude pratique. Elle dit : « Ça doit être épuisant d'apprendre tout ce texte. Je déteste apprendre les choses par cœur. » Elle remit ses lunettes.

Deux choses charmaient Moshe. Le charme principal était le suivant. C'était l'une des plus belles filles qu'il avait jamais vues. Le charme secondaire était le suivant. Elle était aussi aimable. Elle s'inquiétait de la santé de Moshe.

Elle doit avoir un petit ami, pensa Moshe.

Donc Moshe essaya de l'impressionner. Intellectuel impénitent, il dit : « Mais c'est un, c'est si intéressant de jouer ça. » Elle acquiesça. Moshe dit : « C'est vraiment tellement. Un rôle tellement merveilleux. Le texte n'est pas un problème.» Nana songeait. Elle dit: «Mais toutes ces blagues répétitives. Il y a des répliques terribles. "Il me semble que l'esprit de Charlotte Corday a pénétré mon âme." C'est horrible. C'est si romantique.»

Moshe regrettait d'avoir dit que c'était un rôle formidable. Il regrettait de ne pas s'être contenté d'acquiescer. Il fit marche arrière.

«C'est vrai, dit Moshe. Je veux dire, la pièce transforme vraiment la classe en mode. Elle romantise la classe.» Le duo fit une pause. La conversation fit une pause. Ni l'un ni l'autre n'avaient compris. Moshe n'avait certainement pas compris. Il oscilla. Il se stabilisa. Nana regarda son verre à champagne vide.

Les pauses sont très difficiles. Elles exigent de l'agilité. Malheureusement, ni Moshe ni Nana n'étaient en cet instant agiles.

Moshe ajouta nerveusement: «Je veux dire est-ce que ça n'est pas juste de la propagande en acte?» tandis que Nana réagissait, au ralenti, répétant: «Romantise la classe.» Moshe baissa les sourcils et avança les lèvres pour lui montrer qu'il était interpellé, intellectuellement parlant. Puis Moshe regarda de côté en direction de Papa.

Papa bavardait avec Anjali à propos de la politique raciale au théâtre. Il promettait des réformes.

11

Et ce fut le début. Cette conversation fut le début de l'idylle de Nana et Moshe. Mais Nana ne s'en aperçut pas.

C'était dommage, Nadejda Mandelstam aurait trouvé que c'était dommage, mais tandis que Nana retournait à Edgware avec Papa, elle ne pensait pas à Moshe. Elle l'avait presque oublié déjà. Elle pensait aux théâtres.

Les théâtres la déconcertaient.

Il y avait le foyer. Décontracté au foyer, Papa avait bavardé, la tête levée vers de gros hommes plus grands. Et Nana l'avait écouté, tandis qu'elle regardait avec compassion le garçon avec une boîte en plastique contenant des programmes et des glaces suspendue au cou. Avec compassion, Nana remarquait sa frange précisément drapée sur de l'acné à l'aide de gel.

Et puis l'auditorium, l'auditorium prétentieux. Elle avait regardé les petites lumières dans les cintres baisser progressivement. En murmures voilés, les gens terminaient presque leurs conversations. Tandis que Nana comptait les flèches blanches des sorties de secours, et puis les hommes blancs qui couraient sur fond vert éclairé par-derrière.

Papa tapotatoucha la main droite de Nana. Il lui dit de mettre ses lunettes, repliées sur ses genoux. Il lui fit un grand sourire.

Et alors la vedette arriva sur scène, déguisée en prince Paul Maralovski. Il s'appelait quelque chose, Moshe quelque chose, Papa se murmura, inclinant le programme ouvert en direction des veilleuses. Moshe, le mondain socialiste, articulait d'une voix traînante ses blagues toutes faites. « Dans une bonne démocratie, chacun devrait être un aristocrate. » Personne ne rit. Le prince Paul Maralovski psalmodiait ses épigrammes. « La culture dépend de la cuisine. Quant à moi, la seule immortalité que je désire c'est d'inventer une nouvelle sauce. »

Nana songeait à la fin de *Vera ou les Nihilistes*. Son sentimentalisme l'avait stupéfaite. Vera, torturée par l'amour, sauve la Russie mais se tue. Et Nana s'était tournée vers son Papa chéri. Elle espérait qu'il souriait lui aussi.

Papa ne souriait pas. Papa était un ange. Il était ému par la fin. Il était, pensa Nana, au bord des larmes. Mais parce que c'était une fille qui tenait à son Papa, elle tenait à lui plus qu'à tout, Nana ne fut pas gênée par cela. Non, elle essaya seulement de s'occuper de lui. « Tout va bien, Papa. Touvabien, murmura Nana. T'en fais pas. Elle respire encore. »

Nana ne *pigeait* tout simplement rien aux théâtres.

12

Quand Anjali rentra chez elle, il était aux environs de minuit. Elle habitait un appartement à Kentish Town avec son frère. Son frère s'appelait Vikram. Vous ne verrez pas Vikram dans cette histoire. Mais j'en parle maintenant juste au cas où vous vous inquiéteriez. Il est ici pour vous rassurer : Anjali n'est pas seule.

Anjali alla à la cuisine et regarda dans le réfrigérateur. Puis elle ferma le réfrigérateur. Elle ôta sa veste en jean et s'assit sur le canapé du salon. Elle se leva pour aller pisser. Elle retourna à la cuisine et ouvrit le freezer. Elle sortit un petit pot de glace en carton. Elle l'ouvrit et le laissa sur le dessus du freezer. Puis elle s'assit sur le canapé et prit une liasse de feuilles retenues par une pince à dessin, qui était l'exemplaire d'Anjali d'un nouveau script de Gurinder Chadha. Elle avait presque parcouru les quatorze lignes de son rôle. L'indice qu'elle ne l'avait pas fait était qu'elle n'avait pas ouvert la pince à dessin. Elle regarda la lettre priant Ms Sinha d'accepter cet exemplaire de travail. Elle était assise. Elle fixa l'écran vide de la télé.

Elle se rappela la glace.

Elle se leva et sortit une cuillère d'un tiroir. La glace était encore dure. Elle retourna quand même au canapé avec la glace et la cuillère. Anjali planta la cuillère dans la glace à plusieurs reprises, ennuyée. Elle lécha la cuillère. Elle se laissa tomber à quatre pattes et sortit une vidéo, que lui avait envoyée sa mère, de *Sholay*. Elle songea à regarder un film de quatre heures. Elle réfléchit au fait qu'elle n'aimait pas les films bollywoodiens sérieux. Elle n'aimait que ceux qui étaient frivoles. Elle rit du goût de sa mère, tout haut. Rire tout haut la fit se sentir bizarre. Elle poussa la vidéo dans la machine et appuya sur play. Elle alluma la télé et trouva la chaîne 0.

Son ex lui manquait. Zosia lui manquait.

Elle se rappela quand elle allait au cinéma Belle Vue d'Edgware voir les films hindis à la séance de minuit. Le cinéma Belle Vue était situé près de chez Nana et Papa mais Anjali ne savait pas encore cela. La famille d'Anjali habitait à Canons Park et ils allaient ensemble au cinoche. Elle se demandait pourquoi ils l'appelaient le cinoche. Elle se souvint qu'elle préférait Madhuri Dixit à Amitabh Bachchan. Elle se rappela quand ils mangeaient tous des samosas au cinéma Belle Vue, et sa mère qui lui fourrait une serviette en papier qui la chatouillait dans le col de son T-shirt. Anjali se rappela la tendresse qu'elle éprouvait pour le petit comique Johnny Walker. Elle se rappela Johnny dans *Mr et Mrs 55* de Guru Dutt, particulièrement le tube « Dil Par Hua Aisa Jadu », dans lequel Johnny écoute Guru Dutt amoureux, d'un bar à un arrêt de bus d'un bus à la route. Ou il y avait Madhuri Dixit dans *Devdas*, un lingot d'or en forme de diamant entre les deux yeux. Anjali se demanda si les films masala de Bollywood ne manquaient pas un peu de technique. Leur charme n'était pas exactement formel.

Anjali était une actrice à la carrière moyennement réussie avec une vie amoureuse moyennement ratée.

Ce n'est pas une situation très étrange, je trouve.

Après tout, il n'y a pas que le sexe dans la vie.

II

3

ILS S'AIMENT

1

Nana tomba amoureuse de Moshe le 28 avril.

C'était la théorie de Moshe. C'était la date qu'il se rappelait. Ce jour-là, pensait Moshe, sa performance dans le salon fit se pâmer Nana.

Cela peut ne pas sembler très plausible. Et ce n'était pas très plausible. Quand vous saurez ce qu'était sa performance, cela semblera particulièrement peu plausible.

Ils étaient dans l'appartement de Moshe à Finsbury. Il se trouvait au premier étage d'une maison victorienne. Et Moshe annonça le shtick du coussin. « Le quoi ? » dit Nana. « Oh le truc du coussin », dit Moshe.

Voici le truc du coussin. Moshe ouvrit la fenêtre et ensuite prit un coussin. Sa grand-mère l'avait brodé d'un grand cœur en velours rouge. Il serra le coussin contre lui. Il le berça tout en marchant. Moshe roucoulait et embrassait, il lançait son bébé en l'air et le rattrapait. Les glands dorés du coussin battaient. Nana fixait Moshe. Il était en extase paternelle. Mais alors, de manière aussi soudaine que tragique, le bébé glissa des mains de Moshe, passa par la fenêtre et alla se tasser sur le trottoir. Il gisait là à côté d'une caisse vide de Heineken. Tandis que Moshe exprimait sa détresse en entonnant une mélopée funèbre pour son enfant.

À l'évidence, ce ne peut pas avoir été le moment où Nana tomba amoureuse de lui. Il n'y a jamais de moment culminant. Et même s'il y en avait eu un, je ne pense pas que c'eût été celui-là. Mais c'était la conclusion de Moshe. Il conclut que son talent l'avait charmée.

Cela ne signifie pas que Moshe n'était pas talentueux. C'était un bon acteur. C'est juste que ce n'est pas son talent qui l'avait charmée.

Vous voyez, quand Moshe fit son truc ou shtick du coussin, Nana ne regardait même pas. Bon, elle regardait mais elle n'était pas concentrée. À la place, elle se demandait pourquoi elle était là, un dimanche après-midi, avec son mémoire de recherche qui attendait. Elle était particulièrement déconcertée parce que Moshe se conduisait très étrangement.

Non, Moshe avait tort. Ce n'était pas son talent qui l'avait charmée.

2

En fait, les conclusions des gens sont souvent fausses. Et j'ai une théorie là-dessus. Les conclusions sont souvent fausses parce que les gens ont une très mauvaise mémoire.

Par exemple, la première fois que Moshe l'avait appelée sur son portable, Nana avait vu que c'était lui. Elle avait mal orthographié son nom. « Moysha mob », dit son Nokia 6210i. Mais elle n'avait pas répondu. Elle l'avait laissé sonner. Parce qu'elle était aux toilettes de la Pizza Express de Bloomsbury, assise en position de l'effort – pieds écartés, tête baissée, penchée en avant. Et par la suite elle ne se rappela jamais cet appel. Mais c'était la première fois qu'il l'appelait. C'était une étape cruciale de leur idylle et Nana, parce que c'était gênant, parce que ce n'était *pas romantique*, ne s'en était jamais jamais souvenue.

Mais tout le monde est légèrement romantique. Tout le monde a de mauvais souvenirs. Moshe était romantique lui aussi.

Parce que Moshe avait si peu de souvenirs, il conclut deux choses à propos du début de cette histoire. Toutes deux étaient fausses.

La conclusion numéro un était que c'était une *séduction*. Elle avait été séduite par son talent. C'est ce qu'il avait pensé juste après l'avoir embrassée. La conclusion numéro deux était que ç'avait été du *pur amour*. C'est ce qu'il avait pensé juste après qu'ils s'étaient séparés. Les deux conclusions tenaient debout uniquement parce qu'il avait oublié tous les détails. Pour arriver à la conclusion 1, il avait oublié le manque de concentration de Nana et sa nervosité dans le salon. Pour arriver à la conclusion 2, il avait oublié leur bavardage nerveux dans la coulisse du Donmar.

La première conclusion, la conclusion de la *séduction*, romantisait Moshe. La seconde conclusion, la conclusion de l'*amour*, les romantisait tous les deux.

3

Lorsqu'il appela la fois suivante il fut habile. Moshe lui téléphona du théâtre. « Numéro masqué », dit son Nokia 6210i. Elle pensa que c'était Papa. Ce n'était pas Papa. Moshe l'invita à prendre un verre. Et, timide contente, Nana dit : « Non non non j'suis, suis, non. Pas ce soir. » Elle dit : « Mais pourquoi tu ne m'envoies pas un e-mail ? »

Il ne lui envoya pas un e-mail. Il devint timide, lui aussi.

Au début, admit-il, il semblait que ses techniques théâtrales ne faisaient que la déprimer. Mais il était toujours plein d'esprit. Il savait roter à volonté de toutes sortes de manières différentes. Il lui apprit des trucs d'acteur. Mais pourquoi elle restait là à l'écouter, pensait Moshe, était un mystère. Il n'était pas cool.

Je pense, au fond, que Moshe était injuste envers lui-même. Il est vrai qu'il n'était pas incroyablement cool. En fait, aucun de mes personnages n'est réellement très cool. C'est une des choses qui me plaît chez eux. Mais il était quand même plutôt cool.

Il y avait, toutefois, un aspect particulier de Moshe qui n'était pas cool. C'était le théâtre. Branchez-le sur le théâtre, et Moshe avait des pensées. Il avait des théories. Il avait de la culture. Par exemple, il étudiait le grand acteur du dix-huitième siècle, David Garrick. Le truc du coussin, en fait, était un peu piqué à David Garrick.

Et voici un autre emprunt. Moshe dit à Nana que dans la dernière scène de *Roméo et Juliette*, Juliette devrait se réveiller trop tôt, trop tard, juste à temps pour voir Roméo mourir. C'était absolument crucial. Tandis que Juliette lutte pour sortir de son sommeil artificiel elle devrait voir dans sa somnolence Roméo porter le philtre mortel à ses lèvres fardées. Voilà qui serait véritablement tragique. Parce que le public penserait que Roméo et Juliette auraient pu vivre heureux et avoir beaucoup d'enfants, qu'il aurait pu y avoir une fin heureuse. Voilà de quoi faire une tragédie déchirante. Oh oui, l'art de l'acteur était de tout savoir du cœur humain, et il était le spécialiste du cœur.

Puis il l'appela alors qu'elle descendait dans le métro à la station de Goodge Street et elle dit qu'elle le rappellerait. Elle ne le rappela pas.

Mais Moshe avait encore d'autres talents. Il pouvait ouvrir la porte et en quatre ou cinq secondes faire passer son visage de la joie folle à la joie modérée, de cette joie à la tranquillité, de la tranquillité à la surprise, de la surprise à l'étonnement, de l'étonnement à la tristesse, de la tristesse à l'abattement, de l'abattement à l'effroi, de l'effroi à l'horreur, de l'horreur au désespoir. Il pouvait abaisser son visage à n'importe quoi. À l'Alphabet

Bar de Beak Street, Moshe lui montra. Elle parut apprécier. Il lui proposa de lui montrer de nouveau.

Elle parcourut sa bibliothèque et quand elle tomba sur un exemplaire des paroles de Nick Cave il dit : « Oh non non non pas celui-là » et essaya de le lui prendre, en souriant, mais pas avant que la vilaine Nana n'ait vu la dédicace de « C » qui aimerait toujours « Bébé ».

Il était, pensait Nana, têtu. Et têtu avait son charme. Cela prouvait, après tout, qu'il l'aimait bien. La persistance avait de bons côtés.

Et puis, se souvinrent-ils plus tard, il l'appela et elle était avec l'une de ses amies – « Tu sais, dit Moshe, avec Cleo, ou Naomi. Ou Biff, ou Scooter. » « C'était Cleo, dit Nana, non Tamsin, ouais c'est ça Tamsin, et on essayait des soutiens-gorge chez Marks & Spencer. » « Tu ne m'as jamais dit ça », dit-il. Moshe dit : « Tu m'as dit que c'étaient des chaussures, que vous essayiez des chaussures. Chez L. K. Bennett. » « J'allais pas te dire des soutiens-gorge », dit Nana. Elle essayait un soutien-gorge et elle était pressée et énervée. Donc elle dit oui. Donc ils se soûlèrent.

Et elle dit : « Alors tu aimes ce que fait Dario Fo ? » et Moshe dit : « Dario ? » « Dario Fo », dit-elle. « Tu as plein de pièces de lui. » « Oh ça, dit Moshe, non non non, en fait non. » « Oh, dit-elle. J'aurais cru que tu l'aimais. Il est bon, je crois. » « Vraiment ? dit Moshe. Peut-être oui. »

On va tellement bien ensemble, pensa Nana, avec bonheur.

4

Quant au sexe, l'histoire sexuelle entre Nana et Moshe commença par les fous rires. Pour la seconde soirée consécutive, ils étaient assis sur le futon. Ils étaient assis sagement sur le canapé et parlaient de l'état du théâtre contemporain. Puis Moshe se leva pour aller pisser. Il était deux heures du matin. Et quand il revint Nana n'était plus assise sagement. Elle s'était allongée à l'horizontale.

Ça doit être l'occasion ou jamais, pensa Moshe. Mais il agit avec lenteur. Moshe agit avec la plus grande lenteur. Il ne voulait pas se tromper. Il ne voulait pas faire d'erreur d'interprétation.

Il ne voulait pas faire d'erreur d'interprétation ! Elle était à l'horizontale !

Il l'embrassa. Elle l'embrassa. Elle l'embrassa. Il l'embrassa. Elle dit : « Tu es mignon. » Il dit : « Tu es mignonne toi aussi. » Puis tous deux se mirent à rire.

Comme vous l'avez peut-être déjà remarqué, Moshe n'était pas sans quelque nervosité. Donc il dit : « T'aurais dit non ? » Et Nana dit : « Quand ? » Et Moshe dit : « Si je t'avais demandé la permission de t'embrasser ? » Et Nana répondit : « Si j'avais dit non tu aurais été trop fier. T'aurais pensé que j'avais, je ne sais pas, peur de toi. Donc je t'ai embrassé. »

Et bien que cela semblât vrai, pensa Moshe, le conquérant, le magnifique Moshe ivre de joie, il estima que ce devait être un mensonge. Donc Moshe l'embrassa de nouveau.

5

Je vais revenir un peu en arrière. Je vais revenir en arrière sur Nana seule.

Nana était dans le café de la Société d'architecture de Bedford Square. À ce stade, elle avait rencontré Moshe mais ne l'avait pas embrassé. Elle était donc sur le point de tomber amoureuse. Toutefois, bien qu'elle fût sur le point de tomber amoureuse de lui, Nana ne pensait pas à Moshe. Elle ne méditait pas, telle une héroïne, sur la nature de l'amour.

Elle pensait à l'architecte Mies van der Rohe.

Cela vous surprend peut-être, je suppose. Mais vous n'avez pas lieu d'être surpris. Il y avait une raison plausible au fait que Nana pensait à un architecte, et pas à Moshe. Nana étudiait l'histoire et la théorie à l'école d'architecture de la Société d'architecture. Elle faisait des recherches en préparation d'un doctorat. Mies van der Rohe était le sujet du mémoire de recherche de Nana.

C'était une fille tranquille – vous savez ça. Elle voulait être universitaire. Elle voulait être historienne de l'architecture.

Mies van der Rohe était l'architecte innovateur qui en 1921 inventa le gratte-ciel en verre. C'était un révolutionnaire. Il faisait partie du Bauhaus. Le Bauhaus avait pour but la rénovation du design et du style, en accord avec les besoins de la nouvelle démocratie socialiste. Il rejetait tout ornement. En 1930, Mies van der Rohe devint le dernier directeur du Bauhaus. Mies interdisait toute activité politique. En 1933 le Bauhaus fut fermé par le gouvernement nazi nouvellement élu. En 1937 Mies partit pour l'Amérique.

Ceci n'est pas un essai sur l'architecture révolutionnaire. L'architecture peut souvent être révolutionnaire, et cela me plaît. J'aime le Bauhaus. Mais je ne m'intéresse pas au Bauhaus ici. Je m'intéresse à Nana.

En tant qu'historienne, Nana croyait en la précision. D'accord, si vous lui aviez demandé de se rappeler certains détails de l'histoire de Moshe et elle, elle n'en aurait pas été capable. Mais il est difficile d'être toujours précis. Au moins, elle essayait.

Le mémoire de recherche de Nana portait sur la réception critique de Mies van der Rohe en Amérique. Elle n'aimait pas ceux qui l'idéalisaient. Nana adorait l'homme, c'est clair, mais c'était aussi une fille qui recherchait la précision.

D'abord, elle ne voyait pas de progression naturelle, basée sur la théorie démocratique, depuis les logements révolutionnaires de Mies à Berlin jusqu'à ses gratte-ciel américains. Le lien était esthétique. Il n'était pas politique. Et son second désaccord s'élevait contre Mies lui-même quand il était politique. Par exemple, suivant la théorie du Bauhaus, Mies tenait à utiliser des toits plats. Les toits pointus, prétendait le Bauhaus, étaient bourgeois. Ils symbolisaient la couronne du kaiser. Nana pensait que les toits pointus étaient simplement nécessaires. Ils étaient pratiques. Ils évacuaient la pluie. L'Allemagne est un pays pluvieux.

Elle se rappelait sa visite à la Nouvelle Galerie nationale à Berlin, le chef-d'œuvre de Mies van der Rohe, où de petits seaux et des serpillières engorgées, placés à intervalles stratégiques, déparaient les lignes pures de chacune des salles.

Je sais que Nana a l'air d'une bûcheuse, mais je l'aime bien. J'approuve ce souci du détail. Parfois je pense qu'il n'est pas assez reconnu – ce souci des faits. Il n'y a rien de mal à être une historienne précise.

Par exemple quand un(e) fêtard(e) pense à l'architecture il ou elle peut en parler à quelqu'un, immédiatement. Quand un(e) fêtard(e) se lance tant bien que mal dans une nouvelle théorie sur la nature du design dans l'Allemagne de Weimar, il ou elle a un public réceptif. Tandis que les gens qui restent là à lire et réfléchir – ils ne sont charmants que pour eux-mêmes. Et Nana était ce genre de personne. C'était une personne silencieuse.

Quelle putain de perte de temps, pensait-elle, considérant les efforts de Mies pour politiser, en 1962, la conception d'un musée. C'est si foutrement anachronique. Conserver une théorie pendant trente ans était d'une telle paresse, pensait Nana. Ce n'était qu'une forme de nostalgie.

Vous voyez ? c'était une bûcheuse, mais elle était charmante.

6

Mais le sexe, le sexe prenait du temps. Il exigeait de l'entraînement.

Voici, par exemple, comment ils baisèrent pour la première fois. C'était une semaine après qu'ils se furent embrassés pour la première fois. C'était trois semaines après le 28 avril.

À minuit, dans un hôtel de Covent Garden, Moshe et Nana étaient nus. Ils étaient nus devant un minibar ronronnant.

Ils étaient dans un hôtel ?

L'hôtel était le cadeau de Moshe. Son idée était que les gens réagissent aux cadeaux. Mais malheureusement, ce n'était pas une idée qu'il pouvait mettre à l'épreuve. Parce qu'il était très soûl. Il était maintenant peut-être trop soûl pour manger. Il était certainement trop soûl pour apprécier les joies du sexe.

Une bouteille miniature vide de Stolichnaya tomba, un bruit miniature, du lit.

Ça n'était pas une scène de sexe, pas encore. Que personne n'aille se faire des idées.

Moshe oscillait au-dessus du long corps mince de Nana. Il caressa amoureusement son ventre du dos de la main. Certes, le dos de la main peut paraître une surface sexuelle non orthodoxe. Et c'était une surface non orthodoxe. Mais Moshe y avait réfléchi. Le dos de la main était d'une tendresse inventive. C'était une raison. Il y avait aussi une raison plus triste. Il la caressait du dos de la main pour que Nana ne sente pas la rugosité de l'eczéma sur les doigts roses et durs de Moshe.

Nana tenait son sexe fortement serré dans sa main. Ce n'était pas un sexe érigé. Et ils se regardaient de la manière qu'ils pensaient adéquate – un regard franc, un regard déterminé. C'était un regard très sérieux. Moshe jeta un coup d'œil vers le bas. Il essayait de voir ce que fabriquait son sexe. Mais à la place il vit seulement les taches de rousseur sur le dos de la main droite de Nana. Il les étudia, dressé sur ses bras, le dos arqué, dressé sur ses bras, il les étudia. Puis il remarqua son ventre qui pendait. Tandis qu'ils observaient tous deux son sexe inélégant, Moshe essayait de rentrer le ventre.

La première scène de sexe de Nana et Moshe n'était pas une scène de sexe. Cela ressemblait un peu à une scène de sexe mais ce n'en était pas une. C'était une scène comique.

Moshe se leva – pour aller boire ou se tenir d'un air mystérieux devant la fenêtre ou faire n'importe quoi sauf regarder son ventre mou et son sexe mou – et tragiquement marcha sur une minicanette de Schweppes light. Il chancela. Ses genoux cédèrent. Sa bouche était ouverte. Puis finalement, oscillant et reprenant son équilibre, il parla, pas au début mais à la fin d'une expiration, d'une voix tremblante. « Putaindeconquejesuis », dit-il.

En gloussant, ils se bordèrent mutuellement. Ils se pelotonnèrent dans leur lit à une place.

Je sais que le lit à une place semble bizarre. Le lit à une place avait surpris Nana. Mais il y avait une explication. Cette explication était financière. Les chambres doubles, avait expliqué Moshe à Nana d'un air triste, étaient *astronomiques*.

7

À quatre heures du matin, Nana se réveilla. Elle avait la gueule de bois. Elle bâilla, bâilla, se leva. Elle prit un verre d'eau et il glissa et se répandit sur le lit.

Elle était amoureuse. Je sais que ça fait trop petite fille mais c'était vrai. Elle pensait qu'il était merveilleux d'être là, avec la nausée, dans une chambre pour une personne payée par Moshe. Elle pensait que c'était trop formidable, que Moshe soit en train de dormir et que Nana soit réveillée.

Laissez-moi décrire ce moment. Laissez-moi décrire cette idylle nocturne.

Si vous regardiez par en dessus vous verriez le lit et Nana debout tandis que Moshe dormait. À la tête du lit il y avait une copie d'une gravure de Raoul Dufy, encadrée dans un sous-verre à pinces, d'un paysage ensoleillé et d'un pot cascadant de géraniums rouges sur le rebord d'une fenêtre. À côté de la gravure, il y avait de la pluie encadrée dans une fenêtre. Mais Nana ne voyait pas ce somptueux arrangement, ni l'aquarium derrière elle dans le coin où un poisson en frôlait un autre. Elle ne pouvait donc voir le poisson rouge se déplacer platement derrière ou à travers sa tête. La décoration intérieure n'était pas sa priorité.

Ayant bu deux bouteilles de vin puis quatre Stolichnaya miniatures, trois Jim Beam miniatures et un Gin Gordon's miniature, Nana avait une terrible envie de pisser.

8

L'événement suivant de cette histoire est une pipe.

Je suppose que l'on peut considérer cela comme une bonne chose ou une mauvaise chose. Personnellement, je pense que c'était une bonne chose. Ce n'est pas parce que je pense que les pipes sont intrinsèquement une bonne chose. Bon, c'est vrai, je pense que les pipes sont une bonne chose, je suis rarement contre une pipe, mais ce n'est pas pour cela que je pense qu'une pipe avait sa place ici. J'ai une autre explication. Une grande partie de l'amour dépend du sexe. Il est difficile à l'amour de survivre sans sexe. De sorte qu'en fin de compte, s'ils doivent s'aimer vraiment, Nana et Moshe doivent en venir au sexe. Telle est ma théorie.

C'était aussi la théorie de Nana.

Et il y avait un autre motif caché derrière le comportement de Nana ce matin-là. Elle imaginait la procession infinie des maîtresses précédentes, très entraînées, de Moshe. Aucun doute là-dessus, elles étaient plus entraînées que Nana. Nana ne pouvait rivaliser avec les filles élancées du passé de Moshe. Contrairement à Nana, ces filles parfaites pouvaient marcher sur des talons de quinze centimètres de haut. Leurs poitrines étaient sans soutien-gorge et néanmoins fermes. À leurs membres rompus au yoga nulle position sexuelle n'était étrangère.

Cela devrait être une leçon pour nous tous. Les filles élancées du passé de Moshe. Je ne sais pas. C'est la conclusion d'une fille qui ne croyait pas en son pouvoir attractif. C'est la conclusion naturelle d'une fille qui ne s'enorgueillissait pas de son sex-appeal.

Si seulement les gens ne tiraient jamais de conclusions.

Nana avala de l'eau. Puis sa tête ensommeillée entreprit avec détermination la descente le long du champignon atomique noir des poils soyeux de la poitrine de Moshe, et le long de la ligne verticale moins nette de son nombril à son pubis, jusqu'à ce qu'elle atteigne son sexe. À ce moment, elle ouvrit ses lèvres incertaines enduites de baume et se fit très douce autour de Moshe. Moshe grandit, puis grandit. Il se réveilla de manière ensommeillée. Il sentit de la salive couler tiède puis froide autour de ses testicules. Cela lui procura une grande satisfaction.

Certains peuvent penser, et je le comprends, que l'exécution d'une fellation avant que l'accouplement n'ait eu lieu était contre les règles de l'étiquette sexuelle ordinaire. Cette pipe est une légère surprise, je l'admets. C'est presque une surprise pour moi. Mais l'étiquette sexuelle est variable. Elle doit s'adapter à la conjoncture – qui, dans ce cas, était caractérisée par l'inquiétude. Et dans les conjonctures sexuelles caractérisées par l'inquiétude, les gens ont souvent recours à des pratiques bien plus extrêmes qu'une tendre pipe. Une fellation préliminaire était en réalité bien insipide. Et Nana n'avait pas l'intention de faire à Moshe une pipe complète. Elle ne comptait pas aller jusqu'à l'orgasme. La pipe n'était qu'un avant-goût.

Nana essayait d'accélérer les choses. Dans cette conjoncture nerveuse, tous deux voulaient baiser. En réalité, en secret, ils voulaient *avoir* baisé. Tel était l'état de nervosité dans lequel ils se trouvaient. Au-dessus d'elle, Moshe était nerveux. En dessous, Nana était nerveuse de le rendre nerveux.

La bouche de Nana remonta le long du sexe de Moshe et le quitta. Puis Nana se mit à quatre pattes au-dessus de Moshe, et fit courir le bout de sa langue sur ses tétons platement grassouillets, rose sur rose. Et elle faisait preuve de grande bravoure, je trouve. C'est difficile – d'improviser en silence. Et Moshe lui dit : « Dismoi d'tebaiser. » Nana, l'œil concupiscent, se contenta de sourire. Il dit : « Dis-moi. »

Comme chacun sait, le sexe est un jeu de domination.

Nana regardait Moshe. Elle se demandait si Moshe n'allait pas trop vite. Mais comme elle voulait que son chéri rondouillard soit content aussi, elle dit : « Baise-moi. » Elle prononça : « Baizmoi. Baizmoooooi. »

Et alors, et alors, Moshe fut cochon. Il se mit à ralentir. Tel un pro, il se contenta d'insinuer un doigt, touchant son con là où elle était.

Elle en ferma les yeux de bonheur.

9

Nana ferma les yeux avec bonheur. Elle se dit de ne penser à rien d'autre qu'à cela. Mais penser à cela lui fit penser à n'importe quoi. Elle pensa au minibar. Donc elle ouvrit les yeux à la place. Elle ouvrit les yeux et regarda les lèvres de Moshe. Elle regarda ses lèvres ouvertes, immobiles pour l'occasion, et cela lui rappela qu'elle avait besoin d'un nouveau rouge, ce qui lui rappela son ombre à paupières qui diminuait, celle qui devait être de ce ton d'ocre parce que sans ça ses sourcils n'avaient vraiment pas l'air vrais et elle n'était pas sûre de l'avoir vue récemment, non pas même à Pure Beauté.

Alors Moshe tourna, il la tourna de l'autre côté, sur le dos. Il se poussa en elle. Il s'arrêta. Nana gémit les bruits adéquats, elle les gémit les lèvres fermées, serrées. Il se poussa plus loin. Elle gémit plus.

C'était du sexe ! C'était une scène de sexe !

À la fin, elle s'acheva. En fait elle s'acheva très vite. Comme beaucoup d'hommes, Moshe était trop excité. C'était particulièrement malheureux parce que, ne voulant pas *tenter le sort*, Moshe n'avait pas pris la précaution d'une branlette préventive.

Nana ne jouit pas. Et ce ne fut pas, je dois l'admettre, une surprise. Ce ne fut certainement pas une surprise pour Nana.

Mais cette petite inégalité provoqua un certain nombre de pensées fiévreuses. Elle provoqua particulièrement beaucoup de pensées fiévreuses chez Moshe.

Tandis que Nana le tenait serré contre elle avec satisfaction, soulagée, Moshe se demanda ce qu'elle ressentait. Il eût peut-être été exagéré d'attendre un compliment, il comprenait cela, mais ne rien dire du tout à Moshe était un peu perturbant. Tout ce qu'elle faisait, pensa Moshe, mécontent, c'était de le tenir.

Oh Moshe. Moshe, Moshe, Moshe. Ne peut-il y avoir des moments sans paroles ? Ne peut-il y avoir un silence mutuel ? Auras-tu toujours aussi peur ?

Malheureusement, je dois vous le dire, il aura toujours aussi peur.

Il sentait son sexe qui rapetissait et s'apprêtait à sortir. Ainsi, pour minimiser ce moment, Moshe se mit sur le côté, roulant sur le bras gauche déployé de Nana, qu'elle dégagea de sous lui.

Quant à Nana, à cet instant ses sentiments étaient un mélange d'heureux et d'inconfortable. Elle était heureuse à cause du sexe. Elle était inconfortable parce qu'il y avait du sperme qui était chatouillant et collant autour de son trou du cul et à l'intérieur de ses cuisses. Elle songea à aller aux chiottes s'essuyer et puis elle décida que non, elle devait rester. S'essuyer pourrait sembler non transportée. Et d'une certaine façon, pensa-t-elle, elle aimait bien la sensation poisseuse, elle aimait son personnage. Cela lui donnait la sensation d'être blasée, usée, débauchée.

Elle aimait débauchée.

Donc elle frotta ses cuisses humides l'une contre l'autre et dit : « Tu crois qu'on sera bientôt blasés ? Tu crois qu'on deviendra des gens qui ne peuvent baiser que dans des accidents d'auto, comme ce livre de J. G. Ballard, comment il s'appelle, *Crash* ? »

Moshe la charmait et la calmait. Il attendit, réfléchissant. Puis il la regarda. Il la rassura.

« Je ne sais pas conduire », dit-il.

10

Je sais que c'était spirituel, et quand un garçon est spirituel il paraît insouciant, il paraît autoritaire. Mais la vérité était tout autre. Moshe n'était pas insouciant. Il avait des pensées dures et courroucées.

C'est difficile d'être un garçon pendant le sexe. Il y a un côté performatif dans l'acte qui est indéniablement objectif. Malheureusement, la durée est objective. Elle est de dix-sept secondes ou de cinquante-cinq minutes. Elle ne peut être les deux à la fois. Et c'est parce que Moshe pensait à la nature cruellement objective de la durée qu'il avait des pensées dures et courroucées.

Moshe persistait à espérer que Nana avait été transportée par le sexe au point d'en perdre la notion du temps. À moins que sa notion du temps ne l'ait abandonnée, pensait-il, elle serait en train d'avoir des pensées humoristiques. Ce ne serait que naturel. Et Moshe ne voulait pas qu'elle soit en train d'avoir des pensées humoristiques.

Évidemment, Nana n'avait pas de pensées humoristiques. Nana était seulement satisfaite que cette pénétration intravaginale ait connu une issue ordinaire. Nana était parfaitement contente.

C'était Moshe qui n'était pas content. Dans un hôtel de Covent Garden, Moshe était en train de comprendre l'homosexualité. Il pensait qu'un des plus quand on était gay, c'est qu'on connaissait précisément la moyenne décente. On n'était pas hanté par l'incertitude. Le problème avec l'hétérosexualité était le secret entre couples. Il n'y avait pas de transparence. Le guide du garçon pour un garçon c'était les filles. Et les filles ne suffisaient pas. Elles étaient si morales qu'on ne pouvait leur faire confiance. Elles étaient toujours généreuses. Peut-être pas, reconnut-il, quand elles parlaient à d'autres personnes. Mais avec Moshe, au lit, en train de regarder la pluie poétique, elles étaient toujours tellement gentilles et apaisantes. Elles lui disaient que le sexe était merveilleux. Elles louaient la tendresse et la longueur de Moshe.

Non, Moshe avait besoin de garçons. Il avait besoin d'une discussion franche avec d'autres garçons. Cela le rendait triste. Ça le rendait triste parce qu'il n'était pas vraiment sûr que cela puisse jamais arriver.

Cela peut sembler tangentiel, je suppose, mais la conversation idéale de Moshe avait bien eu lieu. Elle avait eu lieu longtemps auparavant, mais elle avait eu lieu.

Le 3 mars 1928, Antonin Artaud, André Breton, Marcel Duhamel, Benjamin Péret, Jacques Prévert, Raymond Queneau, Yves Tanguy et Pierre Unik – ils se réunirent tous pour bavarder de sexe. Parmi ces personnages, il y en a peu qui soient célèbres individuellement, je sais cela. Mais ils ont une importance. Ils ne sont pas négligeables. C'étaient des membres éminents du groupe surréaliste. Ils pensaient que le fait de parler franchement du sexe était un début nécessaire à la création d'une société juste et parfaite. Ils pensaient que c'était le premier pas politique.

Si seulement Moshe avait été là, je pense que ça l'aurait calmé. Je pense que ça aurait calmé beaucoup de garçons.

11

Raymond Queneau – Vous n'avez pas fait l'amour depuis quelque temps. Combien de temps mettez-vous à éjaculer à partir du moment où vous êtes seul avec la femme ?

Jacques Prévert – Peut-être 5 minutes, peut-être une heure.

Marcel Duhamel – *Idem.*

Benjamin Péret – Il y a deux parties. Avant l'acte sexuel proprement dit, ce qui peut durer très longtemps, 1/2 heure par exemple suivant le désir que j'en ai sur le moment. 2° La deuxième partie, l'acte sexuel ; environ 5 minutes.

André Breton – Première partie, beaucoup plus d'1/2 heure. Presque indéfiniment. 2° 20 secondes au plus.

Marcel Duhamel – Dans la seconde partie, je précise pour moi : un minimum de 5 minutes.

Raymond Queneau – L'acte préliminaire : maximum 20 minutes. 2° Moins d'une minute.

Yves Tanguy – 1° 2 heures. 2° 2 minutes.

Pierre Unik – 1° 1 heure. 2° Entre 15 secondes et 40.

André Breton – Et la seconde fois ? En admettant qu'on fasse l'amour dans le minimum de temps possible ? Moi ? 3 à 5 minutes pour l'acte sexuel.

Benjamin Péret – L'acte sexuel : environ 1/4 d'heure.

Yves Tanguy – 10 minutes.

Marcel Duhamel – *Idem.*

Pierre Unik – C'est variable : entre 2 et 5 minutes.

Raymond Queneau – Un quart d'heure.

Jacques Prévert – 3 minutes ou même 20 minutes. Que pensez-vous d'une femme qui a le sexe épilé ?

André Breton – Très beau, infiniment mieux. Je n'ai jamais vu, mais ça doit être magnifique.

12

Je pense que Moshe n'avait pas vraiment à se soucier autant de sa performance. André Breton, le fondateur du mouvement surréaliste, jouissait en vingt secondes maximum. Raymond Queneau, un *romancier*, l'auteur de *Zazie dans le métro*, durait moins d'une minute.

Tandis que Moshe avait joui après six minutes et quarante-sept secondes. Comparé à André Breton et à Raymond Queneau c'était un surhomme. Il n'était peut-être qu'à moitié juif, et cette moitié était peut-être la mauvaise, il n'en appartenait pas moins au peuple élu.

Et ce n'est pas seulement sa capacité sexuelle qui était remarquable. C'était aussi un connaisseur du « sexe rasé ». Oui, Moshe avait vu un vagin sans poils. Pour ses dix-sept ans, en cadeau d'anniversaire, sa première petite amie, prénommée Jade, avait enlevé tous ses poils pubiens. Elle l'avait fait en s'enduisant d'une crème dépilatoire. Elle l'avait emmené dans les toilettes des filles du Fridge à Brixton et avait mis sa main dans son pantalon pour que Moshe sente sa douceur de bébé et son humidité incontinente.

Moshe était un virtuose sexuel. Moshe était un bon.

13

Mais je m'inquiète que nous ignorions Papa. Et je ne vais pas ignorer Papa. Maintenant que Moshe et Nana ont enfin baisé, nous pouvons les ignorer un moment à leur tour.

Tandis que sa fille était satisfaite par un garçon juif non orthodoxe, Papa se faisait ajuster un costume. Il se trouve qu'il se faisait ajuster un costume par un homme juif orthodoxe.

La vie est pleine de telles ironies et coïncidences.

Mr Blumenthal était le tailleur de Papa. C'était un homme de soixante-quinze ans petit et oblong. Il n'avait pas de cheveux. Il portait des cardigans. Il habitait à l'angle de Shakespeare Close et de Milton Road, à côté de la synagogue, à Hatch End. Sur la carte A à Z du Grand Londres la synagogue était représentée par une étoile de David. Il habitait avec sa femme qu'on appelait Mrs Blumenthal. Mrs Blumenthal était une femme petite et carrée. Elle avait beaucoup de cheveux. Elle ne portait pas de cardigans.

Dans leur maison imitation Tudor à l'angle de Shakespeare Close et de Milton Road, on était dimanche matin, et Papa se faisait raccourcir le pantalon et reprendre les épaules.

Mr Blumenthal était agenouillé dans le salon de Mr et Mrs Blumenthal, penché au-dessus des chaussettes bruyère mélangée de Papa, avec une rangée d'épingles dans la bouche. Il complimentait Papa d'avoir su choisir un tissu de si belle qualité. En même temps il critiquait ceux qui avaient fait le pantalon pour la façon inepte dont avaient été cousues les coutures.

Papa regarda le livre de photos de paysages d'Israël. Il regarda le cadre rouge rembourré, brodé de volutes de fil d'or, qui entourait une photographie d'un garçon arborant son châle criard de bar-mitsva.

Et à quoi pensait Papa ? Comme d'habitude, Papa essayait de ne pas penser à Auschwitz.

Auschwitz ?

Ce n'était pas parce qu'il était du genre sinistre. Non non. C'était parce qu'il était bon.

Papa avait été à Auschwitz. Ayant affaire à Cracovie, il s'était rendu à Auschwitz avec un groupe de jeunes Israéliens. Lors de sa visite, Auschwitz était ensoleillé et propre. L'herbe était tondue. Trois touristes japonais posaient pour la photo sous l'inscription soudée de l'entrée : « Arbeit Macht Frei ». Une femme de ménage frottait le verre des vitrines qui contenaient valises, vêtements d'enfants, cheveux. Il y avait des tonnes de cheveux. Les nazis avaient rendu les cheveux lourds. Et cela, pensa Papa, était une réussite. C'était une réussite – de tout rendre anormal.

Mais, en réalité, tout n'était pas anormal. C'était la tristesse principale de Papa à Auschwitz. C'eût été mieux, pensait-il, si ce l'avait été. Au lieu de quoi, tous les objets avaient juste la bonne dimension. Ils étaient juste comme des objets ordinaires. Il y avait une tresse qui effleurerait l'épaule d'une fille si elle se tournait. Elle lui gratterait la nuque. Tout était dans les bonnes proportions.

Vraiment Papa n'aurait pas dû aller à Auschwitz. Cela n'avait fait que le déprimer. Cela l'avait détruit. Parce que ce qu'il y a avec les gens gentils c'est qu'ils sont stupéfaits par l'agression. Et cela les bouleverse tant qu'ils veulent comprendre pourquoi. Comment, disent-ils, comment est-il possible que les gens soient si cruels ?

Papa voulait juste comprendre.

Il avait un jour demandé la brochure des Vacances Holocauste, organisées par les voyages Midas, option champs de bataille, mais sa lecture l'avait trop horrifié. « Jour 3. Ce matin nous nous rendons aux camps de la mort de Treblinka, où 17000 victimes étaient assassinées quotidiennement. Retournant à Varsovie pour l'après-midi, nous traversons le beau parc Lazienki, accompagnés, peut-être, des mélodies de Chopin, pour aller visiter le palais sur l'eau. Retour à l'hôtel pour le dîner. »

Papa n'était pas grossier. Il n'était pas morbide. Il était juste innocent.

Dans sa tentative de comprendre la nature du mal, à une époque le livre de chevet de Papa avait été *Commandant d'Auschwitz* de Rudolf Hess, avec une phrase de présentation de Primo Levi. Primo n'était pas le roi de la publicité. Tel était sa phrase : « Ce livre est rempli de mal… il ne possède aucune qualité littéraire et sa lecture est une torture. »

Rudolf Hess avait dérouté Papa. Rudolf voulait seulement être fermier. Il voulait une carrière agréable avec un silo et des machines. Et il s'était retrouvé à diriger Auschwitz. Si Rudolf avait été contemporain, son vœu le plus cher aurait été de s'asseoir devant une tasse de

Lipton Earl Grey et un biscuit Hobnob pour parler des maux des bureaucrates de Bruxelles dans sa cuisine MFI. Il aurait aspiré à une vie tranquille. La seule violence qu'il eût commise eût été de tuer un porc devant le supermarché Budgens dans la charmante bourgade de Moreton-in-Marsh, pour protester contre les négligences et méfaits français.

Mais non. Il avait dirigé Auschwitz.

« Comment était Auschwitz ? » dit un jour Mr Blumenthal, répétant la question de Papa. Mr Blumenthal regarda Mrs Blumenthal. Papa et Mr Blumenthal observèrent les gros pieds de Mrs Blumenthal enveloppés de collants bleus sur sa chaise longue électrique en velours sombre. « Comment était-ce ? » dit Mr Blumenthal. « La nourriture était mauvaise, dit-il. La nourriture était *atroce*. »

Papa n'était pas vraiment sûr que ce fût une plaisanterie. Il n'était pas vraiment parvenu à rire. Il avait voulu rire et il était allé jusqu'au gloussement. Mais un gloussement n'était pas un rire.

« Toi, dit Mrs Blumenthal, un de ces jours tu vas t'attirer des ennuis à parler comme ça. » « Quel genre d'ennuis ? » dit Mr Blumenthal. « Des ennuis », dit Mrs Blumenthal.

Papa aimait Mr et Mrs Blumenthal. Il les aimait beaucoup. Cela le rendait simplement malheureux, quand Mr Blumenthal s'agenouillait dans sa blouse blanche pour épingler son ourlet, de voir, parmi les taches de rousseur de son poignet, un numéro à cinq chiffres tatoué en bleuâtre.

Peut-être comprenez-vous l'importance du chiffre cinq ici, mais peut-être pas. Cinq chiffres signifiaient que Mr Blumenthal était arrivé tôt à Auschwitz. Il était seulement dans les dizaines de milliers. Il avait eu plus de temps à tirer que la plupart.

Mais il y avait autre chose qui rendait Papa malheureux aussi. Ce n'était pas juste le numéro. C'était cela. «Il y a un schvartze à côté maintenant», dit Mr Blumenthal. «Oh vraiment?» dit Papa. «Oui un schvartze», dit Mr Blumenthal. «Ça doit être sympathique», dit Papa. «Sympathique? dit Mr Blumenthal. Un schvartze à côté d'une synagogue! Une famille meshuggeneh à côté d'une shul? Évidemment que ça n'est pas sympathique!»

Les Blumenthal étaient nobles. Tous deux avaient survécu à Auschwitz. Mais ils étaient aussi racistes. Ils n'aimaient pas les Noirs. Et cela, à l'évidence, coinçait Papa. Il ne savait pas quoi penser. Les Blumenthal le déconcertaient. Ils étaient nobles et méprisables.

C'est sûr, les Blumenthal étaient coton. Ils étaient moralement ambigus.

«Et la fille?» dit Mrs Blumenthal. «Comment va Nina?» «Nana», dit Papa. «Nana», dit Mr Blumenthal. «Elle a un nouveau petit ami», dit Papa. «C'est bien, un petit ami», dit Mr Blumenthal. «Et comment est-il celui-là, le petit ami? Je ne pense pas qu'il sera assez bien.» «C'est un acteur», dit Papa. «Il n'est pas assez bien», dit Mr Blumenthal. «Et je crois qu'il est juif», dit Papa. «Alors il n'est certainement pas assez bien!» s'écria Mrs Blumenthal, jugeant sa plaisanterie drôle à s'étrangler de rire.

Papa parvint à glousser. Il était vraiment trop déroutant, ce constant humour non sérieux.

Moi, j'aime beaucoup cet humour. Mais je ne suis pas bon. Je ne suis pas gentil. Je ne suis pas gentil comme Papa.

4

IDYLLE

1

En 1963 ma mère alla à Prague avec son école. À Prague, elle habita chez une jeune juive prénommée Petra.

En fait, Petra n'était qu'à moitié juive. Sa mère était juive. Quand les nazis occupèrent Prague, ils informèrent le père de Petra qu'il devait quitter la mère de Petra. Il ne le fit pas. Ils l'envoyèrent donc au camp de concentration de Terezin. Ils y envoyèrent la mère de Petra aussi. Et tous deux survécurent. C'était à l'évidence tout à fait inhabituel. Peu de gens survécurent à Terezin. Pour fêter cela, la mère et le père de Petra décidèrent d'avoir un deuxième enfant. Cet enfant était Petra.

Il ne restait plus beaucoup de juifs à Prague, après Terezin. À cause de cela, Petra était particulièrement curieuse de la judaïté. C'est ainsi que quand elle accepta de participer à un échange entre écoles, elle demanda une correspondance juive. C'est la raison pour laquelle ma mère habita chez elle. Ma mère est juive elle aussi.

Par la suite, Petra et ma mère s'écrivirent régulièrement. En 1968, après l'entrée des Russes à Prague, Petra vint à Londres. Elle habita dans la famille de ma mère. Un an plus tard, cependant, les Russes annoncèrent que tous les Tchèques habitant l'étranger avaient trois semaines pour décider s'ils voulaient revenir. S'ils voulaient revoir leurs familles, il leur fallait revenir maintenant. Et elle revint.

Voici deux faits concernant Petra. Elle n'adhéra jamais au parti communiste. C'est le premier fait. Le second fait est le suivant. Elle préférait les pièces de Václav Havel aux romans de Milan Kundera parce que Kundera avait quitté la Tchécoslovaquie en 1975 et que c'était trahir la résistance.

Mais le retour de Petra en 1969 n'était pas motivé par l'adhésion à la résistance. Il n'était pas motivé non plus par la croyance en la cause communiste. En 1969 Petra revint parce qu'un garçon à Londres avait rompu avec elle. Voilà pourquoi elle était revenue. Elle croyait toujours, toutefois, qu'elle était revenue parce qu'elle ne pouvait pas abandonner sa famille. Elle ne pouvait pas abandonner son héritage juif. Elle devait faire ce qui était bien, ce qui était juste. Tel était le raisonnement de Petra.

Mais il y avait aussi une explication moins romantique, plus financière. À Londres, Petra travaillait comme intérimaire. À Prague, la mère de Petra lui avait trouvé du travail à l'ambassade américaine. Il était salarié. Il était très bien salarié. Avec ce salaire, Petra pouvait s'offrir une maison dans le vieux quartier juif. Et Petra avait toujours rêvé d'une maison dans le quartier juif. Ce n'était pas pour des raisons religieuses non plus. C'était parce qu'elle adorait l'Art nouveau. Voyez-vous Petra – qui portait des jeans étroits délavés, des chaussettes en polyester bleu ciel et des escarpins noirs avec des empeignes à effet peau de serpent – aimait le style. Elle raffolait du dessin des balustrades du quartier juif, des moulures florales autour des plafonds.

Petra revint, donc, pour deux raisons. Ni l'une ni l'autre n'étaient des raisons juives. Elle revint à la Prague juive à cause de son amour pour la décoration intérieure des débuts du vingtième siècle, et deuxièmement parce qu'elle s'était fait plaquer.

2

« Ouais ouais, ouais, ouais ouais », dit Anjali. « Tu aimes ça ? dit Nana. Vraiment ? » « Ouais ouais », dit Anjali. Comme elle disait cela Anjali effectua un balayage d'une main rhétorique et cogna un verre vide qui avait contenu une vodka tonic. Il vacilla puis heureusement se stabilisa.

Ai-je décrit à quoi ressemble Anjali ? Je ne crois pas. En fait, j'ai décrit son maquillage mais pas ses vêtements.

Anjali était mince, petite, sombre. Son style était un mélange de disco et de sport. Une tenue normale pour Anjali était son vieux blouson en jean, qu'elle portait depuis l'âge de quinze ans, et une paire de baskets rouges Perry Ellis avec des surpiqûres noires. Elle avait une petite collection de taches de rousseur sur le nez. Elle portait souvent un bracelet en argent au poignet. Il y avait des cicatrices d'acné lilas pâle sur ses joues. Au milieu de son dos, sur sa colonne vertébrale, il y avait un grain de beauté.

Ce grain de beauté devait finir par ennuyer Nana.

Mais j'anticipe.

« Je pense que parfois Mies est un peu, un peu trop programmatique », dit Nana. « Comme ses gratte-ciel ? » dit Anjali. « Oh non ils sont merveilleux », dit Nana. « Ah, bon », dit Anjali. « Ils sont si austères », dit Nana. « J'adore ce gratte-ciel, le gratte-ciel de la Friedrichstrasse, il est si beau », dit Anjali. « Le bâtiment tout en verre ? » dit Nana. « Ouais, celui-là », dit Anjali. « Oh oui, c'est beau », dit Nana.

Comme vous voyez, elles parlaient d'architecture. Elles étaient intellectuelles. Et Moshe était là aussi. C'est juste qu'il n'était pas inclus dans la discussion. Il s'était désinclus. Affalé sur le canapé rouge, à côté d'une éprouvette de soixante centimètres de haut pleine de lis chiffonnés, Moshe était silencieux. À la place il en avait pour son argent, il mangeait pour 6,50 £ d'un mélange japonais gracieusement fourni dans un bol en porcelaine blanche par les propriétaires de « monbar », de *monhôtel*. Pas les miens du tout, pensait Moshe, pas foutrement les miens. Ce n'était pas son idée de vendre un Ma Mary à 6,50 £. Ce n'était pas sa fourchette de prix personnelle.

Il continua à manger, dans un silence croquant-mastiquant.

Tandis qu'Anjali et Nana faisaient connaissance.

Nana dit : « Je trouve que ce qui est intéressant c'est comment sa forme est internasnalle. Je trouve qu'on a eu raison de l'appeler le style Internasnal. Je veux dire je pense que les gens pensent qu'avec, avec avec, avec le Bauhaus c'est spécifique à Berlin. Mais après Mies van der Rohe s'installe à New York et il fait les mêmes choses. Donc ça n'avait rien à voir avec Berlin. C'était uniquement une question de forme. »

Anjali hocha la tête. Elle aimait assez qu'on lui apprenne des choses. Elle aimait assez la nouvelle et jolie petite amie de Moshe et ses monologues difficiles. C'était amusant que cette fille soit intelligente.

« Mais les toits ? » dit Anjali. « Qu'est-ce que tu veux dire ? » dit Nana. « Eh bien ! je pensais qu'il y avait des raisons allemandes pour qu'ils soient comme ça », dit Anjali. « Oh, faire des bâtiments à toits plats ? Le fait d'être anti-toits pointus ? » dit Nana. « Oui », dit Anjali. « Oh, je trouve que c'est terrible, dit Nana. Je déteste ça. Ç'avait à voir avec le communisme », dit-elle. « Avec le communisme ? » dit Anjali. « Ils trouvaient que les toits pointus ressemblaient à des couronnes, dit Nana. Alors ils ont fait leurs toits plats. » « À cause des couronnes ? » dit Anjali. « Oui », dit Nana. « Mais, dit Anjali, quand il pleut ? Qu'est-ce qui se passe ? » « Eh ben voilà exactement », dit Nana.

Nana hocha la tête. Elle aimait assez cette fille. Elle aimait assez la jolie amie de Moshe. C'était amusant que cette fille soit intelligente.

Nana dit : « Mies refusait aussi que les stores n'aient pas la même position. Il re-fu-sait. Ils étaient soit levés soit baissés, il voulait. Dans le Seagram Building, à New York. Le gratte-ciel. Et alors tous les gens à l'intérieur se sont plaints. Alors Mies a fait un compromis. Il a ajouté une autre position. Ils étaient soit levés soit à demi baissés, je veux dire. »

« Rien que trois positions ? » dit Anjali. « Oh je sais, dit Nana, je sais. »

3

J'ai une théorie très simple sur l'idylle de Nana et Moshe. La voici. Leur idylle n'était pas romantique. Enfin, elle n'était pas ordinairement romantique.

Par exemple, un élément crucial de la conception conventionnelle d'une idylle est qu'une idylle est une histoire de couple. L'idylle est l'opposé des amis.

Les amies s'en plaignent souvent. « Stacey, disent-elles, m'a abandonnée. Elle ne veut voir qu'Henderson maintenant, tout le temps. » De son côté Stacey, si nous en restons à Stacey pour le moment, pense que ses amies sont trop collantes. Peut-être que cet exemple est un peu abstrait. Il est un peu abstrait, je m'en rends compte. Laissez-moi ajouter quelques détails. Stacey a maîtrisé un zozotement. Cela signifie qu'elle parle plus lentement que les autres. Elle porte trois bracelets d'amitié multicolores au poignet droit. Henderson, son petit ami, est plus jeune qu'elle et cela la gêne. Elle a dix-neuf ans, il en a seize. Quoi qu'il en soit, Stacey pense que ses amies ne comprennent pas combien il est important de vouer du temps à une relation. C'est en partie, bien sûr, parce qu'elle ne veut pas que ses amies rencontrent Henderson trop souvent. Il n'a, comme je l'ai dit, que seize ans.

Quant à Henderson, ses amis pensent aussi que sa relation est trop exclusive. Mais ils ont leur propre théorie à ce propos. Henderson ne les laisse jamais rencontrer Stacey à cause de, pensent-ils, sa corpulence. Stacey n'est pas la plus mince des filles. Les amis d'Henderson le taquinent en lui disant qu'il a besoin d'une mère. Il a besoin d'une mère avec de gros seins. Le sexe d'Henderson, disent-ils, est ombilicalement attaché à Stacey.

Évidemment, Nana et Moshe n'étaient en rien semblables à Stacey et Henderson. Aucune idylle n'est semblable.

Nana et Moshe étaient une idylle non romantique.

4

Dans un fauteuil en cuir à côté d'Anjali, Nana et Moshe, près de la fenêtre de « monbar », il y avait une fille. Cette fille portait un bandana olive et une natte. Au bout de la natte un chouchou en flanelle turquoise électrique était enroulé serré.

Elle était française. Elle était française algérienne. Elle bavardait avec une autre amie française algérienne. Elles parlaient français. « Ou-èh, disait-elle. Ou-èh. Egzactô-ment. *Dans la vie**. Ou-èh. » Puis elle enleva un pull-over léger olive, révélant un haut sans manches noir avec un point d'interrogation turquoise dont le point était le signe de la femme – un cercle au-dessus d'une croix.

C'était de la publicité. La fille rajusta ses fines bre-

* En français dans le texte, ainsi que tous les termes en italique suivis d'un astérisque. (*N.D.T.*)

telles de soutien-gorge noires sous le haut. Nana regarda. Anjali regarda. Anjali regarda Nana regarder.

5

Mais Nana n'était pas lesbienne. Elle se tourna vers son petit ami. Elle lui demanda comment il allait.

Moshe était, se révéla-t-il, inconsolable. Il était légèrement nauséeux à cause des hors-d'œuvre délicatement épicés. Il suçait un doigt taché. Anjali lui dit : « Ce qui est mignon avec toi c'est que tu ne craches pas sur la bouffe gratuite. Tu y vas carrément. Rien n'est perdu. » Et Nana sourit et dit : « Je sais. Ça doit être son côté puritain. De détester le gâchis. »

Moshe ouvrit les bras pour signifier : « Pourquoi s'en prendre à moi ? » Il dit : « Comment on appelle ce style – celui qu'ils avaient en Inde, tu sais, le truc de Lutyens ? »

Mais Anjali avait déjà dit à Nana : « J'adore tellement ce bracelet ? Est-ce que je te l'ai dit la dernière fois qu'on, il est tellement merveilleux, vraiment fabuleux. » Elle dit : « Où tu l'as acheté ? »

Moshe dit : « Non comment ça s'appelle ? »

« Oh vraiment ? » dit Nana à Anjali. « Vraiment ? Non tu l'as dit. » Elle dit : « Je ne sais pas où je, peut-être Hoxton Boutique je pense oh non non non, c'était dans ce petit endroit, tu connais cette impasse, si tu descends un peu Brick Lane il y a une impasse, avec des petites boutiques. » « Je pense que c'était dans une de celles-là, dit-elle. Et j'ai acheté un poignet aussi, ce truc vraiment cool, un poignet en éponge rouge, blanc et bleu avec écrit : "I Love Paris" avec des petites tours Eiffel en métal qui pendent. On devrait y aller, dit-elle. Pas à Paris, je veux dire, à Brick Lane. » « Oh cool, dit Anjali. Ça serait cool. » « Et peut-être aussi à Paris », dit Nana, en souriant.

Moshe dit : « Je t'ai emmenée manger des bagels dans Brick Lane ? »

Nana dit : « Bégel ? Tu dis bégel ? » Et Moshe dit : « Ouais. Pourquoi ? Tu dis quoi, toi ? » Anjali alluma une cigarette. Nana dit : « Eh bien baïgel. » Tout le monde disait baïgel. Il dit : « Eh bien peut-être qu'à Edgware on dit "baïgel" mais moi. Non je dis "bégel". Enfin », dit-il.

Anjali souffla de la fumée droit sur Nana et l'écarta rapidement de sa main gauche comme on donne un coup de tapette à mouche. « Tu es d'Edgware ? » dit-elle. Elle dit cela à Nana. « Ouais », dit Nana. « Mais c'est incroyable, dit Anjali. Je suis de Canons Park. » « Vraiment ? » glapit Nana.

« Enfin, dit Moshe. On devrait y aller, à la boulangerie de Brick Lane. C'est tellement bon marché je crois que c'est 50 pence le bagel ou un truc comme ça. Avec du cream-cheese et du saumon et tout. »

Nana dit : « Oh ouais je sais. » Moshe dit : « Oh. » Elle dit à Anjali : « C'est formidable d'aller tard là-bas en sortant de boîte ou un truc comme ça. » « Ouais je connais moi aussi », dit Anjali.

Moshe dit : « C'est bien comme rue, Brick Lane, c'est bien, avec les bagels et c'est quoi ce bar 291 non pas 291 c'est quoi 192 non, non, merde, 93, Feet East. Et les curries », dit-il. Il dit : « Tu as été dans ce restro là-bas, Preem, oh c'est indo- sarrasin. »

Anjali dit : « Quoi ? » Il dit : « C'est indo-sarrasin, le style, le style Lutyens. En Inde. Le truc gothique exotique. À New Delhi. » « Oh ouais », dit Anjali. « Ouais. Et alors ? » « Eh bien, rien », dit-il. « Rien. Je veux dire j'aime ça juste, il dit. J'essayais juste de faire la conversation. »

« Tu savais que le plus grand nombre de bâtiments de style Bauhaus dans le monde est à Tel-Aviv ? dit Nana. Ils ont construit des appartements pour les ouvriers. »

« Non je ne savais pas, dit Moshe. Je ne savais pas, chérie. »

6

Non, Moshe n'était pas un juif sérieux. Il ne se sentait pas concerné par l'histoire du peuple juif. Si on lui avait demandé de localiser Tel-Aviv sur une carte d'Israël, je ne suis pas sûr que Moshe en eût été capable.

J'ai une théorie simple sur la nationalité aussi. De même que les histoires d'amour, la nationalité n'existe pas. En fait, la nationalité est une idylle.

De temps à autre, Moshe aimait être ouvertement juif. Parfois il se sentait loyal. Mais il n'était pas enclin à s'inquiéter pour sa nation. Il ne s'inquiétait pas de sa judaïté. C'était en partie parce que seul son père était juif. C'était aussi parce que son père n'était pas un juif très juif. En 1968 le père de Moshe s'était installé en Israël. En 1973, le père de Moshe était reparti. Il avait eu son content de juifs. En 1975 il avait joyeusement épousé une shiksa prénommée Gloria.

Au déjeuner un week-end, Moshe prit plaisir à raconter à Nana et à l'aimable Papa combien il avait détesté la Pâque. Il n'avait fait la Pâque qu'une fois, dit-il. Mais une fois suffisait. Il dit : « Vous connaissez Pessah ? Il faut chercher la matsah, c'est le plus jeune qui doit la chercher, et mon grand-père l'avait cachée dans les toilettes au premier, vous savez dans le réservoir, avec le flotteur. Et après il faut la manger. Et j'ai dû la manger. C'était horrible. » « Je ne sais pas comment il était arrivé là-haut, dit Moshe. Mon grand-père avait la maladie de Parkinson. Mais il était monté tout là-haut. »

Papa trouva cela assez drôle. Nana trouva cela très drôle. Elle riait avec la bouche fermée et la tête secouée d'avant en arrière. C'était parce qu'elle avait pris une grande gorgée d'eau.

« Et après il faut chanter une chanson », poursuivit Moshe. « Une chanson ? » dit Papa. Moshe la chanta. « "Un agneau, un agneau, que mon père a acheté deux zuzim, un agneau, un agneau." Non, c'est fascinant, dit Moshe. Il y a l'agneau et le chat et le chien et le bâton et le feu et l'eau et le bœuf et le boucher et après l'ange de la mort tue le boucher et il tue le bœuf. Non, c'est le contraire. Le boucher tue le bœuf et ensuite l'ange de la mort tue le boucher. C'est captivant. »

Parfois il se sentait loyal. Mais, plus souvent, non. Il ne comprenait pas l'allégeance. Quand Papa à un moment fut attristé par le procès du lieutenant-colonel des SS Adolf Eichmann, Moshe fut d'accord que c'était triste. Il était triste, dit Moshe, qu'il y ait eu une telle erreur judiciaire. Mais ce n'était pas pour ça que Papa était triste. Papa n'était pas d'accord que celui qui aurait dû être jugé était le chasseur de nazis maniaque, Simon Wiesenthal. Ce n'était que l'opinion de Moshe.

Non, Moshe n'avait pas une relation facile avec le judaïsme.

Par exemple, Moshe possédait une *Haggadah* de l'Union des étudiants juifs de 1996. Moi aussi j'ai ce livre. La *Haggadah* enseigne comment fêter la Pâque. À l'imitation de l'hébreu, la *Haggadah* de l'UEJ commence à la fin. On la lit de la fin au début. Je trouve que c'est une affectation. Moshe aussi pensait que c'était une affectation. Quoi qu'il en soit, dans ce livre, il y a un chapitre intitulé : « Pourquoi être juif ? » Ce chapitre fut écrit sous l'impulsion du grand rabbin d'Angleterre, le Dr Jonathan Sacks.

L'un des personnages illustres interviewés – et ces personnages sont illustres, on trouve parmi eux Kirk Douglas, Uri Geller, Roseanne, Steven Spielberg et Elie Wiesel – était la présentatrice de télévision Vanessa Feltz.

Voici la réponse de Vanessa Feltz à la question du Dr Sacks : « Pourquoi être juif ? » Et je dois dire, sur ce point dans son analyse sceptique du judaïsme, que je crois être d'accord avec Moshe. Moshe et moi-même pensons que la réponse de Vanessa était un petit peu déséquilibrée.

> Le mariage avec des non-juifs nous prive de notre avenir. Il rejette sans pitié, comme indignes d'être préservés, ces quelque cinq mille ans d'érudition, de persécutions, d'humour et d'optimisme qui ont fait des juifs un peuple extraordinaire. Chaque mariage entre juif et gentil érode les fondations qui font de nous ce que nous sommes. Après tout, sans enfants juifs il n'y a pas de postérité juive. Vu de mon trois pièces de Finchley, c'est une tragédie.

Vanessa Feltz ! Douce Vanessa Feltz ! Deux ans plus tard, en 1998, son mari juif la quitta. Et Vanessa se tourna vers un autre homme. Cet homme n'était pas un homme juif. Bien sûr, j'approuvai ce croisement entre races. Et quand l'homme non juif quitta Vanessa Feltz, je n'approuvai pas. Je craignis que cette mésaventure ne dégoûte à jamais Vanessa Feltz des goyim.

7

Et Anjali ? Était-elle plus affligée par son appartenance ethnique ? L'Anglo-Asiatique Anjali était-elle tourmentée par le métissage de son héritage ? Non. Elle ne l'était pas. Enfin, elle n'était pas *affligée*. Elle s'intéressait bien plus aux films.

Mais même les films peuvent poser un problème ethnique. Il y eut ce jour où Anjali et son copain de classe Arjuna allèrent voir le *Malcolm X* de Spike Lee à sa sortie en 1992. Ils le virent au multiplex Warner de

Staples Corner. Il n'y avait pas un Blanc dans la salle. Pas un Noir à strictement parler, non plus. Du moins, pas un Africain-Américain comme Malcolm X. Ils étaient tous comme Arjuna et Anjali.

Cela gêna Anjali. Enfin, ce n'est pas exactement ça qui gêna Anjali. Ce n'était pas le public. C'était l'attitude du public. Inexplicablement, ils s'identifiaient tous à Malcolm X. Et cela semblait idiot. Quand même on pouvait voir le film sans penser qu'on était Malcolm X ? pensa Anjali. Comme ils sortaient du multiplex de Staples Corner, Anjali regarda Arjuna. Elle l'aimait bien. Ce n'était pas ça. C'était juste qu'avec ses lunettes à monture bleu marine, avec un petit panda sur chaque branche pour indiquer que l'achat de ces lunettes avait contribué à aider le World Wide Fund, Arjuna ne ressemblait pas à un combattant de la liberté du black power. Il ressembla encore moins à un combattant de la liberté du black power quand son père arriva – dans une Mercedes blanche avec intérieur en ronce de noyer – pour les ramener à Canons Park.

Anjali ne comprenait pas. *Malcolm X* n'était qu'un film médiocre. Elle se rappelait seulement le panoramique de trois cent soixante degrés autour de Malcolm X dans sa chambre d'hôtel. C'était le seul plan intéressant.

Mais d'accord. C'était un peu plus compliqué. Sur le sujet de son appartenance ethnique, Anjali pouvait être chatouilleuse. Elle ne l'aurait peut-être pas avoué, mais Anjali était chatouilleuse. Par exemple, la seule chose qu'Anjali aimait dans l'Inde c'était Bollywood. Et l'amour d'Anjali pour Bollywood avait une explication très simple. Bollywood était non indien.

Non indien ? Bollywood non indien ? Eh bien oui, parce que, pour Anjali, l'Inde c'étaient les vaches. L'Inde c'étaient des échafaudages et de la boue. L'Inde c'était plein de familles. Tandis qu'un film sentimental et musical était l'opposé d'une famille. Bollywood était Hollywood.

Définie selon certains comme une Indienne non résidente de la seconde génération et, selon d'autres, dont Anjali, comme citoyenne résidente du Royaume-Uni, Anjali aimait les films masala. Elle avait lu avec un intérêt amusé une interview de Shyam Benegal, qui déclarait aux fidèles lecteurs de *CinéBlitz* que « l'intérêt dont nous jouissons est dû entièrement à la diaspora. Sans la diaspora, personne ne nous accorderait le moindre intérêt ».

Je trouve que le terme de « diaspora » employé par Shyam est un peu étrange. Une diaspora c'est quand on doit fuir sa patrie. Et l'Inde n'était peut-être que vaches et boue mais ce n'étaient pas vaches et boue qui vous faisaient fuir votre patrie. Shyam était un peu mélodramatique. Par « diaspora », il signifiait les Indiens vivant à l'étranger.

Anjali aussi trouvait ce terme de « diaspora » étrange. Anjali n'était pas une diasporée. Boursière de la North London Collegiate School puis de Brasenose College, à Oxford, Anjali était une *success story*. Elle n'avait rien à voir avec l'exil.

Les films bollywoodiens étaient le contraire de la diaspora. C'était leur charme aux yeux d'Anjali. Ils n'avaient rien à voir avec sa patrie non plus. Tout leur intérêt était dans leur style.

Peut-être pensez-vous que les films bollywoodiens n'ont pas de style. Peut-être pensez-vous qu'ils sont kitsch. Eh bien, le style est discutable. La chose cruciale est la suivante. Si Anjali aimait jamais quelque chose d'indien, elle l'aimait pour des raisons non indiennes.

8

En fait Anjali est souvent déroutante. C'est l'une des raisons pour lesquelles je l'aime. Elle est imprévisible. Par exemple, ce n'est pas juste l'identité ethnique d'Anjali qui est déroutante. Oh non. C'est aussi son identité sexuelle.

Dans Old Bond Street, Nana était un reflet flou à côté du flou reflété d'Anjali. Elles admiraient une valise Tanner Krolle dans une vitrine. La valise était rose.

Anjali dit à Moshe : « Regarde, Mosh, regarde, elle est si jolie. » Et Moshe fit un bruit, il fit un bruit d'acquiescement. Il n'était pas en train de penser à la mode. Il songeait à embrasser Nana. Mais il se sentait mauvaise bouche du fait d'un récent café au lait maigrelet de chez Starbuck. Il en cessa de vouloir l'embrasser. Il balança ses hanches contre elle à la place, l'étreignant par-derrière et se blottissant contre son épaule.

Il dit à Anjali : « Personne n'est aussi joli que toi. » Puis il sourit d'un air narquois.

À Anjali ? Il dit ça à Anjali ? Oui, oui. Il flirtait plaisamment.

Et Anjali lui rendit son sourire. Elle flirtait elle aussi.

9

Ô shopping. Ô mode.

Il y a des gens qui adorent la mode simplement parce qu'elle est tellement chère. Ce n'est pas une position aimable. Heureusement, ce n'est pas une position que quiconque avoue. D'autres personnes adorent l'artisanat, le fini de la mode. J'aime assez ces gens. Ces gens sont similaires aux gens qui considèrent les vêtements comme des œuvres d'art. Pour eux, les vêtements sont esthétiques. Ce sont des occasions d'exercer une technique. Je dois dire que je ne suis pas sûr de croire vraiment ces gens. Je crains que ces gens n'adorent simplement la mode à cause de la cherté. On ne peut jamais savoir. Mais au fond je les aime bien.

Puis il y a les gens qui s'intéressent à la mode d'une manière abstraite, magazine, parce qu'ils veulent être branchés et je ne pige vraiment pas ces gens.

Et puis il y a les gens qui méprisent la mode. Ils la méprisent parce qu'elle est bien trop chère. Ou parce qu'elle est matérialiste. Ou parce qu'elle est vraiment juste laide, ou impraticable.

Moi, je l'appréhende avec un intérêt technique et du respect combinés à un sarcasme étonné. C'est la position inattaquable.

Parmi les trois, il y avait différentes attitudes par rapport à la mode. Et il faut que vous soyez au courant parce que, à ce moment de l'histoire, Nana, Moshe et Anjali faisaient du lèche-vitrine sur Bond Street et le long de Savile Row. Ils ne savaient pas vraiment comment ils étaient arrivés là, mais c'est là qu'ils étaient maintenant. Ils étaient au cœur du monde de la mode londonien.

Nana aimait la mode d'une manière amusée. Elle était de ceux qui s'intéressent aux détails techniques. Elle aimait la complexité des points. Elle aimait aussi l'effort fait par les stylistes pour habiller la grande fille mince. Nana aimait la gaucherie des modèles, ce qui n'était pas surprenant. Et elle aimait les nouvelles matières. Elle saluait la quête novatrice. Mais Nana n'aimait pas les prix. Elle n'aimait pas la méchanceté de la mode. La mode, pour elle, signifiait l'exclusion. Et Nana détestait l'exclusion. Le sérieux et l'anxiété de la mode l'ennuyaient – les laquais étrangers silencieux, qui vous toisaient pour vous tailler un costard à peine avez-vous poussé les légères portes en verre.

Anjali n'aimait pas du tout la mode. Ça la barbait

beaucoup plus que Nana. Elle était encore plus abasourdie par les prix. Les prix rendaient la mode tout simplement irréelle. Pour Anjali, la mode était branchée. Elle n'y pensait jamais vraiment.

Moshe était le plus passionné. Il était passionnément contre. C'était tellement ringard. Ce n'étaient que des gens nerveux obsédés par la reproduction. C'était un encouragement au culte du non-original. La mode était la conformité. Telle était sa théorie de la mode.

Mais chaque théorie appartient à une personne particulière. En relation à Moshe, la théorie selon laquelle la mode n'était que vide conformité pouvait réveler une gravité morale intérieure. Elle pouvait révéler une théorie fondée sur la désapprobation de l'intérêt excessif que l'on porte à l'éphémère. D'autre part, elle pouvait révéler de l'insécurité. Elle sous-entendait peut-être que, du fait que Moshe ne se sentait ni assez beau ni assez riche pour ces vêtements somptueux et délicats, il avait décidé de s'en moquer.

Bref – comme Anjali, Moshe n'aimait pas la mode. Elle l'agaçait.

10

Mais il essayait. Sincèrement, Moshe essayait. Chez Prada, en bâillant, il prit une basket et essaya de regarder. Cette basket était une sorte de pantoufle en plastique noir, éclairée par un spot halogène invisible. Nana vint vers lui. Elle vint vers lui pour s'occuper de Moshe. Elle s'arrêta près de lui et toucha quelque chose qui était flottant et minuscule sur un cintre en métal cliquetant. Moshe essaya de la copier. Il fit un bruit ostentatoire. Le bruit l'énerva.

Ils pouffèrent.

Puis un homme arriva derrière eux. Ses muscles tendaient le lycra de son T-shirt noir. Il y avait des déchirures diagonales sur les manches. Elles étaient probablement volontaires. C'était, pensa Moshe, soit un vendeur soit un mannequin. Moshe hésitait entre les deux.

Tandis que Moshe s'interrogeait sur son statut dans le monde du style, cet homme dit à Nana combien le petit short blanc avec le cordon rayé marin lui irait bien. Il dit qu'elle était vraiment superbe. Tellement tellement sexy.

C'était un vendeur. Moshe le détestait.

Es-tu flatté que l'on flatte ta maîtresse ? se demanda Moshe. Il ne se le demanda pas longtemps. En partie parce qu'il était déprimé et jaloux. Aussi parce qu'il avait envie de chier. Ses intestins étaient titillés par le café Starbuck et cela le faisait péter à petits coups furtifs. Tandis qu'il jouait avec une improbable culotte sur son cintre glissant, Moshe souffrait le martyre. Chaque fois qu'il pétait il devait bouger. Il devait se distancer de son odeur.

Moshe était en train de regretter ce café matinal. Son estomac n'était pas bien depuis quelque temps, mais il avait pensé qu'il allait mieux. Mais il ne semblait pas aller mieux. Il était très dérangé par le café.

Moshe ne se sentait pas flatté ici, c'est clair. Il détestait la mode. Il se traîna, tâchant de ne pas trop souffler, jusqu'au premier. Est-ce que ce sont des vêtements pour garçons ou pour filles ? pensa soudain Moshe l'androgyne hermaphrodite. Il pensait que les boutiques avaient des espaces pour les filles et des espaces pour les garçons. Il y avait des étages séparés pour les garçons et les filles.

Et alors apparut Nana, reluquant un costume à rayures, avec Anjali à ses côtés.

Il dit : « C'est un costume pour garçon », à Anjali et Nana à la fois. Nana fronça les sourcils. Elle dit : « Jait-jours voulu un costume pour garçon. » Elle le dit en fait au costume, créant dans son tissu soyeux une tente miniature du bout de ses doigts rassemblés. Elle se dit : « Jtrouve que ça me ferait paraître plus grande. » « Oh, plus grande, entonna Moshe. Parce que c'est important, je veux dire, ça ne te ferait pas de mal d'avoir l'air plus grande. »

Nana sourit à Moshe. Elle adorait que Moshe la taquine.

Nana regarda le costume masculin, élaboré pour une journée élégante dans la City. Anjali essaya. « Il est cool, il a une coupe intéressante. » Et elle avait raison. Anjali aurait pu être dans la mode. La poche droite était placée juste un peu plus haut que la gauche, une anicroche délibérée dans la symétrie. Donc il était cool. Parce que le cool c'est de savoir quoi faire avec la forme. On ne se répète pas. Puis Nana poussa encore quelques cintres, pour regarder une chemise rose faite de parties cousues entre elles, une version folle du capitonnage.

Moshe dit : « On y va ? » C'était une assertion, en fait, pas une question. Bien que je l'aie imprimée avec un point d'interrogation, Moshe ne le dit pas avec un point d'interrogation. Il dit : « On y va. »

Moshe se retourna brusquement et se cogna dans un garçon portant un débardeur col en V. Le débardeur avait deux dessins – un sur le devant, l'autre dans le dos. Le dos était rayé horizontalement de bleu et de jaune. Le devant était à chevrons multicolores. Mais il y avait une chose, pensa le sombre Moshe, que ce garçon bizarre devait avoir adorée. Une excentricité folle avait dû le convaincre. Le dessin du dos commençait sur le devant. Il commençait sur le devant du côté gauche.

Je ne sais pas. Personnellement, j'aime l'idée de ce pull. Je suis un peu blessé que Moshe ne l'ait pas aimé.

11

Nana dit : « Est-ce que j'ai pris ma pilule ce matin ? Je ne me rappelle pas j'ai pris ma pilule ?

« Ouais oui tu l'as prise », dit Moshe.

« Oh, dit Anjali. Laquelle tu prends ? »

« Microgynon », dit Nana.

« Et elle te convient ? » dit Anjali.

« Ben ouais », dit Nana.

« C'est juste, dit Anjali, c'est juste que la pilule me déprime terriblement. »

« Tu prends la pilule ? » dit Moshe.

« Enfin je la prenais, dit Anjali. Mais j'ai acheté ce truc, je sortais avec ce garçon, tu te rappelles, Torquil, et il, il. C'est comme un stérilet, ça s'appelle Marina, ça remplace la pilule. Comme les hormones », elle dit.

« Pourquoi est-ce que tu prends encore la pilule ? » dit Moshe.

« Ce n'est pas la pilule », dit Anjali.

« Enfin, quoi que ce soit, dit Moshe. Tu ne couches plus avec des garçons, si ? Quel genre de sexe tu pratiques ? »

« Moi ? dit Anjali. Quel genre de sexe ? Je pratique le non-sexe. Tu le sais. Voilà le genre de sexe que je pratique. »

« Je pensais juste », dit Moshe.

« Mais pourquoi tu veux savoir ? » dit Anjali.

« Eh bien je pensais juste. Je veux dire, si tu te remets aux garçons », dit Moshe.

« Et ça ne te gêne pas ? » dit Nana.

« Non non, dit Anjali, c'est très bien, je n'ai pas besoin d'y toucher pendant je pense cinq ans. » « Tu devrais mettre ça », dit Anjali à Nana, comme Moshe poussait la porte d'Issey Miyake et donc Anjali dut tirer.

Maladroit Moshe.

12

Chez Issey Miyake, Nana était particulièrement heureuse. Elle avait l'impression d'être en vacances, expliqua la bavarde Nana à Moshe et Anjali. Ce duo, toutefois, s'amusait et s'étonnait d'un costume entièrement fait de petits disques de métal. Est-ce qu'elle leur avait dit qu'elle partait avec Papa ? Est-ce qu'elle leur avait dit qu'ils avaient reservé des vacances, pour la première semaine de septembre ? Moshe fit la moue et hocha la tête. Elle parlait en regardant les vêtements et comme elle n'entendait pas un mot, pas un murmure, elle regarda autour d'elle. Moshe et Anjali pouffaient. Moshe fit la moue et hocha la tête. Nana hocha la tête et continua de parler.

Je vais m'arrêter pour un tout petit petit moment. Je ne veux pas que Nana soit mal comprise.

Peut-être trouvez-vous Nana indifférente ici. Elle ne semble pas s'inquiéter de l'aversion de Moshe pour la mode. Comme vous savez, Moshe éprouvait de l'aversion pour la mode. Il ne voyait que faux objets, trop chers et importables. Et Nana savait que cela le dérangeait. Elle était d'accord avec lui, dans un sens. Mais Nana comprenait aussi Moshe. Elle comprenait la tristesse secrète qui causait la maussaderie de Moshe. Ces vêtements donnaient à Moshe le sentiment d'être laid. Et Nana voulait qu'il prenne conscience que, bien qu'il eût été niais de le dire, il était beau. Il n'y avait aucune raison d'être déprimé.

Le fait que Nana soit heureuse et enjouée chez Issey Miyake était un témoignage d'amour envers Moshe. Peut-être ce témoignage était-il gauche, mais il était aussi sincère et gentil. Il était destiné à convaincre Moshe qu'ils pouvaient jouer ensemble. Moshe était totalement beau. Il n'était pas trop laid du tout. Elle savait que sur le moment cela ne ressemblait pas à un témoignage d'amour. Mais elle pensait que Moshe le verrait ainsi. À la fin, il le verrait comme de l'amour.

Chez Issey Miyake il y avait une robe gris-blanc froissée avec des applications de feuilles d'or et de feuilles d'argent. Cette robe ne pouvait être portée qu'une fois.

« J'adorerais la voir sur toi ! » dit la polysexuelle Nana à Moshe. Et elle était sincère. Elle ne le taquinait pas. Elle adorait l'idée de Moshe en robe. Ce serait, selon Nana, la chose la plus sexy du monde.

Malheureusement, Moshe ne pensait pas que ce serait la chose la plus sexy du monde. Il pensait beaucoup plus aux toilettes qu'aux travestis. Il avait grand besoin d'une toilette. Et cela le rendait distrait.

Soudain théologique, Moshe songeait au péché cardinal de l'orgueil. Il songeait à la différence entre orgueil et vanité. Il comprenait à quoi servaient les monastères. Il imaginait un Moshe tonsuré et vêtu de bure, en train de sarcler un jardin potager. Il ferait pousser des choux. Il ferait pousser des carottes. Il ne pensait pas qu'Issey Miyake s'était diversifié dans les racines.

Ils flânèrent, un zigzag, Moshe les guidant vers la sortie.

13

Laissez-moi revenir brièvement à Henderson et Stacey.

Pour Henderson, le moment le plus enchanteur de leur idylle avait été une visite-surprise au zoo de Londres, où Stacey vit une girafe pour la première fois. C'était un souvenir gai et romantique. Mais Stacey, de son côté, ne se rappelle pas grand-chose de la visite du zoo de Londres. Parce qu'elle avait ses règles ce jour-là et était trop gênée pour le dire à Henderson, attendu qu'ils en étaient au début de leur relation. Ayant eu un petit ami qui était révolté par la menstruation, elle ne savait pas comment Henderson le prendrait. Plutôt, Stacey se rappelle beaucoup plus clairement et tendrement le premier soir qu'elle trouva un mot écrit au crayon par Henderson, d'une écriture très tremblée, caché sous sa couette. L'écriture était tremblée parce que Henderson l'avait écrit au crayon en utilisant l'oreiller comme support. Le mot expliquait combien il l'aimait.

Les histoires d'amour sont compliquées. Elles impliquent plus d'une personne. Cela signifie que chaque détail peut être ambigu. Et j'aime assez cette idée.

Par exemple, le moment favori de Moshe n'était, à l'évidence, pas leur visite à Savile Row. Le souvenir préféré de Moshe n'était pas le shopping. C'était une pipe. C'était une pipe administrée quand son sexe était dur à l'intérieur d'une capote goût et couleur fraise.

14

Un matin, un Moshe chassieux s'aventura sous la couette. À l'intérieur de la couette ça sentait. Ça sentait la chaleur de pets ensommeillés et les corps coïtaux. Nana nasillait. Elle rêvait d'animaux en Technicolor. Leur contact était caoutchouteux – mais ils étaient à fourrure – quand ils se pelotonnaient et l'aimaient.

Le rêve n'était pas l'affaire de Moshe. Son idée était de la réveiller, lentement, afin qu'elle ne quitte son rêve qu'à moitié tout en étant heureuse – tandis qu'il, si lentement, lui écartait les jambes. Il les écarta juste assez pour pouvoir l'atteindre de sa langue courte et râpeuse. Et alors il se contenta de respirer pour qu'elle ne soit pas dérangée ou éveillée. Il respira et respira contre elle et la regarda s'étirer lentement, endormie, encore. Puis il insinua sa langue. Il la poussa et la laissa doucement glisser.

Elle avait presque le goût de la sueur. Il sentait sa propre haleine. Il essaya de ne pas sentir son haleine. Sous la couette la lumière venant du soleil neuf était d'un rose assourdi.

Moshe de deux doigts ouvrit ses lèvres. Les plis étaient tachés d'une bizarre, d'une collante, d'une blanche, une qu'est-ce que c'était, de la ricotta ?

Ce n'était pas une idylle. Ce n'était pas une idylle romantique. Je vous l'ai bien dit.

Moshe n'était pas dégoûté. C'est juste qu'il préférait ne pas continuer. Il avait perdu l'appétit. Malheureusement, c'est à cet instant que Nana se réveilla. Elle dit : « Qu'est-ce que tu, chéri ? » « Ta chatte est étrange, dit Moshe. Il y a quelque chose de bizarre avec ta chatte. » Il ne faisait pas toujours preuve de tact, Moshe. Nana passa un doigt autour de ses lèvres. Elle le ramena et l'examina. Elle le renifla. « C'est du muguet, dit-elle, c'est juste du muguet. » Et alors elle fut gênée. Elle ne savait pas pourquoi, mais c'était comme ça. Elle était gênée.

Nana n'avait pas besoin d'être gênée. Je ne pense pas que le muguet soit gênant. Ce n'est certainement pas gênant pour la fille. Presque toutes les filles ont une infection vaginale due à une levure de temps à autre. Les germes de levure se développent souvent dans le vagin sans provoquer d'infection. Il y a infection quand il y a trop de levure. Cela n'arrive que lorsque l'équilibre naturel du vagin est perturbé. Et nous savons tous comment l'équilibre d'un vagin est perturbé. Ce sont les garçons qui le perturbent.

Non, c'était beaucoup plus gênant pour Moshe. Par quoi l'équilibre du vagin de Nana pouvait-il être perturbé, sinon par le sexe de Moshe ? Et il savait cela. « Lorsqu'une femme souffre de muguet récurrent, dit le manuel, il est indiqué à son partenaire de suivre un traitement en même temps qu'elle, car il peut être porteur de l'infection sans qu'aucun symptôme apparaisse, déclenchant ainsi de nouvelles infections.» C'est une manière polie d'indiquer que c'est normalement le garçon qui est responsable.

Mais le soir venu, Moshe n'éprouvait pas de remords. Je suis désolé, mais il n'avait pas envie de s'excuser. Il était heureux. Ce soir-là, Moshe eut droit à un voyage nostalgique dans l'érotisme du passé. Il fut autorisé à admirer la splendeur des diagrammes féminins. À l'intérieur de la boîte du pessaire de Nana – « inséré le soir afin que la crème puisse faire son effet durant ("durant" ! sourit Moshe, adorant le vocabulaire châtié) votre sommeil » – se trouvait une notice d'utilisation. Et Nana laissa Moshe lui annoncer la marche à suivre, étalée avec l'équipement en plastique sur le lit.

C'était un diagramme parfait. Sur un fond bleu ciel, comme un diorama de studio télé, s'étendait une vue en coupe d'une femme, les membres soulignés d'un vert boueux. Le diagramme incluait la motte de son ventre. Ainsi que toutes les courbes, souples lignes et les flèches indiquant modestement mais précisément Vessie, Utérus, Vagin, Rectum. Ce corps n'avait jamais subi aucune transformation. C'était tout ce que Moshe avait besoin de savoir. Et Moshe lut son texte. « Insérer avec précaution l'applicateur aussi profond que possible à l'intérieur du vagin.» Il fut ravi par la parenthèse pondérée, qui sécrétait tant de plaisir. « (Il est recommandé de s'allonger sur le dos, genoux relevés.) » Nana les releva donc, pour son gynécologue attentif. « Tout en maintenant l'applicateur en place, pressez lentement le piston jusqu'à ce qu'il arrive en bout de course afin de déposer à l'intérieur du vagin la quantité de crème prédosée. Retirez l'applicateur. Jetez l'applicateur après usage en vous assurant qu'il est hors de portée des enfants.»

Elle introduisit l'applicateur, comme une star du porno. Il rétrécit, puis on aperçut un peu de crème. « La présence d'un résidu crayeux, ajouta Moshe gravement, ne signifie pas que le traitement n'a pas été efficace. »

Pourquoi ce moment était-il le moment de l'idylle que Moshe préférait ? C'était son moment préféré parce que, même infectée et inviolable, Nana voulait s'amuser. Gênée par son corps et ses façons, elle avait pris sa décision. Elle voulait être la fille-fantasme. Son fantasme était d'être un fantasme. Tout du long du galimatias médical, elle avait lorgné le paquet de préservatifs qu'elle avait acheté à l'heure du déjeuner en même temps que le diaphragme. Les préservatifs étaient sa nouvelle idée pour s'assurer plus de propreté. Et elle portait son Topshop vichy, ses carreaux et sa roseur enfantins. Elle s'agenouilla au-dessus de Moshe vautré. Puis elle habilla sa queue. Elle lui donna un goût de fraise.

C'était Nana la petite fille. Et Moshe était sa sucette.

C'était une idylle. OK, d'une certaine façon c'était une idylle. L'idylle, après tout, est dans le montage.

15

Je ne veux pas que vous pensiez que je désapprouve Moshe. Pas du tout. Je ne le juge pas. Il y a très peu de garçons, j'en suis sûr, qui n'ont pas filé le muguet à leurs copines. Il y a très peu de garçons qui n'ont pas sexuellement transmis au moins une maladie. Ça peut arriver à nous tous. C'est arrivé, par exemple, au président Mao.

Peut-être cela vous surprend-il. Peut-être pensez-vous : « Le président Mao ? Le grand leader et penseur communiste ? L'auteur des œuvres lyriques : *Une étincelle peut mettre le feu à toute la plaine* et *Pour un style correct dans le travail du Parti ?* Non, pas le président Mao. » Mais, sincèrement, c'est vrai. Je n'invente rien. Vous en trouverez la preuve dans les mémoires du médecin personnel de Mao, le Dr Zhisui Li.

Dans ce livre, le Dr Li explique les préférences sexuelles de Mao. Il aimait avoir de fréquentes relations sexuelles avec autant de jeunes filles que possible, sans jamais jouir lui-même. Bien sûr, cela n'était pas dû à quelque névrose de cinglé. Non, non. Les préférences sexuelles de Mao provenaient du noble enseignement du taoïsme.

« Afin d'obtenir la longévité, écrit le Dr Li, le taoïsme recommande aux hommes de suppléer au déclin de leur *yang* – l'essence masculine qui est la source de la force, de la puissance et de la longévité – par le *yin shui* – l'eau du yin, ou excrétions vaginales – de jeunes femmes. Le yang étant considéré comme essentiel à la santé et à la puissance, il ne peut être dissipé. Ainsi, lorsqu'il pratique le coït, le mâle éjacule rarement mais tire au contraire sa force des sécrétions de ses partenaires femelles. Plus il y a absorption de yin shui, plus l'essence mâle est renforcée. Le coït fréquent est donc nécessaire. »

Ce n'était pas une vie sexuelle ordinaire. C'était une vie sexuelle réfléchie. Mais – tel est le destin – la maladie peut frapper même ici, même là où la vie est la plus pure. Une jeune femme avait contracté un *trichomonas vaginalis*. Elle l'avait très rapidement passé à Mao, qui, à son tour, le passa à d'autres partenaires.

Comme le muguet, le *trichomonas vaginalis* est très douloureux pour les filles, mais les garçons ne sentent rien. Ce qui rend d'autant plus difficile de persuader un garçon de subir un traitement. Les garçons sont, c'est triste à dire, très fiers. Ils refusent de reconnaître une maladie qu'ils ne sentent pas. Mao étant le porteur, l'épidémie présidentielle ne pouvait être jugulée que si Mao lui-même était soigné. Mais il est difficile de persuader quelqu'un sans aucun symptôme qu'il est porteur d'une maladie sexuellement transmissible.

« Le président, écrit le Dr Li, se moqua de ma suggestion. “Ça ne me fait pas mal, dit-il, donc ça n'a pas d'importance. Pourquoi est-ce que tu t'excites tant là-dessus ?” Je suggérai qu'au moins il se laisse baigner et laver. Mao se contentait de se faire frotter chaque soir avec des serviettes humides. Il ne prenait jamais de bain. Ses parties génitales n'étaient jamais lavées mais Mao refusait de se baigner. “Je me lave dans le corps de mes femmes”, répliqua-t-il. »

Peut-être les commentaires de Mao vous paraissent-ils hautains et défensifs. Ils semblent effectivement un peu fous. Mais peut-être le président Mao a-t-il un côté plus humain. Peut-être était-il juste gêné. Ses propos peuvent être expliqués par une gêne parfaitement naturelle. Ce n'est pas facile d'accorder à votre médecin que vous êtes porteur d'une maladie sexuellement transmissible. Même Moshe trouvait cela difficile, et Moshe est un personnage beaucoup moins public que Mao. Peut-être cette anecdote ne fait-elle que démontrer que le tact est indispensable quand on parle de la santé sexuelle de quelqu'un. « J'étais écœuré, écrit le Dr Li. La sexualité dans laquelle se complaisait Mao, ses illusions taoïstes, le fait qu'il souille tant de jeunes femmes naïves et innocentes, étaient presque plus que je n'en pouvais supporter. »

Je suis d'accord avec tout ce que dit le Dr Li, certes. Je pense seulement que c'est plus compliqué. Je vais citer une dernière fois le Dr Li. « Les jeunes femmes étaient fières d'avoir été infectées, dit-il. La maladie, transmise par Mao, était une médaille, un témoignage de leurs relations intimes avec le président. »

Vous voyez ? Vous ne vous seriez pas attendu à ça, n'est-ce pas ? Je ne pense pas qu'on l'a suffisamment comprise, la maladie sexuellement transmissible. Elle peut être romantique, parfois.

16

Et Nana et Moshe étaient romantiques. Ils étaient romantiques à leur façon. Ils s'aimaient. Ils disaient qu'ils s'aimaient. C'était vrai.

Et ceci fut leur premier « je t'aime ».

« Tu voulais dire quelque chose de particulier ? » le taquina Nana. Moshe dit : « Non. » Ils restèrent comme ça. Moshe dit : « Tu me plais vraiment, tu sais. » « Je te plais vraiment ? » dit-elle. « Ouais tu me plais », dit-il. « Qu'est-ce qui te plaît ? » demanda Nana. « Tout en toi me plaît », dit Moshe. « J'aime tes poils pubiens », dit Moshe. « J'aime la couleur de tes poils pubiens. J'aime ton, j'aime ton. Je t'aime c'est tout », dit Moshe.

« C'est pas ce que je voulais dire », dit Moshe.

Même leur premier « je t'aime » fut non romantique. C'était une erreur. Voilà jusqu'où va ma mesquinerie.

« Bien sûr », dit Nana. « Je veux dire je ne peux pas », dit Moshe. « Hunhun », dit Nana. « Je veux dire, on ne se connaît que depuis quoi, un mois, deux mois », dit Moshe. « Hunhun », dit Nana.

En fait, non, c'était tout à fait romantique. Je retire ma mesquinerie. Il est tout à fait possible, je pense, de connaître quelqu'un depuis deux jours et d'être certain qu'on peut l'aimer. On sent qu'on l'aime déjà. Ça n'est juste pas disible. Vous ne pouvez pas dire que vous l'aimez. Donc le fait de le dire, à rebours de toutes les règles sociales, était romantique. Le « je t'aime » de Moshe et Nana était romantique.

« Tu crois que tu pourrais ? » dit Nana. « Quoi ? » dit Moshe. « M'aimer », dit Nana. « Quoi déjà ? » dit Moshe. « Je ne sais pas », dit Nana. « Eh bien je ne sais pas, dit Moshe. Peut-être. » « Peut-être », dit Nana. « Eh bien d'accord », dit Moshe. « D'accord quoi ? » dit Nana. « Eh bien je pense un peu que je t'aime, dit Moshe. Je pense un peu que je t'aime.» Nana s'interrogeait sur le « un peu ».

Elle dit : « Tu sais que je pense vraiment que tu es très joli ? »

Nana pensait que Moshe était joli ! Quelle histoire d'amour que celle-ci !

Elle dit : « Ouais, oh. Oui. Je t'aime moi aussi. » « Tu m'aimes », dit-il. « Ouais », dit-elle. « Tu m'aimes », dit-il. Elle l'embrassa. Il l'embrassa. « Alors », dit Moshe. Moshe souriait. « Tu es amoureuse de moi. » « Non, je ne t'aime pas », dit Nana. « Tu ne m'aimes pas ? » dit Moshe. « Si je t'aime », dit Nana. « Mais moi », dit Moshe. « Va te faire foutre », dit Nana.

Mais Nana n'était pas méchante. Elle dit « Va te faire foutre » et ensuite elle l'embrassa.

5

INTRIGUE

1

Un soir, Moshe était à cheval sur le ventre de Nana. Ses jambes étaient repliées de chaque côté de sa poitrine côtelée. Et il pouffait intérieurement. Il se disait qu'il était crucial de rester calme. Il regarda son sexe. Son sexe était rouge.

Nana fixait son sexe bordeaux. Elle pensait que mourir était si mélancolique.

Ceci est un chapitre court, mais nécessaire. Je crains qu'il ne nous faille jeter un nouveau coup d'œil à la vie sexuelle de Nana et Moshe. Et je sais ce que vous pensez. Vous pensez que vous en avez eu bien assez de leur vie sexuelle. Vous voulez quelque chose de complètement différent. Vous voulez une description d'une communauté de mineurs à Sakhaline, ou en Sibérie. Vous voulez encore du shopping. Eh bien, je suis désolé. Leur vie sexuelle était importante.

2

Nana et Moshe étaient à la maison, seuls, à Edgware. Au départ ils avaient eu l'intention de manger. Mais manger était passé à l'arrière-plan. Après avoir découvert une bouteille d'absinthe dans la planque de Papa derrière les casseroles, manger était devenu boire.

L'absinthe, toutefois, est une forme technique de boire.

L'heureux couple ouvrit les tiroirs en pin de la cuisine, à la recherche du briquet vert citron de Nana. Ils le trouvèrent parmi les ustensiles, coincé à l'intérieur d'un fouet. Puis Nana drapa la flamme autour d'une cuillère à salade en acier inoxydable pour chauffer l'absinthe. L'absinthe se mariait au briquet vert citron. Elle pétillait. Il y avait un sac bleu et blanc de sucre en poudre à côté d'eux, avec son rabat poisseux et froissé. C'était le sucre qui pétillait.

Ils parvinrent à se rendre au salon.

Moshe s'adossa, sexysommeillant, contre un pied du canapé. Il se pelotonnait et se blottissait contre le bout incurvé du coussin avec son cou incurvé. Il avait l'air très domestiqué, allongé là sur un fond de chrysanthèmes blancs de William Morris. Et Nana lui faisait boire l'absinthe à petites gorgées.

C'était une situation lascive – se faire donner à la cuillère des becquées craquantes de sucre d'absinthe tiède par la *fille des rêves de Moshe*.

Nana dit : « Tu, tu, regardes, quoi regardes ? » et Moshe répondit avec quelque chose de bizarre, pas un mot, juste un son comme « Iouohouar », puis il sourit. Cela la rendit heureuse. Elle était heureuse que Moshe soit heureux. Et parce qu'elle était heureuse, pour lui faire plaisir, Nana enleva son soutien-gorge.

C'était une gâterie, pas de doute là-dessus.

Ses tétons étaient des fossettes en sens inverse. Moshe se mit à genoux, oscillant sur ses bras, et embellit un téton, son téton gauche, de sa bouche. Il se déploya en cône, se granula, plus rouge, dur. Il ressemblait à un bonbon à la gelée parfum fraise. Tandis que ses aréoles étaient pâles comme la peau. Elles s'éclaircissaient à partir de ses tétons.

Moshe la fixa.

Il lui demanda si elle aimait quand il regardait. Et la réponse de Nana fut un sourire qui découvrit ses gencives supérieures. Ce n'était pas une réponse satisfaisante, elle voyait cela, elle vit cela, lentement. Alors elle arrondit son bras autour de Moshe et fit en sorte qu'il l'embrasse. Sa bouche, humide d'absinthe, piqua la bouche de Moshe. Et c'est ainsi qu'ils construisirent une scène de sexe. Soigneusement, ils s'occupèrent l'un de l'autre. Ils se calmèrent l'un l'autre soigneusement. Ils se concentrèrent.

Ils essayaient d'avoir une vie sexuelle. Vraiment. Mais il y avait une complication.

3

Naïvement, beaucoup de gens pensent que le sexe est simple. Ils pensent que c'est une passion animale et des cris sauvages. Mais pour de nombreuses raisons une vie sexuelle peut être compliquée.

Il y a une chose que je ne vous ai pas dite. Il y avait une chose que Nana n'avait pas dite à Moshe.

Nana n'était pas une fille qui avait toujours adoré le sexe. En fait non, cela n'est pas tout à fait exact. Elle l'avait toujours aimé d'une certaine façon. C'est juste qu'elle ne l'avait jamais vraiment compris. Cela peut expliquer, ou être expliqué par, un autre fait. Moshe n'avait pas besoin qu'on le lui révèle.

Nana n'avait jamais joui.

Elle avait joui toute seule, oui oui. Allongée sur le côté droit, pressant ses cuisses autour de sa main droite écrasée et répétitive, il était facile à Nana de jouir. Mais avec toute autre personne, les orgasmes étaient un problème. Ils étaient non existants.

Il n'y avait pas de raison évidente pour qu'il en soit ainsi. Il est vrai que Nana avait commencé tard. Nana avait eu son premier copain, un petit Turc prénommé Can, à dix-huit ans. La première fois qu'elle s'était masturbée, elle avait quinze ans. Elle l'avait fait trente-quatre minutes après avoir découvert un exemplaire d'*Emmanuelle 2*, le roman, sous le lit de Papa. Elle l'avait volé. Papa, bien sûr, ne mentionna jamais ce vol. Vous ne pouvez pas demander à votre fille de vous rendre votre bouquin porno. Elle voulait *Emmanuelle 2* pour elle toute seule. *Emmanuelle 2* excitait Nana. Il avait déterminé sa position masturbatoire. Nana se masturbait sur le côté parce que ainsi elle pouvait lire le livre facilement, ouvert à côté d'elle sur l'oreiller.

Cela, bien sûr, n'expliquait pas pourquoi Nana ne pouvait pas jouir avec d'autres personnes. Du fait qu'elle avait commencé tard et qu'elle était timide et avait besoin de romans pour jouir il ne découlait pas forcément qu'elle ne soit pas capable de jouir en compagnie. Mais c'était ainsi.

Je pense que cela pourrait expliquer la nervosité sexuelle de Nana et Moshe. Je pense que cela pourrait expliquer pourquoi ils se concentraient. Au cours de ses vingt-trois rencontres sexuelles précédentes avec Moshe, sans compter ses rencontres sexuelles précédentes avec quatre autres hommes, Nana n'avait jamais joui.

Je suppose que cela pourrait expliquer particulièrement la nervosité de Moshe. Avant il pensait être un amant très talentueux, Moshe.

Il ne pensait pas, maintenant, qu'il était un amant talentueux.

4

Au lieu de quoi, ivre d'absinthe, Moshe était somnolent et anxieux. Il était somnolemment anxieux.

Laissez-moi vous donner un exemple de son anxiété somnolente.

Pendant que Nana et Moshe s'embrassaient, Moshe

se rappelait qu'il n'avait pas déplacé ses mains. Apparement, cela n'a rien de terrible. Mais les amants, pensait Moshe, étaient faits pour bouger leurs mains. Donc Moshe baissa les yeux pour voir ce que fabriquaient ses mains. Elles étaient écrasées sous les côtes de Nana. Il les retira de sous elle et la caressa. Mais le fait d'enlever ses mains alourdissait Moshe sur Nana, sa hanche droite dans son ventre. Donc Nana bougea, elle se tortilla un peu.

Cela fit que Moshe cessa de caresser.

Les efforts de Moshe pour croire qu'il était toujours un amant talentueux n'étaient pas entièrement couronnés de succès. Il rencontrait un problème supplémentaire. C'était le problème de la simultanéité. Tandis qu'il caressait Nana amoureusement, Moshe entendait simultanément la question de Nana : « Tu sais que je pense vraiment que tu es très joli ? » C'était une phrase à laquelle il était souvent retourné. Ce « vraiment » l'inquiétait. La question tout entière l'inquiétait.

La raison pour laquelle la question de Nana l'inquiétait était la suivante. Elle impliquait que la joliesse de Moshe était douteuse. Parce que, si elle soulevait la question, Nana devait avoir supposé qu'il doutait de sa joliesse. Et naturellement, cette supposition faisait douter Moshe de sa joliesse.

Peut-être cette réaction ne paraît-elle pas très naturelle. Moshe se montrait bien compliqué, je comprends cela. La question de Nana ne m'aurait pas fait douter. Je n'y aurais pas pensé pendant que j'embrassais ma petite amie topless. Mais je ne suis pas Moshe. Ce n'est pas ma psychologie.

Il laissa sa main gauche descendre le long de ses seins en direction de sa jupe. Puis il accrocha le triangle en satin rembourré de son médius et poussa son index jusqu'à et dans sa chatte. Ce réarrangement de la culotte de Nana n'était pas innocemment passionné non plus.

Il y avait une triste raison à cela aussi. Ceci est le chapitre des tristes raisons. Moshe jaugeait sournoisement si Nana était mouillée. Il réarrangeait les dessous de Nana pour qu'il puisse voir à quel point il était désirable.

Malheureusement, Moshe n'était pas désirable. Nana était sèche. Il y avait de la sueur mais Nana n'était pas en chaleur, oh non. Et Moshe pensa pour lui-même que c'était sûrement le plus cruel des jeux, que de déchiffrer le plaisir. Il était cruel parce qu'il y avait le plaisir de Moshe à considérer, aussi.

Tandis qu'il conjecturait et reconjecturait, Moshe avait été confortablement inconfortable, dressé. Il se demanda si et quand Nana se dénuderait totalement. C'était un expert de son sexe en ébriété, Moshe. Il connaissait ses tenants et aboutissants.

5

Mais Nana s'amusait ! Elle se sentait, c'est vrai, un peu droguée et mélancolique. L'absinthe la rendait mélancolique. Mais la mélancolie, pour l'instant, était sexy. Elle imaginait qu'elle était presque mourante. Et cela lui plaisait. Elle aimait se voir mourir.

Tout le monde serait triste, si si si si triste, à l'enterrement.

Elle savait que la vision qu'elle offrait n'était pas parfaite. Pour qu'elle soit parfaite, pensa Nana la fantasmante méthodique, il aurait fallu que Nana porte un déshabillé en soie blanche avec des festons en dentelle. Elle aurait honte qu'on la voie nue. Donc le fantasme n'était pas parfait. Topless n'était pas parfait.

Mais le détail essentiel était qu'elle ne devait pas s'appliquer. Et donc Nana était heureusement passive. Elle était là pour être touchée. Son plaisir consistait à être immobile, succombant au terrible plaisir de l'homme. C'était son nouvel amusement.

Et ainsi Nana était heureuse de ne pas jouir. La jouissance n'était plus un objectif, ce soir-là. Et c'était un soulagement.

Toutefois, dans sa farce de chambre à coucher, Nana ne pensait pas un instant que Moshe ignorait son fantasme. Elle tenait pour évident qu'il le connaissait. Elle regarda Moshe, la regardant au visage, et il semblait soucieux. De toute évidence, il voyait qu'elle était en train de mourir. Mais bien sûr Moshe ne savait pas que Nana était en train de mourir, au dix-neuvième siècle, de la tuberculose. Comment aurait-il pu ? Comment Moshe aurait-il su que Nana était une amante dévastée, qui faisait durer ses derniers instants de plaisir tuberculeux ?

À cause de sa maladie, Nana pouvait être touchée mais jamais pénétrée. Elle décida donc d'inventer un nouveau plaisir. Compatissant à la compassion de Moshe pour sa détresse, notre héroïne éprouvait de la pitié.

« Jveux qu'tu m'jouisses sur la figure », dit-elle.

C'était une nouvelle complication.

Elle n'était même pas mouillée et maintenant elle essayait de mettre fin à tout ça, pensa Moshe. Elle voulait qu'il la schpritze et passer à autre chose. Moshe avait donc eu raison depuis le début. Cela le troubla. Cette triste prise de conscience le troubla.

Il dit : « Vraiment ? » Et Nana hocha la tête – muette, avide, implorante. Donc Moshe se mit sur elle, ses testicules pendant entre ses seins aplatis.

Moshe était à cheval sur le ventre de Nana. Ses jambes étaient repliées de chaque côté de sa poitrine côtelée. Et il pouffait intérieurement. Il se disait qu'il était crucial de rester calme. Il regarda son sexe. Son sexe était rouge.

Nana fixait son sexe bordeaux. Elle pensait que mourir était si mélancolique.

Puis Moshe commença à se branler. Et Nana fixa. Elle fixa son sexe. Il regarda Nana et Nana regardait son sexe coloré. Son sexe devenait chaudement mou. Oui, l'absinthe était en train de le finir. Mais il poursuivit. Il essaya de poursuivre.

Parce que s'il jouissait, alors ce serait un succès. S'il jouissait, le vingt-quatrième acte sexuel de Nana et Moshe serait enfin terminé.

6

Je suis réellement triste pour Nana et Moshe. Ce n'est pas facile, d'être heureux sexuellement. Beaucoup de gens sont malheureux sexuellement. Même les stars trouvent que le sexe est difficile. Greta Garbo trouvait que le sexe était difficile.

« Je n'ai qu'un mot pour décrire mes attitudes sexuelles : la confusion », avait dit Greta.

> Je ne crois pas que je pourrais vivre avec un homme ou une femme pendant longtemps. Mâle et femelle m'attirent intellectuellement, mais quand il s'agit de passer à l'acte, j'ai peur. Dans toutes les situations, j'ai besoin de beaucoup de stimulation avant d'être conquise par les forces de la passion et du désir. Mais la confusion, avant et après, est le facteur dominant.

Voilà pourquoi le sexe rendait Greta confuse. Elle n'était pas vraiment sûre du genre de sexe qu'elle voulait. Elle ne savait pas si elle voulait un garçon ou une fille.

> J'ai souvent rêvé d'un homme mûr et expérimenté qui aurait la vigueur d'un garçon mais les méthodes raffinées d'un adulte. Bizarrement j'ai aussi rêvé de femmes de l'âge de ma mère qui seraient des amantes idéales. Ces rêves se superposaient. Parfois l'élément masculin était dominant, parfois c'était le féminin. D'autres fois, je n'étais pas sûre. Je voyais un corps féminin avec des organes masculins ou un corps masculin avec des organes féminins. Ces images, mêlées dans mon esprit, m'apportaient parfois du plaisir mais plus souvent de la douleur.

Je ne suggère pas que la bisexualité angoissée était la cause du problème sexuel de Nana. Non. Je ne dis pas que Nana était Greta Garbo. Les raisons de Greta en elles-mêmes ne m'intéressent pas. Je m'intéresse au fait que Greta pensait qu'il y avait une raison à tout cela. Je comprends qu'on soit soulagé à l'idée qu'il y a une raison au fait qu'on n'aime pas le sexe. Je comprends que la dernière chose qu'on souhaite c'est de paraître anormal. Et les raisons vous normalisent. Mais je pense qu'il est très possible qu'il n'y ait aucune raison. Je pense que c'est normal aussi.

7

Ce chapitre est en deux moitiés. Ce ne sont pas des moitiés égales. La première moitié était malheureuse. Elle décrivait une complication embarrassante. Tandis que la seconde moitié est beaucoup plus courte et elle est plus heureuse. C'est une scène pastorale. C'est une contemplation du royaume animal.

Nana et Papa étaient au zoo.

Quelque chose criait ou bêlait. Elle cribêlait. Et ç'aurait pu être, pensa Papa, ravi, le lion pelé à côté de son abreuvoir et de ses bouts de laitue, devant lui, ou ç'aurait pu être, plus vraisemblablement, une tout autre bête.

Papa n'était pas un homme qui possédait une connaissance détaillée du royaume animal.

Quelque chose, non quelque chose venait certainement de vomir, pensa-t-il. Il regardait une panthère d'un air sceptique. Et en essayant de décider si elle était lavande ou peut-être héliotrope ou violette ou bordeaux ou prune ou même chocolat. Ou même tabac, pensa-t-il.

Tandis que Nana était une fille qui adorait le monde animal. Elle adorait le calme des animaux. Elle adorait leur assurance. Ils ne pouvaient qu'être bons.

« Oh un singe, pouffa Nana. Un singe ! » « Il se caresse, il se caresse la bite », dit Papa. Nana dit : « Tu sais ce que je crois que j'aime chez les animaux ? c'est qu'ils sont muets. » « Hunhun », dit Papa. Nana dit : « Tu crois que si les animaux avaient une nourriture plus nourrissante ils seraient plus heureux ? Ils auraient plus de temps pour jouer et penser. »

« Désolée, dit Nana. Désolée. Je me rends compte que c'est idiot. »

Ils traînassèrent dans le zoo. Ils traînassèrent et regardèrent les ours polaires et les pingouins et Nana se découvrit du goût pour la glace à la pistache. Ils achetèrent une glace à la pistache à Papa.

Nana raconta à Papa qu'elle avait fait une nouvelle découverte intéressante qui s'appelait Elsa Schiaparelli.

Vous ne savez pas qui est Elsa Schiaparelli. Personne ne sait qui est Elsa Schiaparelli à part Nana. Nana était ce genre de fille.

Elsa Schiaparelli, dit Nana, était une couturière surréaliste qui méprisait le goût bourgeois de l'ornement. Elle méprisait tant ce goût qu'elle fit un pull-over noir avec une écharpe blanche nouée. L'écharpe était cousue au pull-over. C'était une fausse écharpe. Et c'était symbolique. C'était symbolique de l'inauthenticité bourgeoise. Et Nana dit : « Je ne comprends vraiment pas ce genre de chose. C'est tellement.» Alors son téléphone sonna.

C'était Moshe. Nana articula muettement à l'intention de Papa que c'était Moshe. Papa sourit.

C'était une scène souriante. Le motif de la scène était le sourire. Parce que ceci, pensa Nana, était une conspiration.

Elle dit : « Salut salut salut.»

Un éléphant bêla ou cria.

Nana dit : « Jsuis au zoo.» Elle dit : « J'étais. J'ai dit.» Elle dit : « J'étais à la fac.» Elle dit : « Personne.» Elle dit : « Jusqu'à maintenant ! » Elle dit : « Moshe ! Moshe ! » Elle dit : « Qu'est-ce que tu fais maintenant ? » Elle dit : « Hunhun. Hunhun.» Elle dit : « Non je suis au.» Elle sourit. Elle dit : « Ouais je suis. Ouais appelle-moi.»

Entre-temps, Nana avait pendu son sac à son poignet droit et fourragé et extrait son lip-gloss, qu'elle dévissa lentement, avec le bout des doigts de sa main gauche, et dont elle s'enduisit. Puis elle répéta l'opération à l'envers.

Elle dit : « Okay.» Elle regarda Papa. Elle remit le téléphone dans son sac.

« C'était Moshe », dit Nana. « Je sais », dit Papa. Puis il sourit.

6

ILS S'AIMENT

1

Alors il arriva ceci. Ils étaient à La Clinique dans Gerrard Street, au centre de Chinatown. C'était Moshe, Nana et Anjali. Mais Moshe avait dérivé jusqu'au bar au rez-de-chaussée. Nana était donc seule avec Anjali. Pendant plusieurs minutes aucune des deux ne regarda l'autre. Elles se contentaient de se déhancher rêveusement, aguicheuses. Et en bas une fille poussa Moshe de côté. C'est parce qu'il l'empêchait de voir un écran. L'écran montrait une pub. Elle lui expliqua qu'elle pensait être dans la pub. Moshe s'excusa et se poussa.

Entre-temps, sur la piste de danse à l'étage, Anjali se rapprocha de Nana. « Y va bien ? Il est pas triste ? » elle demanda. Elle avait dû étirer la bouche vers le haut, soufflant sur les courbes élaborées de l'oreille gauche de Nana, sa pointe d'un rouge plus clair. Nana dit : « Quoi ? » Anjali se répéta donc et répéta sa douce attitude. Et Nana dit : « Oh ouais. Ça va. Il a mal au bide. » Anjali dit : « Il a quoi ? » Alors Nana dit : « Il a mal au bide. Il a dû aller aux chiottes. »

Anjali, rassurée, hocha la tête.

Mais Moshe n'était pas aux chiottes. Durant ce petit échange, il était revenu rôder au premier. Il déambulait dans la foule sombre et bruyante, faisant semblant de chercher quelqu'un. Il ne cherchait, à l'évidence, personne. Il observait ses deux meilleures amies. Mais il était difficile de paraître décontracté. Des collisions accidentelles survenaient avec des inconnus, qui se retournaient sur lui tandis que Moshe se racornissait et disait pardon. On aurait dit un ballet. Moshe était une ballerine solo. Il ouvrait ses grands yeux tout grands et faisait un geste de très plate excuse, avec ses bras.

Le ballet ne venait pas naturellement à Moshe. Il décida de retourner au bar.

Mais avant qu'il eût atteint le bas de l'escalier étroit et humide, avec l'arête glissante en acier à chaque bord, deux filles qui étaient plus jolies et infiniment plus jeunes que Moshe s'y engouffrèrent en sautillantrébuchant sans voir notre héros. Il dut donc remonter à reculons, à reculons était plus facile, se faisant tout petit à côté des toilettes. Avide de solitude, d'air, de tout sauf ça, il se retrouva sur le balcon. Le balcon était une collection de fioritures et de fleurons en fer forgé noir. Le sol était millionné de minces diamants. Il y avait un trio qui partageait un joint – deux filles et un garçon, un cupidon sarcastique et ses hôtesses angéliques.

Moshe redescendit, passa devant le bar, devant les videurs postés à la sortie, vira à droite pour entrer dans le restaurant chinois à côté de La Clinique.

2

À ce point de l'histoire il est important d'être clair quant à la sexualité d'Anjali. Il pourrait y avoir une confusion concernant la sexualité d'Anjali. À la clinique Marie-Stopes on lui avait posé une version branchée du stérilet appelée Marina. Elle avait au moins un ex-petit ami. Cela implique normalement une orientation hétérosexuelle. Elle avait aussi une ex-petite amie. Cela implique normalement une orientation homosexuelle.

Eh bien, Anjali était variable. C'était une fille d'humeur égale. Anjali pouvait être intéressée par n'importe qui. Mais fondamentalement elle était plus gay que straight.

Voilà, je l'ai dit.

3

Au premier étage de La Clinique, tandis que Moshe commandait du chinois, Nana et Anjali dansaient. N'ayant personne d'autre avec qui danser, elles dansaient en couple. C'était amusant de faire semblant d'être un couple. C'était particulièrement amusant, à ce moment-là, pour Nana. Nana tenait Anjali, légèrement, sa main goûtant l'étrangeté d'Anjali. Anjali était *totalement belle*, pensait Nana. Elle avait du style. C'était un style complètement nouveau.

Mais tandis que Nana songeait au style, Anjali avait des préoccupations plus pragmatiques. Anjali avait besoin de pisser. Elle cria : « Tu viens aux chiottes avec moi ? On pourrait chercher Moshe. » Et Nana dit oui. Mais pas de Moshe. Et il n'y avait qu'un chiotte de libre. Donc la pragmatique Anjali tint Nana par la main et l'entraîna avec elle. Comme Anjali s'asseyait à reculons elle baissa sa culotte avec son pantalon et une Nana indifférente ennuyée lascive vit une touffe, une tache de poils pubiens sombres. Anjali se pencha en avant, avec un grand sourire. Nana appuya son épaule au mur. Les vibrations des basses faisaient friser sa peau. Elle essaya de faire comme si elle n'entendait pas Anjali, chuintante, pissante. Comment ça se déployait en éventail et ensuite gouttait. Elle regarda Anjali et Anjali souriait à un point de fuite au-delà des graffiti. Puis Anjali se leva, rentrant le ventre comme elle remontait le zip de son pantalon. Elle prit Nana par la main et la tira hors du chiotte. Une fille avec un nez tordu et proéminent et un sourcil gauche piercé d'un anneau en argent leva l'autre sourcil, de joie.

Pendant ce temps Moshe, ni aimé ni aimable, approchait sa bouche des baguettes et les baguettes de sa bouche, aspirant un bœuf chili chow mein. Il secoua la bouteille pour faire tomber de son bouchon en plastique rouge des gouttes d'une sauce au soja extrasombre. Ce n'était pas une soirée parfaite. Il y avait une photo en Technicolor électrique d'un paysage marin chinois devant lui, dont les vagues semblaient bouger sans cesse. Il essaya de ne pas penser. Il lut le petit texte qui accompagnait le menu, sans en être amusé : « Nous espérons qu'il vous donnera autant de plaisir que Nous en avons eu en recueillant, essayant et choisissant pour vous le Meilleur. » Il ne savait pas vraiment pourquoi il était là, dans un chinois à une heure du matin. Il n'avait même pas faim.

Moshe décida de retourner en boîte. Mais à la porte les videurs étaient stupéfaits. Personne ne revenait gratuitement. Il fallait payer plus maintenant que onze heures étaient passées. Donc Moshe s'éloigna, attristé, imaginant soudain des scènes ridicules d'intimité secrète entre ses amies, la tendresse de chaque caresse. Il revint sur ses pas en traînant les pieds. Il donna aux videurs les quinze livres exorbitantes. Puis Moshe bondit au premier.

Il se révéla que ses visions n'étaient pas si ridicules.

Au bar, Nana et Anjali parlaient à une fille. Et quand je dis fille je veux dire fille. Elle avait, pensa Moshe, dix-sept ans au plus. C'est juste qu'elle était arrivée à avoir l'air d'une femme de trente-cinq ans qui aurait l'air jeune. Elle s'appelait Verity. Verity était vêtue de l'amalgame pornographique d'une chemise et d'une cravate de travers qui n'était, dit-elle à un Moshe stupéfait, qu'un pull-over. C'était un pull-over à cravate de Bella Freud. C'était le truc du trompe-l'œil.

Verity était dans la mode.

Elle expliqua à Moshe que son pull était le succès de la saison, avec Clements Ribeiro pour Cacharel. Clements faisait des T-shirts avec des bijoux fantaisie et des chemisiers avec des rangs de perles, des pantalons avec des ceintures en chaînes, ce genre de choses. C'était une sorte d'hommage à Chanel, elle dit. Nana dit : « Comme, comme Elsa Schiaparelli », et Verity sourit, toute contente.

J'aime vraiment Nana. Vous savez ce qu'elle pensait d'Elsa Schiaparelli. Mais elle se montrait polie. Elle était gentille envers cette fille solitaire.

Nana dit : « C'est cool. »

Mais Moshe ne pensait pas que c'était cool. Et je sais ce que vous pensez. Vous pensez qu'il était jaloux. Et vous avez raison. Mais Moshe n'était pas seulement jaloux. Il était aussi triste. Moshe avait son opinion sur les filles telles que Verity. Pour comprendre cela, vous devez comprendre d'où venait Moshe.

Moshe avait grandi sur Ribblesdale Avenue à Friern Barnet. Il y en a beaucoup parmi vous qui n'ont jamais entendu parler de Friern Barnet. C'est un arrière-pays, une banlieue, un quartier du nord de Londres. Cet endroit est inhabituel parce qu'il est entre deux. Parfois Moshe décrivait Friern Barnet comme une sorte d'Hampstead. C'était un mensonge. D'autres fois, il le décrivait comme une sorte d'Highgate. Ce n'est pas non plus Highgate. Friern Barnet est Whetstone, Southgate, Palmers Green. Ce sont des quartiers de Londres peu célèbres, mais ce sont ceux qui entourent Friern Barnet. L'énigme que j'essaie de résoudre est la suivante. Friern Barnet n'était pas vraiment riche, ce n'était pas vraiment éblouissant, mais c'était dans le secteur de la richesse.

Moshe avait vu des filles chic. Il les avait vues dans des bus. Il les avait vues dans le 43, allant en ville depuis Highgate et Muswell Hill. Il les connaissait. Et ces jeunes filles chic déclenchaient en Moshe une émotion inattendue. Moshe romantisait les filles comme Verity. Elles le rendaient triste. Elles étaient si jeunes et pourtant si adultes. Il voyait en elles une innocence tragique et dévastée.

« Tu sais un truc gênant, dit Nana à Verity. Toutes mes idoles dans la mode sont des hommes. » Puis elle demanda à Moshe où il était allé. Il dit qu'il allait chercher du champagne. Anjali se mit à rire parce que Moshe était vraiment trop. Juste. Tellement mignon. Il dit : « J'ai juste fait un tour. Je vais nous chercher du champagne. »

Au bar, avec tous les garçons et filles nerveux qui serraient leurs billets de vingt livres roulés en matraques miniatures, Moshe se sentit seul. Le bar était trop petit pour tout le monde. Même Moshe se sentait coincé, et Moshe n'était pas énorme. C'était le *chaos*. Mais Moshe persista, parce qu'il était seul et mélancolique, et un Moshe solitaire et mélancolique était malheureusement enclin à des conduites théâtrales. Le champagne le moins cher coûtait soixante-cinq livres. Il le paya. Bien sûr qu'il le paya. Il prit un verre pour Verity.

Dans un recoin inapproprié près d'une baie, avec des sièges en cuir rouge collants, elle racontait à Anjali, et à la somptueuse amie d'Anjali, la triste histoire de sa vie.

« Ma maman est morte, dit-elle, il y a deux ans et ça a été vraiment perturbant. Mais ça va vraiment bien depuis que j'ai commencé cette, cette thérapie, ça fait deux ans que je la fais maintenant et je sens juste ce calme ? »

Ce n'était que trop vrai. Verity était une tragédie. Moshe avait raison.

4

Puis, toutefois, la soirée de Moshe empira.

Verity dit : « Oh regardez il me reste, il me reste une pilule. On pourrait tous. Vous en voulez ? » Elle dit : « J'en ai deux. Je vous les laisse à cinq livres chaque. » Et Moshe dit : « Oh non non non non, nous non non. Très mauvais pour la dépression, ça provoque la dépression. » Verity le regarda. « C'est prouvé. Ils ont fait des études », dit-il.

Moshe regrettait soudain d'avoir eu de bonnes pensées pour Verity.

Nana dit : « Quoi ouais. » Elle dit à Anjali : « Pourquoi on en prend pas juste une moitié ? » Puis elle se tourna vers Verity. « Tu es sûre », elle dit. « Tu peux vraiment ? » elle dit. « Ouais, dit Verity. Ça me ferait plaisir. » Nana déplia le film alimentaire sur la table puis cassa la pilule soigneusement, nettement, et déposa une moitié sur la langue d'Anjali donc Anjali fit un grand sourire tandis que Nana insérait l'autre d'un geste léger dans sa bouche souriante.

Le sexe, la drogue et le rock and roll n'avaient jamais été le choix de carrière de Moshe.

Il dit : « Vous voulez de l'eau ? je vous apporte de l'eau. Vous avez besoin d'eau. » Aux filles dangereuses il révéla tout sur les machinations de propriétaires de clubs immoraux, qui coupent l'eau dans les clubs pour vendre des bouteilles d'Évian miniatures à des prix fous. C'était une *question de vie ou de mort*. Les filles dangereuses lui sourirent. Il dit : « Écoutez, il ne faut pas boire d'alcool. Laissez-moi vous apporter de l'eau. »

Il leur apporta de l'eau. Elles burent l'alcool.

Ils étaient là près de la fenêtre. Nana était à côté d'Anjali, qui était à côté de Verity. Moshe était au bout. Il écrasait une fesse tendue sur le bord du siège, tâchant de ne pas toucher Verity. Il ne voulait pas avoir l'air minable.

De l'avis de Moshe, le monde était devenu bien trop tripoteur. Et encore une fois, Moshe avait raison.

Nana et Anjali étaient en train de se ramollir, elles étaient en train de se fondre en un couple de filles. La tête de Nana s'inclinait vers le visage d'Anjali. Et Nana se sentait petite et chaude et droguée. Le monde était l'endroit le plus sûr qui soit.

Anjali était la plus jolie, pensa une Nana extatique, parce qu'elle la tenait. Anjali caressait son ventre nu et dur. Ce mouvement rendait Nana frissonnante. Toutes ses émotions étaient douces. Anjali la rendait douce. Donc tout était naturel quand elle fouit et mordilla et embrassa, et Moshe était là, il regardait, satisfait, il parlait de Friern Barnet. Donc Nana et sa meilleure amie Anjali pouvaient s'embrasser, elles s'embrassèrent seulement. Parce que s'embrasser était ce qu'il y avait de plus doux.

5

Nana est-elle simplement devenue une lesbienne ?

Bien sûr que non.

C'était juste un baiser. Un long baiser à une fille ne fait pas d'une fille une lesbienne. Il y avait des raisons pour que Nana embrasse Anjali, mais ce n'étaient pas des raisons lesbiennes.

L'explication principale était la suivante. Comme je l'ai déjà dit, Nana n'était pas une fille à qui le sexe venait aisément.

Mais pourquoi cela ferait-il d'une fille une lesbienne ?

Chut chut. Elle n'était pas lesbienne. Mais parce que Nana n'avait pas une obsession sexuelle particulière, elle était toujours intéressée par les obsessions des autres. Elle était toujours intéressée par la façon dont les autres baisaient. Elle se demandait à quoi ça pouvait ressembler.

Nana n'espérait pas, vraiment, une nouvelle sensation quand elle embrassa Anjali. Non. Elle était curieuse. C'était un intérêt asexuel pour le sexe. Voyez-vous, je suis conscient qu'à ce moment Nana peut paraître un peu pleine d'elle-même. Et ce serait vraiment injuste. La conclusion que Nana était égoïste serait la conclusion d'un être sexuel. Et un grand nombre de mes lecteurs sont des êtres sexuels, je comprends cela. Mais Nana n'était pas un être sexuel. Elle était innocente.

Telle était la raison principale.

Il y avait aussi deux autres raisons pour lesquelles Nana se sentait moralement insouciante. L'ecstasy la rendait heureuse. Cela limitait son sens de la mauvaise conduite. L'autre explication était la suivante. Moshe était là, il était assis à côté d'elles et il bavardait. Donc Moshe était heureux lui aussi. Si Moshe n'avait pas été heureux, rien de tout cela n'aurait pu se passer. Parce que alors ç'aurait été de l'infidélité. Mais ça ne pouvait pas être de l'infidélité puisqu'il regardait.

Donc Nana embrassa Anjali. Anjali était douce. C'était plus doux que d'embrasser Moshe.

Mais que pensait Anjali ? Anjali ne pensait-elle pas des pensées mauvaises et triomphantes ?

Bien sûr que non.

Donc Anjali était innocente elle aussi ? Eh bien à peu près. Anjali n'était pas innocente de la manière dont Nana était innocente. Anjali était ordinairement sexuelle. Mais Anjali n'était pas non plus inconsciente de la situation. Elle n'était pas égoïste non plus. Elle pensait à Nana et Moshe. L'ecstasy la rendait heureuse. Elle pensait, si elle pensait, que ce baiser montrait combien Nana et Moshe s'aimaient. C'était le couple le plus aimant qui soit. Ce n'était pas un couple dévoré par la jalousie.

Par exemple, pour vous rassurer, comparez Anjali avec moi. Un de mes mauvais côtés est le suivant. Je peux être très égoïste. Je sais que cela peut sembler incroyable mais c'est vrai. Cela signifie que, bien souvent, je veux des choses juste parce que d'autres les veulent. J'ai souvent un peu peur d'être laissé pour compte.

Mais Anjali ne pensait pas de cette façon égoïste. C'est une façon que je pourrais évidemment comprendre, mais ce n'était pas ainsi que pensait Anjali. Elle n'était pas motivée par l'envie d'acquisition. Elle se sentait juste heureuse. Elle était heureuse que ses amis soient heureux. Elle était contente qu'ils soient amoureux. Et c'était vrai. Tout ce que Nana et Moshe faisaient était un acte d'amour.

Par exemple, juste comme Moshe commençait à avoir l'air un peu triste et nerveux, Nana se pencha au-delà d'Anjali. Elle embrassa Moshe. Elle l'embrassa pour se faire pardonner, gentiment. C'était plus amusant d'embrasser Moshe. Puis elle s'arrêta de l'embrasser et regarda dans ses grands yeux bruns de labrador.

6

Je vais être parfaitement clair.

Anjali et Nana se sont embrassées mais elles n'ont rien fait d'autre qui soit sexuel. Mais elles finiront par baiser. Je vous le promets. Et quand elles le feront, je vous le dirai ! Il faudra juste que vous attendiez. Entre-temps, vous pouvez supposer qu'elles deviennent de plus en plus intimes. Tous trois deviennent inséparables.

Vous voudrez probablement connaître les arrangements entre Moshe Nana et Anjali au quotidien. Les arrangements pourraient commencer à sembler importants. Je vais donc vous en parler maintenant.

Tous les trois ne vivent pas ensemble. Je vous le dirai quand ce sera le cas.

7

Pour commencer, considérons le point de vue de Moshe. Je vais étudier Moshe un moment. L'épisode suivant de cette histoire, et c'est un épisode important, n'était pas un événement. C'était une série de micro-événements. Souvent, le micro-événement n'était pas même un micro-événement. C'était juste une émotion. L'épisode suivant de cette histoire ne traite que de petitesse.

Moshe se réveillait de sa marque personnelle de sommeil fatigant et restait allongé là. Et tandis qu'il était allongé là, il s'entretenait avec lui-même de politique, de sexe, de goût ou de philosophie. Surtout de sexe. Il abandonnait son esprit à tout son libertinage. Il le laissait renifler la première idée sage ou folle qui se présentait, tout comme les jeunes délinquants de Cally Road suivent une fille avec des Nike sans lacets, des yeux indifférents, un nez retroussé.

Quelqu'un s'était-il mal conduit ? pas du tout. Ce n'était pas de l'infidélité, raisonnait Moshe. Et si ce n'était pas de l'infidélité, alors Moshe n'était pas jaloux. Après tout, il était là quand elles s'étaient embrassées. Il faut bien reconnaître que c'était sexy. Il lui fallait admettre qu'il avait beaucoup aimé ça. C'était le rêve de tout petit ami.

C'était un penseur éthique, Moshe.

Mais quelle était la cause de ces pensées philosophiques ? Pourquoi un garçon de Friern Barnet, dont la mère idolâtre s'appelait Gloria, méditait-il sur la nature de la bonté ?

Parfois Nana, Moshe et Anjali s'asseyaient sur le futon sous une couette, avec Anjali au milieu, pour regarder des vidéos en mangeant une pizza livrée par la Go-Go Pizza Company. La Go-Go Pizza Company proposait la pizza Suprême de 35 cm de votre choix avec deux portions de pain aillé et un pot de glace Häagen-Dazs pour 9 £ 99 à condition de commander avant 17 h 30. Cinq heures, reconnaissaient-ils tous, était parfois trop tôt pour une pizza.

Ou bien Anjali rentrait avec eux du Dub Club de Finsbury Park, désormais disparu, et restait dormir parce que Nana et Moshe ne voulaient pas qu'elle se trimballe à Kentish Town. Et de temps à autre Anjali quittait sa place sur le futon après qu'ils se furent dit bonne nuit pour aller dans la chambre de Nana et Moshe et continuer à bavarder. Elle se lovait sur le lit tandis que Moshe s'inquiétait que – avachi comme ça sous le duvet – ses seins ne ressemblent à des seins.

Ce n'étaient pas vraiment des événements, vous voyez. Ils n'étaient pas vraiment remarquables. Mais c'était la raison pour laquelle Moshe était devenu philosophe.

Environ un mois plus tard, après avoir passé la journée à l'Embassy Bar sur Essex Road, ils attendaient le bus. Nana se réchauffait les mains dans les poches du pantalon de Moshe. Et quand Anjali eut protesté avec coquetterie contre ces caresses non déguisées, Nana réagit en introduisant la main d'Anjali dans la poche de Moshe. Anjali localisa coquinement le sexe de Moshe. Elle le tint, légèrement, légèrement trop légèrement, pensa un Moshe excité et bourgeonnant.

Puis le bus arriva.

Il y eut des moments mineurs de baisers momentanés. De temps à autre, Anjali et Nana s'embrassaient. Mais

Moshe était toujours embrassé lui aussi. Cela se terminait toujours en baisers mutuels.

Anjali et Nana n'étaient pas – laissez-moi le répéter – un couple.

Moshe, le pauvre, était heureux.

8

Parce qu'il était heureux, Moshe s'était mis à faire la liste des diverses habitudes de Nana et Moshe. S'il se réveillait tout seul il se rappelait leurs jeux de réveil. Il se rappelait comment Nana se blottissait contre lui et refusait de parler. Nana ne faisait que mimer bonjour, en agitant la main, les lèvres fermées.

Ses douches se déroulaient toujours de la même manière : rinçage complet, double shampooinage, après-shampooinage, savonnage complet du corps, un léger accroupissement pour se frotter la fourche, elle poussait la mousse en ovales autour de ses seins, elle s'ouvrait et se penchait pour se nettoyer entre les fesses, puis un autre rinçage, puis exfoliation avec les moufles rêches bleu ciel de Body Shop, puis rinçage complet des cheveux et du corps. Elle avait une carte postale de Toulouse-Lautrec à son chevet parce qu'on aurait dit Moshe et elle, deux enfants de dix ans bordés jusqu'au cou. Elle se frottait les yeux et il s'inquiétait et la harcelait pour qu'elle mette ses lunettes et elle disait que tout allait bien. Si elle était triste elle traînait et portait la chapka russe qu'elle avait trouvée oubliée dans le vestiaire du Freedom sur Wardour Street.

Parfois Moshe aurait aimé être puceau, il se sentait tellement chargé de faits accumulés. Mais non, il était obligé de l'admettre – les puceaux eux aussi avaient des faits. Il aurait aimé être un bébé. Il aurait aimé être un bébé dépourvu de parole.

Moshe faisait la liste de ses fantasmes favoris. Allongé là il se demandait si le fantasme était une habitude. Puis il se demandait pourquoi cela avait de l'importance, décidait que ça n'en avait pas. Il imaginait toujours Moshe et Nana au soleil, dans des chambres aux lits défaits baignés d'une lumière des plus douces ridée de reflets, au cours d'impossibles vacances, buvant de l'eau Voss tirée d'un puits artésien dans des bouteilles dessinées par Neil Kraft.

Il essayait de s'imaginer sans elle et ne le voulait pas.

Il se rappelait quand il lui avait fait une minette pendant que Duke Ellington balançait dans la pièce d'à côté. C'était une scène de sexe syncopée. Une scène de sexe avec grand orchestre.

Ils parlaient de sexe. Ils s'inquiétaient à propos de sexe. Ils s'inquiétaient tous les soirs à propos du sexe. Moshe lui disait de juste penser à ce qu'elle trouvait sexy. C'était son conseil exaspéré. Il disait : « À quoi tu penses quand tu te branles ? Àquoitupenses ? » Nana prenait un air timide. Elle ne savait pas. Elle disait : « Toi. »

Tristement, c'était vrai.

Tandis que les fantasmes de Moshe venaient rapidement. Il était obligé de les ralentir. Il y avait Nana dans sa pose d'écolière, lui racontant, en vichy, tout sur ses pitreries lors des concours hippiques. Elle décrivait la sensation du pommeau. Elle mentionnait le terme « étriers ». Et Moshe s'imaginait disant : « Sers-toi de moi comme d'un cheval. » Ou il songeait à la mettre enceinte. Cela le faisait jouir rapidement. Souvent il devait rendre plus abstraits ses rêves sur Nana. Il évitait les détails. Trop de détails l'excitaient trop. Bien qu'il y eût la vision récurrente de Nana dans un bain ajusté à son corps, et dans l'eau claire des poissons rouges circulaient, nageant au-dessus de sa peau. Et Nana saupoudrait ses poils pubiens soyeux de nourriture pour les poissons, et les laissait la gober tandis que Moshe la regardait, le menton sur le rebord froid de la baignoire.

Si Nana s'était levée tôt pour aller en cours, et que Moshe restait seul, il cherchait le roman de Louise Bagshawe qu'Anjali avait reçu en cadeau de *Cosmopolitan* et oublié chez lui. Moshe localisait les scènes de sexe. Le livre commençait à s'ouvrir tout seul aux scènes de sexe. Il allait aux toilettes chercher le rouleau de papier. Puis, après avoir arrangé les quatre oreillers en position de soutien adéquate sur le lit, il s'allongeait pour se masturber. Son passage favori était la description d'une fille, qui voulait arriver dans le monde de la musique, qui se faisait mettre un coup rapide contre un mur de brique. La description était brève mais évocatrice. Il aimait le style de Louise Bagshawe. Moshe jouissait et laissait le sperme refroidir sur son ventre jusqu'à ce qu'il coule en rigoles fines et désagréables le long de ses flancs. Et Moshe oubliait de remettre le rouleau à sa place. Quand Nana rentrait elle le taquinait.

Souvent les gens ont l'air choqué par l'idée qu'un garçon se masturbe, s'il a une liaison. Mais c'est vrai. La masturbation n'est que trop commune. Moshe en était un exemple flagrant. Ce n'est pas que vous l'auriez toujours trouvé adossé à la tête du lit. Mais de temps à autre c'était sa position.

Moshe se rappelait la façon que Nana avait de se tenir au-dessus de la cuvette des chiottes, en garçon manqué, pour se couper les poils avec ses ciseaux courbes à envies qui faisaient partie d'un nécessaire à manucure Boots que Papa lui avait offert pour un Noël. Ou comment il portait sa culotte toute la journée, dont la dentelle le serrait légèrement.

Un jour Moshe avait forgé un fantasme de Nana léchant Anjali par derrière mais maintenant il était un peu bizarre. Il était un peu lourd.

Il faisait la liste de ses plats préférés. Elle adorait les brocolis aux pousses violettes. Elle adorait le sashimi au saumon rose, qu'elle mangeait par saccades, sa tête se jetant sur les baguettes. Il s'émerveillait du calme dont elle faisait preuve au restaurant. Son calme était sexy. Il avait du glamour. Elle l'appelait de l'Ivy, nonchalante, pas du tout gênée, parce que Papa avait annulé alors peut-être que Moshe ?

Et Moshe, qui était contre les planches à repasser, se retrouvait à quatre pattes sur le carrelage de la salle de bains, à repasser son unique chemise, pestant, et envoyant des coups de pointe, et pestant contre les dépressions des jointoiements.

Il l'adorait. Il adorait tout d'elle. Il aimait même leurs week-ends dans la maison de Papa.

Il allait s'asseoir dans la serre et prenait un vieux numéro de, oh peut-être *Professionnel du risque*. Il y avait une pile de magazines dans un porte-magazines. Le porte-magazines était tout courbes et volutes d'acajou verni. Il ressemblait à un bretzel. Moshe feuilletait *Professionnel du risque*. Il l'ouvrit à une double page de publicité pour les Services financiers de Zurich. « Construire la relation solution par solution. » Telle était la devise des Services financiers de Zurich. Puis il y avait une citation de William Hazlitt en italique : « On connaît mieux une route en l'ayant parcourue qu'à l'aide de toutes les conjectures et descriptions du monde. » Sous la citation, il y avait une petite photo de valises en cuir fatigué. La page opposée représentait une piste poussiéreuse sur papier glacé. C'était le crépuscule. La lumière s'était embuée de la mélancolie du temps qui passe. « Nous mettons à profit nos années d'expérience pour vous aider à progresser en terrain vierge. » C'était la légende.

C'était la dernière utopie sur terre, pensa Moshe, heureux, regardant autour de lui les photos sur le piano droit – une vue tachée du lac Léman, Nana fascinée par un papillon.

Moshe lut un encart mauve trouvé entre deux pages de *Professionnel du risque*, invitant à un petit déjeuner-briefing à l'Association des banquiers anglais. *Extrémistes – travailler à un environnement plus sûr.*

> Avec la globalisation, le discours anticapitaliste se répand, et se fait plus sophistiqué. Le combat intellectuel contre les terroristes et les extrémistes exige la planification stratégique, la prévoyance et la mise en œuvre complète d'une culture contre ce genre d'attaque. Sans préparation de ce genre, les contre-mesures sont difficiles à appliquer de manière tant soit peu efficace.

Moshe adorait tout cela. Il adorait Nana.

Il se demanda à quoi ça ressemblait de l'aimer lui. C'était inimaginable.

Il resta là, renversé dans son fauteuil. Il pensait à des ménages à trois. Mais il n'y avait pas de ménages à trois. Il n'arrivait pas à trouver des ménages à trois célèbres. Ils étaient bizarrement rares. Il pensa à *Jules et Jim*. Cette pensée ne dura pas longtemps parce que Moshe n'avait jamais vu *Jules et Jim*.

9

Mais pensons à *Jules et Jim*. C'est un film de François Truffaut. Parmi tous les personnages de ce roman, moi excepté, et je ne suis pas un personnage, seul Papa a vu le film. L'origine du film de François Truffaut *Jules et Jim* est le roman d'Henri-Pierre Roché *Jules et Jim*. Papa, qui était un admirateur du film, avait acquis on ne sait comment une traduction de ce roman – « Le grand classique du roman d'amour français » – gracieusement offert par le magazine *Options*, en septembre 1983.

François Truffaut disait que quand il avait lu ce roman, il avait pris conscience d'avoir découvert quelque chose de nouveau pour le cinéma. Il avait trouvé une intrigue qui était radicalement différente de toutes les autres intrigues de film. Jusqu'alors, l'intrigue d'un film comprenait des gentils, que le public aimait, et des méchants, que le public n'aimait pas. Tout était sans ambiguïté. Tandis que dans ce cas particulier, dans *Jules et Jim,* le public serait incapable de choisir entre les personnages principaux, parce que le public est forcé de les aimer tous également. Les trois personnages centraux sont un peu gentils et un peu méchants. C'était cet élément, qu'il appelait « antisélectif », dit Truffaut, qui le frappa le plus dans l'intrigue de *Jules et Jim.*

Mais je ne suis pas sûr que c'est ainsi que cela se passe vraiment dans le film *Jules et Jim*. Personnellement, je n'ai jamais beaucoup aimé le personnage de Jeanne Moreau. Je trouve qu'elle a l'air complètement égoïste et déplaisante. Mais j'aime l'idée de François Truffaut. J'aime l'idéal.

Moshe s'assoupit. Il écoutait la ville s'agiter. Il donna sa bénédiction à Finsbury. Moshe bénit tous les mendiants.

L'amitié de Jules et Jim n'avait pas d'équivalent en amour. Ils acceptaient leur différence. Tout le monde les appelait Don Quichotte et Sancho Pança.

Tout était ambigu.

10

Mais que pensait Nana ? Nana était-elle heureuse elle aussi ? Était-ce vraiment le bonheur domestique ?

Écoutez. Il ne s'est encore rien passé. Les deux filles se sont embrassées, parfois, mais rien d'autre.

Bien sûr que c'était le bonheur domestique.

Un soir, au lit avec Moshe, seuls à Edgware, Nana regardait les trois cartes postales de Miffy dont l'accrochage avait été supervisé par Nana quand elle avait dix ans, au-dessus de son bureau en pin Ikea.

C'était :

Miffy regardant une épreuve d'artiste d'un Mondrian.

Miffy derrière une fenêtre enneigée.

Miffy perchée sur le croissant jaune de la lune avec des étoiles jaunes arrangées autour d'elle dans le ciel bleu sombre.

Et au-dessus des cartes postales il y avait le poster de Babar avec son costume vert et sa trompe enjouée dans le repli de laquelle un chapeau melon était confortablement installé.

Tel était le décor.

Elle pensait que c'était ça le bonheur domestique. Et c'était le bonheur domestique. Nana était heureuse. Elle était particulièrement heureuse ce soir-là parce que son nom, juste pour le moment, était Bruno. Oui, Bruno. Et que pensait Moshe de cela ? Non, non, pas Moshe. Moshe avait aussi un nouveau nom au lit. Nouvellement baptisé par Nana, le nom de sexe de Moshe était Teddy.

D'accord ?

Nana-Bruno. Moshe-Teddy.

Nana était heureuse. La fille effrayée par le sexe était en train de se confronter à ses peurs. Elle avait inventé un scénario. Elle s'embarquait dans une vie de perversion.

C'était de la perversion ?

En fait, je suppose que c'était de la perversion. Il y

a quelque chose d'indéniablement cochon dans le fait qu'une fille de vingt-cinq ans, dans sa chambre d'enfant, soit un garçon de dix ans. Mais peut-être est-ce trop cochon. Peut-être est-il nécessaire de maintenir le sexe dans les limites du réalisme. Si c'est ridicule, ça devient non sexuel. Ça devient stupéfiant.

Moshe était particulièrement stupéfait. Quand Bruno dit à Teddy combien elle aimait les bras de bébé de Teddy, leur douceur talquée, le prosaïque et peu imaginatif Teddy répliqua qu'ils étaient doux parce qu'il les lavait dans son bain avec du E45. Il avait de l'eczéma. Le savon était mauvais pour l'eczéma.

Moshe n'excellait pas à ce fantasme. Il n'était pas sûr de ce qu'il devait dire.

Moshe, Bruno, Teddy et Nana écoutèrent la pluie.

« J'adore écouter la pluie quand je suis au lit avec toi », dit Bruno en se trémoussant, en étant le meilleur et le plus proche ami de Teddy. Bruno se blottit, dans son pyjama en coton, avec de fines rayures évasées aux extrémités. « Tu es tellement adorable », dit-elle.

C'était un fantasme. Il faut donc que je vous explique les détails du fantasme. Teddy et Bruno sont pensionnaires dans une école privée. Mais ils ne sont pas dans la même école. Ils développent leur éducation dans des écoles séparées. Mais pendant les vacances ils peuvent bavarder de nouveau. Ils bavardent et tout en bavardant ils font comme s'ils n'avaient jamais été séparés, comme s'ils n'avaient jamais connu d'autres garçons. Non, quoi qu'il ait pu arriver à l'école, c'était toujours les vacances qu'ils attendaient. Ce sont des gosses aimants. Élevés dans un luxe identique, Teddy et Bruno sont meilleurs amis. Ce sont des *âmes sœurs*. Tel était le fantasme. Telle était l'histoire de fond.

Teddy lisait *Le Petit Prince* à Bruno. Et parce que, insistait Nana, ils étaient très vilains, ils lisaient dans le noir avec une lampe électrique, sous la couette. Cela pouvait-il être qualifié d'*infantilisme* ? se demandait Moshe. Si oui, cela ne le gênait pas. Ce qu'il aimait, c'est que Nana soit heureuse. Il aimait que Nana soit sexuelle.

Enfin, du moins Moshe supposait que cela finirait par être sexuel.

Donc Teddy parlait à Bruno. Il dit à Bruno combien il avait du mal à s'endormir. La directrice s'inquiétait. Quand il était allongé il entendait son cœur dans sa tête. Il dit qu'il y avait aussi l'asthme. Il avait du mal à respirer et c'était l'asthme. Teddy confia à Bruno que chaque fois qu'il essayait de s'endormir, tout ce qu'il pouvait imaginer c'était qu'il était en train de jouer au cricket. Ça avait l'air idiot mais c'était vrai. Il était à la batte. C'était comme d'être à la batte. C'était comme s'il était là derrière sa ligne, frappant des coups parfaits, encore et encore, comme ils font tous à la télé. Et son cœur était tout fort. Puis Moshe se tut. Et Bruno dit d'une voix flûtée : « C'est un rêve d'angoisse. »

C'était un enfant précoce, Bruno. Il avait peut-être sept ans mais il s'était plongé dans Freud.

Ils étaient allongés là dans sa chambre avec son coffre plein de jouets. Dans le coffre il y avait un bonnet à poils avachi, avec des poils en plastique, que Nana avait reçu pour avoir été un brave petit soldat quand on lui avait fait des points de suture au front. Tous ses diplômes de musique – piano et flûte, de la maternelle à la sixième – étaient encadrés au mur. Certains cadres étaient bordés de volutes en plastique doré. D'autres étaient des sous-verres à pinces.

Et : « Tutrappelles, dit Teddy, comme tu te laissais tomber à la renverse dans le canapé et que tu sentais ton estomac disparaître ? »

Nana regarda par-dessus les épaules de Moshe avec leurs rares poils fins. Les seins de Moshe étaient arrondis et pressés l'un contre l'autre, ovales. Elle dit : « Ça va ? » Et Teddy, gémissant un opéra intérieur d'amour, de désir et de sexe irrésistible, murmura à Nana : « Ouaiçava. » Il se laissa retomber sur le dos, puis laissa retomber sa tête vers elle. Elle l'embrassa. Nana dit : « Cool. Si tu dis qu'c'est cool alors c'est cool. »

Si vous aviez été là dans la rue, à côté d'un policier endormi, dans la vague lumière au sodium, alors rien n'aurait été évident. Vous n'auriez pas eu, disons, de cliché de Nana dans son pyjama déboutonné, ne révélant que le tout début de la pente de son sein gauche. Non. Vous auriez vu une chambre. Vous auriez vu une lumière. Vous auriez vu un havre.

C'était le bonheur domestique.

Comment, pensa Moshe, comment faire passer ça de la tendresse à la cochonnerie ?

C'était coton. Ni l'un ni l'autre n'étaient des garçons. Ni l'un ni l'autre n'étaient gays. Donc la cochonnerie, en l'occurrence, était difficile. Ils n'avaient pas acquis l'habitude de l'homosexualité infantile.

Il dit : « Il faut que je te touche ? » Parce que Teddy et Bruno, après tout, étaient gays. Il dit : « Tu veux que je te touche ? » Et Moshe mit la main où se trouvait le minuscule pénis de Bruno. Nana retint sa main. Elle la retint là. Elle dit : « Oh non. »

Quand le pensionnaire d'une école privée dit non, il veut dire oui.

11

J'imagine qu'à ce point vous êtes peut-être un peu perdu. Vous avez peut-être une liste de questions. Pourquoi ne se plaignent-ils pas ? Pourquoi ne regrettent-ils pas de ne pas avoir une relation simple ? Pourquoi Moshe marche-t-il dans cette histoire de Teddy et Bruno ? Et pourquoi ne se plaint-il pas que Nana flirte avec une autre fille ? Et pourquoi Nana ne se plaint-elle pas que Moshe ne soit jamais jaloux ?

Ils ne se plaignent pas parce qu'il est difficile de se plaindre. Ils ne se plaignent pas parce qu'ils sont tous deux contents de faire des compromis. Se plaindre les rend plus malheureux que de faire des compromis.

Je sais que cela ne vous convainc pas. Vous n'êtes pas persuadé. Où est le réalisme ? dites-vous. Où est la précision du roman européen ? Où est la fidélité à la nature de Balzac ou Tolstoï ?

Eh bien, pensons à un romancier européen. Je vais vous raconter une petite histoire à propos de la vie de Mikhaïl Boulgakov. Boulgakov était un romancier satiriste et auteur dramatique dans la Russie stalinienne.

Le 28 mars 1930, Mikhaïl écrivit une lettre au gouvernement soviétique.

12

Après que toutes mes œuvres eurent été interdites, de nombreux citoyens qui me connaissaient en tant qu'écrivain me donnèrent tous le même conseil :

Écrire une « pièce communiste » et envoyer aussi une lettre de repentir au gouvernement soviétique, désavouant les idées que j'avais exprimées dans les œuvres littéraires, et donnant l'assurance que dès lors je travaillerai comme compagnon de route voué aux idéaux du communisme.

Le but : me sauver de la persécution, de la pauvreté et, finalement, d'une mort inévitable.

Je ne suivis pas ce conseil.

Mon but est beaucoup plus sérieux.

Je peux prouver, documents à l'appui, que la presse d'URSS tout entière a affirmé AVEC UNE VIRULENCE EXCEPTIONNELLE, depuis que j'ai commencé à écrire, que les œuvres de Mikhaïl Boulgakov n'ont pas leur place en URSS.

Je déclare que la presse soviétique a TOUT À FAIT RAISON. TOUT SATIRISTE EN URSS DOIT METTRE EN QUESTION LE SYSTÈME SOVIÉTIQUE.

Suis-je concevable dans le système soviétique ?

JE DEMANDE AU GOUVERNEMENT DE L'URSS DE M'ORDONNER DE QUITTER LE PAYS DANS LES DÉLAIS LES PLUS BREFS, EN COMPAGNIE DE MA FEMME.

Si, toutefois, ce que j'ai écrit n'est pas suffisamment convaincant et que je sois condamné à une vie de silence en URSS, alors je demande au gouvernement soviétique de me donner un travail.

13

Mais, dites-vous, cela est entièrement différent. Boulgakov vivait dans la Russie stalinienne. Quelle est la relation entre le pathos et le courage de la lettre de Boulgakov et la liaison de Nana et Moshe ? Je n'affirme quand même pas que la relation entre Nana, Moshe et Anjali équivaut à vivre sous le stalinisme ? Le flirt à trois n'est pas stalinien.

Eh bien non. Ce n'est pas stalinien. Si le stalinisme signifie la violence totalitaire, alors ce n'était pas stalinien. Mais en 1930, *Staline* n'était pas stalinien. Staline était plutôt bienveillant. D'après un informateur de la police secrète, Staline avait téléphoné à Boulgakov.

« Tu es le camarade Boulgakov ? » demanda un apparatchik. « Oui », répondit Mikhaïl. « Le camarade Staline va te parler », dit l'apparatchik.

Boulgakov était convaincu que c'était une blague mais il attendit quand même. Il regarda la manche de son cardigan marron en velvet. Il y avait une tache de graisse avec un bout d'oignon collé dessus. Il essaya de s'en débarrasser d'une pichenette. Il resta collé. Il l'arracha.

Deux ou trois minutes plus tard Mikhaïl entendit une voix au téléphone. C'était la voix de Staline. « Excuse-moi, camarade Boulgakov, de n'avoir pu répondre rapidement à ta lettre mais j'étais très pris. J'ai été très intéressé par ta lettre. J'aimerais avoir une discussion avec toi. Je ne sais pas quand cela sera possible du fait que, comme je te l'ai dit, je suis extrêmement occupé. Mais je te ferai savoir quand je pourrai te voir. Quoi qu'il en soit nous allons essayer de faire quelque chose pour toi. »

C'était Staline.

L'informateur de la police secrète pensa que c'était une brillante opération de relations publiques de la part de Staline. D'après ce policier secret – appelons-le Igor –, d'après Igor, tout le monde disait : « Staline est vraiment un homme exceptionnel et, imaginez-vous, il est également simple et accessible ! » Igor rapporta combien la popularité de Staline s'était accrue et avait pris une tournure extraordinaire. On parlait de lui, dit Igor, *avec chaleur et affection*, et l'histoire légendaire de la lettre de Boulgakov fut colportée sous des formes variées. On la racontait dans tous les cafés.

Après ce coup de téléphone, Boulgakov se vit attribuer un poste au Théâtre d'art de Moscou. Et il ne publia plus jamais rien. Mais il s'était plaint. Il avait résisté. C'est juste qu'il s'était fait coincer par le coup de téléphone de Staline.

Je pense que les deux situations, de Boulgakov et Staline, et de Moshe, Nana et Anjali, sont très similaires. Cela peut paraître bizarre à première vue, mais c'est vrai. Au cas où vous ne l'auriez pas remarqué, dans ce livre je ne m'intéresse pas à un sujet aussi restreint que l'histoire de l'URSS. Je n'écris pas quelque chose d'aussi limité. Non, ce qui m'intéresse c'est la bienveillance. Donc je peux concevoir que si le stalinisme ne signifie que violence totalitaire, alors le fait de décrire

Nana, Anjali et Moshe comme des staliniens peut sembler frôler l'hystérie. Mais si le stalinisme signifie la politesse, alors il existe une similarité évidente. Appelons ce genre de stalinisme le « stalinisme téléphonique ».

Le stalinisme téléphonique est l'utilisation de la bienveillance comme technique coercitive. Il impose le compromis.

Tout un chacun, à un moment ou à un autre, est un stalinien téléphonique.

En termes de bienveillance, je ne vois pas de différence entre l'attitude individuelle de Nana, Mikhaïl Boulgakov, Moshe, Anjali et Staline.

14

Anjali entra dans le living de Moshe. Nana était enveloppée dans une couette sur le futon. Elle prenait un jour de vacances. Elle était en train de regarder *Trisha*. Elle regardait *Trisha* en regardant le plafond. C'était parce qu'elle était en train de penser aux problèmes soulevés par le sujet : « Mon petit ami m'a dit de devenir danseuse érotique et maintenant il veut que j'arrête ». Nana ne trouvait pas que la danse érotique était érotique. Quand Gabrielle, qui avait de longs cheveux blonds et de grosses jambes courtes, un string et un soutien-gorge violet à paillettes, se trémoussait sur les genoux d'un spectateur qui l'applaudissait, Nana détournait la tête. C'était plus triste qu'érotique. Elle regardait le plafond. La lumière était une version adoucie de bleu. Elle se demandait pourquoi le pâle n'était pas plus pâle que le bleu pâle. Elle se demandait pourquoi c'était le même degré de pâleur. Voilà à quel point elle était concernée par les retombées émotionnelles de la danse érotique.

Anjali se blottit sur le futon à côté d'elle. Elle s'assit pour regarder *Trisha*. Anjali aimait la danseuse érotique. Elle la trouvait originale. C'est son petit ami qu'elle n'aimait pas. Elle n'aimait pas sa moumoute.

« Oh mon Dieu », dit Nana, staccato.

C'était vrai. C'était une moumoute. Le petit ami était horrible. Nana était d'accord.

15

L'attitude d'Anjali par rapport à cet heureux trio – qui n'était pas encore un triangle amoureux, pas encore – était ambivalente. Elle était surtout triste. Pour Anjali, seul un couple était l'amour. La troisième personne était toujours un extra. D'autre part, elle aimait vraiment être l'extra d'un couple. Ç'avait son côté luxueux.

Anjali songeait aux couples tandis qu'elle jouait dans une pub pour le talc pour bébés Johnson's. Anjali donnait la réplique à Anne Robinson. On tournait cette pub juste comme la carrière d'Anne décollait. Donc maintenant, quand Anne faisait une pub, la pub reprenait le déroulé du « Maillon faible ». C'est dire qu'elle avait du succès. Cette pub pour le talc pour bébés Johnson's était une parodie du « Maillon faible » pour bébés. Il y avait quatre bébés dans des chaises hautes en plastique. Anne Robinson leur posait des questions sur le confort et la commodité du talc pour bébés Johnson's. Anjali faisait la voix d'un des bébés. Elle exprimait ses pensées gargouillées. Le bébé Anjali était le dernier bébé en piste. Elle était le maillon fort. C'était parce que le bébé Anjali préférait le talc pour bébés Johnson's à toutes les autres poudres pour bébés.

Oh à la fin, pensait Anjali, Anjali voulait être en couple. Elle voulait que les gens envoient des cartes d'anniversaire à Anjali et. Anjali et Anouchka. Anjali et

Zébédée. Ce n'était pas le nom qui importait. Elle donnerait des barbecues, pensa Anjali. Les barbecues, apparemment, étaient l'ambition d'Anjali.

Il y avait une explication à cela. Anjali avait des problèmes avec les couples à cause de son ex-petite amie, Zosia. Anjali avait découvert, une semaine auparavant, que Zosia avait récemment épousé sa petite amie de trois mois, au cours d'une cérémonie tendre et émouvante sur une plage du Costa Rica. Elles s'étaient mariées dans une hutte en bois d'igname.

Oh Anjali. Regarde ce que Zosia t'a fait. Elle t'a fait aimer l'idée des barbecues. Ton ex se marie sur la côte du Costa Rica et tu veux être une épouse.

Alors que, quand Anjali était jeune, elle détestait l'idée de couple. C'était sa mère qui aimait les couples. Sa mère avait été très procouple. Elle avait été très promariage. À cause de ce penchant, la mère d'Anjali n'avait pas toujours apprécié l'excursion familiale hebdomadaire au cinéma Belle Vue d'Edgware. Ces excursions n'étaient pas toujours agréables. Elles ne se terminaient pas toujours par un finale de mariage hétérosexuel. Parfois les films semblaient considérer l'amour comme une chose tragique. Ils faisaient de l'amour un sentiment grandiose et destructeur.

Cette différence persistait entre Anjali et sa mère. Elles continuaient à ne pas aimer les mêmes films. Par exemple, le film bollywooodien favori d'Anjali était récent et s'appelait *Devdas*. *Devdas* est le film bollywoodien le plus cher qui ait jamais été fait. Après une histoire improbable, le héros meurt, à la porte de son premier, unique et malheureux amour, joué par l'ex-Miss Monde, Aishwarya Rai.

Devdas était le film préféré d'Anjali. Elle aimait les fins bollywoodiennes. Elle aimait leur côté tragique. Elle aimait leur style criard.

Peut-être faut-il que je sois plus précis. Anjali n'était,

finalement, pas si différente de sa mère. Elle se croyait différente, mais elle ne l'était pas. Elles étaient toutes deux amoureuses de l'idée du couple parfait. C'est juste que sa mère ne reconnaissait la qualité de couple qu'aux couples mariés. Tandis qu'Anjali ne limitait pas le terme de cette façon. Telle était la vraie différence entre elles. Parce qu'elles étaient romantiques, Anjali adorait les fins bollywoodiennes. Parce qu'elle était romantique, la mère d'Anjali n'aimait pas les fins bollywoodiennes.

16

Nana était consciente qu'Anjali se sentait tenue à l'écart d'un couple. Elle était consciente qu'Anjali avait l'impression d'être un auxiliaire de l'idylle de Nana et Moshe. Et Nana n'était pas une fille qui aimait que les gens se sentent tenus à l'écart. Elle voulait que tout le monde soit heureux. Elle n'était pas une fille égoïste. C'était une héroïne.

Nana se percha, serrant ses genoux. Elle se pencha vers Anjali et cela eut pour effet de coincer la couette entre elles, de sorte que Nana dut se soulever légèrement pour revenir près d'Anjali, très près. Alors Anjali tourna son visage. Et Nana regarda les yeux bruns d'Anjali. Alors le visage de Nana s'inclina, lentement.

Nana l'embrassa, une petite succion ou morsure sur les lèvres, puis relâcha. Il y eut un trouble silencieux.

Pourquoi y eut-il un trouble ? Ce n'était pas si inhabituel pour Nana et Anjali d'échanger de petits baisers de filles. Alors pourquoi cela créait-il le trouble ?

C'était troublant parce que toutes les autres fois que Nana et Anjali s'étaient embrassées, Moshe avait été présent. Mais ce n'est pas avant que Nana ait embrassé Anjali, cette petite succion ou morsure sur ses lèvres, qu'elle prit conscience que tous leurs autres baisers avaient été des baisers supervisés. Elle n'en prit pas conscience avant qu'il fût trop tard.

17

Moshe n'était pas dans son living à Finsbury parce qu'il était dans le gymnase de la piscine Cally. Il répétait. Il tonifiait son corps d'acteur.

Sa carrière était en train de décoller. On lui avait offert un premier rôle au théâtre Tricycle à Kilburn. Il jouait Slobodan Milošević dans une nouvelle pièce intitulée *Maintien de la paix*, de Richard Norton-Taylor, basée sur les premières transcriptions du procès du Tribunal pénal international pour l'ex-Yougoslavie.

Moshe aimait bien l'idée de jouer Slobodan Milošević. Slobodan était un râleur. Il pouvait s'identifier à Slobodan. Slobodan avait le génie du comique. Il avait le don de la répétition. Tandis que Moshe, allongé sur le dos, soulevait un poids de trente kilos à au moins quinze reprises, il se rappelait son monologue favori de *Maintien de la paix*.

« Comme je dois me lever à sept heures je suis prêt à partir à huit heures et je reviens, au plus tôt, à six heures, donc je ne peux téléphoner que de six heures à huit heures trente, ce qui signifie que je ne peux pas utiliser mes deux heures quotidiennes d'air frais, ce qui est le droit de tout détenu, et les gardiens se plaignent aussi de ne pas avoir assez d'air frais. »

La raison pour laquelle le fait de tenir le premier rôle d'un drame judiciaire exigeait de Moshe qu'il fasse de la gymnastique n'est peut-être pas évidente. Mais il y avait une explication. J'ai un peu honte de vous la dire, mais je vais vous la dire. Moshe était excité. Il s'imaginait des articles dans les magazines du dimanche. Il imaginait d'autres photos dans *Hello !* et *¡ Hola !* Mais il ne savait pas s'il avait le corps pour une séance de photos. Il n'offrait pas un spectacle tonique et saillant. Nerveux et vaniteux, Moshe se mettait en forme sur Caledonian Road.

18

Entre-temps, dans la partie plus lugubre de Finsbury, Nana était en train de penser à l'odeur d'Anjali. Anjali sentait comme Nana mais différemment. D'autre part, elle sentait plus comme Nana que Moshe.

Elle pouvait comparer leurs odeurs parce que Anjali et Nana étaient très proches l'une de l'autre.

Anjali tenait le visage de Nana dans ses paumes. Son premier baiser incertain était entré en contact avec la lèvre inférieure et l'extrémité du menton de Nana. Puis Anjali l'avait embrassée de nouveau. Elle avait dévié le bras autour du cou de Nana, avec les doigts écartés au maximum. Puis elle avait fermé la main et touché les lèvres de Nana avec sa langue.

Elles firent une pause.

Durant cette pause, une femme parmi les spectateurs de *Trisha* demanda au petit ami de la danseuse érotique pourquoi il était contre – maintenant qu'il avait ce qu'il voulait. Trisha tomba d'accord que tel était le problème. C'était *le nœud de l'affaire*.

Mais Anjali et Nana avaient cessé de regarder *Trisha*. Elles avaient des choses plus importantes à penser.

Si un couple hétérosexuel ou homosexuel moyen s'accouple, il est rare que le sexe suive directement leur premier baiser. Il serait impoli de baiser si vite. Il doit y avoir une attente. Cette attente signifie que ce n'est pas seulement le sexe que recherchent les deux.

Mais Nana et Anjali n'étaient pas un couple moyen. Elles étaient un couple secret.

Quand un couple clandestin s'embrasse, il est beaucoup plus probable que le sexe suivra immédiatement. C'est parce qu'il y a beaucoup d'incertitude pour un couple clandestin. Il y a beaucoup plus de risque. Une fois qu'on s'est embrassés en secret, il est très difficile de ne pas baiser. Il serait impoli de ne pas baiser. Il faut montrer que vous tenez l'un à l'autre.

Mais Nana et Anjali n'étaient même pas un couple clandestin moyen. Elles n'étaient clandestines que par inadvertance. Cela rendait le sexe encore plus chargé d'implications sociales. Elles venaient juste de s'embrasser en secret – donc elles devaient être passionnées. Elles venaient juste de s'embrasser en secret accidentellement – donc elles n'étaient encore que bonnes amies.

Elles firent une nouvelle pause.

Puis Anjali s'étendit, allongeant Nana sur elle. Sous Anjali il y avait quelque chose qui pouvait être un magazine ou un livre de grand format dans la couette gonflée. Elle l'ignora. Tandis que Nana pensait que c'était du *lesbianisme*. Elle allait pratiquer le lesbianisme. C'était quelque chose dont elle devrait se souvenir. La pièce était bleu pâle. Elle allait pratiquer le lesbianisme.

Nana était novice en la matière.

Les vêtements portés par les participantes de cette variante particulière de l'accouplement étaient les suivants. Nana porte un T-shirt de la saison 1998 du Southwark Playhouse appartenant à Moshe, et rien d'autre. Anjali porte un string blanc Marks & Spencer et un soutien-gorge Marks & Spencer en satin blanc rembourré (parce que oui Anjali était moyennement satisfaite de ses petits seins) sous une robe droite crème French Connection.

Ces précisions ne sont pas superflues. Pas toutes.

Nana avait deux soucis. Son souci principal était

Moshe. Elle s'inquiétait de la façon dont elle le lui dirait, dont elle lui expliquerait ça. Elle ne savait pas vraiment comment elle allait expliquer ça.

C'était son principal souci. Mais c'était un souci tellement sérieux qu'elle essaya de l'ignorer. Ce souci était insoluble. Elle se concentra plutôt sur le second souci. Le second était plus pratique. Nana craignait de décevoir Anjali. Elle voulait que ce soit érotique mais l'érotisme n'était pas le fort de Nana. Nana avait peur du sexe, elle avait peur d'une autre déception.

Afin de cacher à Anjali le fait qu'elle était inquiète, Nana renonça aux préludes. Renoncer aux préludes, pensait-elle, serait une manière de sembler en chaleur. Seuls les amants neutres et habitués obéissaient au rituel des caresses et des baisers. Les amantes telles que Nana et Anjali étaient passionnées, féroces.

Nana remonta la main le long de la cuisse droite d'Anjali et la passa sous son string. Et Anjali était mouillée, elle était mouillée ! Nana toucha légèrement légèrement Anjali, elle fit usage de ses doigts sur elle, et Anjali saisit son poignet et la repoussa sur le côté.

Nana était refroidie et triste. Elle n'était qu'une débutante. Mais elle était aussi, pensait-elle, très appliquée. Mais elle n'avait pas à s'inquiéter. Anjali ne se plaignait pas. Elle calmait sa nouvelle partenaire. Pendant un moment, tout fut lent et vague. Elles s'embrassèrent lentement.

Mais alors, quand la main d'Anjali se mit à caresser et frotter et manier entièrement Nana, une nouvelle crise sexuelle se développa. Nana, contente de ses progrès, commençait à être très excitée. Elle se répétait le mot *délirante*. C'était exotique. C'était du vrai sexe, pensa-t-elle. Elle répéta donc son premier geste sexuel. Nana remonta la main le long de la cuisse droite d'Anjali et la passa sous le string d'Anjali.

Et le string d'Anjali était accroché, son entrecuisse était

accroché à l'un des doigts de Nana tandis qu'un autre s'introduisait en elle. Et son doigt était le paradis pour Anjali. Il aurait pu être encore plus paradisiaque, toutefois, si la posture d'Anjali avait été différente. Elle était allongée sur le dos mais arquée, tendue. Le string lui sciait l'anus, le périnée – quoi que ce soit, pensa Anjali, que l'anatomie n'intéressait pas, ça faisait mal. Mais Anjali était maintenant trop excitée pour expliquer à Nana qu'elle souffrait. Elle voulait juste jouir. Elle avait franchi l'étape sérieuse du sexe. Donc Anjali ne dit rien.

Putain ça fait mal, pensait Anjali. Oh non, oh non, oh c'est mal, pensait Nana, se rappelant Moshe.

Anjali, en désespoir de cause, fit descendre son string de sa main droite puis reprit sa position. Elle le fit descendre plus bas avec ses pieds. Il finit sur son pied gauche. Il pendait à son pied gauche. Et Nana continuait à la toucher. En regardant les yeux fermés d'Anjali, Nana touchait Anjali. Et c'était merveilleux, pensait Nana. Tandis qu'Anjali se tendait et s'arquait, tandis qu'elle commençait à faire de petits halètements, Nana était heureuse. Nana regarda le con d'Anjali. Elle avait un grain de beauté brillant juste au-dessus des poils.

Puis Anjali jouit.

Elle regarda Nana. Elle regarda le string qui pendouillait à son pied gauche. Anjali pouffa.

Je vous avais dit que je vous le dirais. Eh bien voilà. Nana et Anjali viennent de baiser.

19

C'est, je pense, socialement gênant, d'amener une amie à l'orgasme. Nana regarda Anjali. Elle avait le menton posé sur la tête d'Anjali. Mais la gêne principale pour Nana n'était pas psychologique, pas pour l'instant. Elle était physique.

Le menton posé sur la tête d'Anjali, Nana avait la bouche fermée. Elle respirait donc par le nez. Cela pourrait ne pas sembler compliqué. Mais ça l'était. Nana avait du mal à respirer, parce que son nez était bouché.

Nana avait besoin de se curer le nez.

Nana retira doucement la main des cheveux tièdes d'Anjali et la dirigea vers son visage incliné. Elle baissa la tête en direction de sa main, tout en poussant un gémissement de satisfaction pour l'heureuse Anjali. La gêne l'angoissait. Puis Nana détacha le mucus de sa narine, elle l'examina, pas maintenant, pensa-t-elle, sur son petit doigt au-dessus de la tête d'Anjali – une moucheture courbe de sang vernie de mucus. Puis Nana fut furtive. Elle caressa Anjali. Son idée était qu'elle la caresserait languissamment, l'air épuisé. Elle le fit tout en tendant le petit doigt, comme on tient une tasse de thé, adroitement. Puis Nana laissa pendre son bras pardessus le dos du futon, image même de l'abandon, et colla la morve sous le châssis en bois. Elle l'écrasa pour en exprimer l'humidité.

Telle fut la solution de Nana au problème immédiat posé par l'infidélité.

20

Ce n'était évidemment pas le seul problème. C'était peut-être le premier, mais ce n'était pas le plus important. Nana avait été infidèle. Tel était le problème le plus important.

Mais ce n'est pas vraiment une histoire qui traite de l'infidélité.

Si vous êtes déjà amoureux de quelqu'un d'autre, alors vous finissez par décider quoi faire. Par exemple, tandis que Nana se curait le nez en secret, jetons un nouveau coup d'œil au cas de Stacey et Henderson. Quand

Henderson fut infidèle avec une fille de son âge prénommée Beyonce, il finit par décider de quitter Stacey pour Beyonce. C'était parce que Beyonce lui faisait des pipes et que Stacey trouvait le sexe oral grossier. Je ne suis pas en train de défendre Henderson. Je ne fais qu'exprimer les faits. Et c'est un des choix possibles. Vous finissez par décider d'être cruel envers quelqu'un d'autre (Stacey) et bon pour vous-même (Henderson).

L'ironie de la rupture entre Stacey et Henderson était que, pas plus d'un mois auparavant, Stacey avait fait la connaissance d'un soudeur prénommé Barry. C'était un membre du Syndicat national du fer et de l'acier. Barry était grand et fort. Et grand et fort, pour Stacey, était sexy. Mais Stacey avait décidé qu'elle ne pouvait pas quitter Henderson pour Barry. Elle décida que cela ferait trop de mal à Henderson. C'est un autre choix que peut faire la personne infidèle. Vous décidez d'être cruel envers vous-même (Stacey) et bon pour quelqu'un d'autre (Henderson).

C'est un choix beaucoup plus rare. Il y a souvent une raison supplémentaire. Par exemple, il y avait en fait une raison plus vraie, plus aléatoire au fait que Stacey n'avait pas quitté Henderson pour Barry. Juste comme le sexe de Barry glougloutait d'avant en arrière dans Stacey pour la première et unique fois, le portable de Stacey sonna. Il était trois heures du matin. C'était Henderson. Il était à cinq minutes de là et se demandait s'il pouvait venir. Et le choc de ce coup de téléphone fit que Stacey demanda à Barry, avec tristesse mais fermeté, de partir, pour toujours. D'autre part, ce n'était pour toujours que parce qu'elle avait oublié de lui demander son numéro de téléphone.

Mais quoi qu'il en soit, dans les deux cas que j'ai exposés, c'est la troisième personne, l'intrus, qui est négligée. Dans ces deux cas, les droits de Beyonce et de Barry ont été ignorés. Mais si vous voulez être bon pour quelqu'un d'autre et aussi bon pour la troisième personne ? Si vous voulez être bon pour tout le monde ? Si vous voulez être bon pour Stacey et Beyonce, ou Henderson et Barry ?

Nana voulait être bonne pour tout le monde. Mais si vous voulez être bon pour tout le monde, c'est problématique. La pièce était bleu pâle. Nana venait juste de faire jouir Anjali.

Et ça c'est sérieux.

7

ILS SE DÉSAIMENT

1

Ça se complique. Mais je pense que vous arriverez à suivre.

Pour résumer :

Nana était amoureuse de Moshe.

Anjali n'était amoureuse de personne.

Moshe était amoureux de Nana.

En même temps, il semble qu'Anjali et Nana se soient embarquées dans une liaison.

Vous comprenez tout maintenant. C'est l'histoire de comment Moshe a été abandonné par sa petite amie. Elle l'a quitté pour sa meilleure amie à lui. Parce que telle est l'histoire la plus triste, la plus évidente.

2

Et Papa était l'ange bienveillant de cette histoire. Il était là, toujours juste au bord de l'intrigue principale. Il était le personnage heureux. Enfin, tous les personnages étaient des personnages heureux. Mais Papa était le personnage le plus heureux.

À ce moment de l'histoire, nous étions en août. (Cette histoire a pris un peu moins d'un an. Elle a commencé en mars, et maintenant nous étions en août.)

Papa était dans son bureau d'Old Broad Street, dans la City. Il regardait le porte-trombones dessiné par Nana à l'âge de douze ans dans sa classe d'artisanat, design et technologie. Son professeur d'artisanat, design et technologie s'appelait Mr Scarborough. Mr Scarborough était adoré par les mères. Il était bronzé, et avait retapé une ferme en Provence. Il n'avait pas la confiance des pères. Il était adoré par Nana parce qu'il lui avait fait son porte-trombones et avait ensuite dit à Papa que c'est Nana qui l'avait fait. Papa avait fait mine de les croire tous les deux. Ce porte-trombones était en fer-blanc avec un dessin irrégulier incisé dedans. Le couvercle, circulaire, était en hêtre. Dessus, Nana elle-même avait collé en losange quatre carrés en émail turquoise.

Ce n'était pas le plus bel objet du monde. Je ne pense pas que Papa eût jamais dit qu'il était beau. Mais c'était l'objet que Papa aimait le plus.

Le bureau de Papa dans Old Broad Street avait une cascade miniature qui coulait le long du mur du fond du hall, dans une mare paysagée de fougères et de nénuphars. Le hall sentait le chlore. C'était un peu comme une piscine. Et quand une Nana de dix ans venait voir Papa elle aimait l'odeur de piscine. Elle aimait se lover là sur un canapé en cuir, regardant les hommes avec leurs écrans de surveillance. La jeune Nana aimait nager. Elle s'imaginait nageant dans la chute d'eau. Elle dit cela à Papa. Papa expliqua que la mare n'était pas vraiment assez profonde.

Dans son bureau d'Old Broad Street, Papa regardait le porte-trombones de Nana, dûment rempli, comme toujours, de trombones. Il était heureux parce que Nana était heureuse. Sa fille était amoureuse et cela la rendait heureuse. Et cela rendait Papa heureux.

Papa n'est pas un guide digne de confiance dans cette histoire. Ce n'est pas un bon guide pour cette intrigue.

3

Entre-temps, Anjali faisait une pause. Elle fumait une cigarette. Elle était debout sur un escalier de secours à l'arrière d'un studio de Leonard Street, essayant de faire des ronds de fumée.

Anjali tournait une autre pub pour le talc pour bébés Johnson's. Le concept de cette pub était de rejouer des scènes de films célèbres. Anjali était dans la célèbre scène finale de *Casablanca*.

Pour ceux qui ne sont pas au courant, la scène finale de *Casablanca* s'articule autour d'Humphrey Bogart, dans le rôle de Rick, qui décide, avec courage et noblesse, qu'Ingrid Bergman, dans le rôle d'Ilsa Lund, doit quitter Casablanca avec son mari, juif émigré, du nom de Victor Laszlo, joué par Paul Henreid. C'est une décision courageuse et noble parce que Rick et Ilsa s'aiment. C'est un film, donc, qui romantise la générosité. Tandis que l'avion décolle, avec Ilsa et Victor en sécurité à son bord, Rick se tourne vers le capitaine Louis Renault, joué par Claude Rains, et lui dit: «Louis, je crois que nous assistons au début d'une belle amitié.» C'est l'une des deux répliques célèbres du film. L'autre réplique est: «Rejoue-le, Sam» – sauf que, comme tous les cinéphiles le savent, cette réplique n'est pas dans *Casablanca*.

Dans cette reconstruction, Anjali tenait la place d'Ingrid Bergman. Et l'intrigue de la pub était la suivante. Anjali Bergman était tentée de rester avec une autre marque, inférieure, de talc pour bébés. Mais les liaisons n'étaient pas morales. Elles n'étaient pas acceptables. Tout bébé devait résister à la tentation de quitter Johnson's pour un nouveau frisson. Donc à la fin l'avion décollait avec Anjali le bébé à bord. «Johnson's et bébé – une belle amitié». Telle était la signature de la pub.

Et je sais. Je sais que cela n'était pas exact. Je sais que la belle amitié n'était pas entre Ingrid Bergman et Paul Henreid. Elle n'était même pas entre Ingrid Bergman et Humphrey Bogart. C'était une amitié homoérotique. Mais ce n'est pas ma faute. Prenez-vous-en au talc pour bébés Johnson's.

L'interprétation est difficile. Bien souvent, l'interprétation est personnelle, subjective. Ce ne sont pas seulement les auteurs de la pub du talc pour bébés Johnson's qui se trompent. Anjali pouvait se tromper elle aussi.

Comme Anjali allumait et fumait deux Marlboro Lights, elle se remémorait la délicieuse intrigue de *Casablanca*. C'était l'histoire d'un célèbre triangle amoureux. C'était un film sur la générosité. Tandis qu'elle fumait, Anjali prenait conscience qu'elle était Rick, elle était Humphrey Bogart. Donc Anjali devait agir comme Rick. Elle devait renoncer à Nana. C'est vrai, elle ne voulait pas renoncer à Nana – mais si elle ne le faisait pas, eh bien quoi ? Nana pouvait quitter Moshe pour elle. Et Anjali ne voulait pas que Nana abandonne Moshe. C'était difficile pour Anjali – de renoncer à Nana – mais ç'aurait été beaucoup plus difficile de voir Nana renoncer à Moshe.

C'était une tragédie. Mais les tragédies, pensait Anjali, étaient nobles. Cela l'émut tant qu'elle faillit se mettre à pleurer, sur un escalier de secours, près d'Old Street.

Quant à moi, j'ai ma théorie sur la fin de *Casablanca*. Je ne pense pas que c'est une fin tragique. Moi, je pense que c'est une fin gaie.

Victor Laszlo était un résistant tchèque et juif. C'était un intellectuel antinazi travailleur et courageux. Je ne pense pas du tout que c'était une fin tragique. Victor fuyait pour sauver sa vie et nous sommes censés être tristes que sa femme soit restée avec lui plutôt qu'avec le morose propriétaire d'un bar pour expatriés de Casablanca. Personnellement, je ne pense pas que ce soit triste. Je ne pense pas que l'amour soit si important que ça. Je ne pense pas que la mélancolie soit si séduisante que ça. Il est inutile de romantiser le triangle amoureux.

4

En réalité, Anjali n'avait pas besoin de s'inquiéter de la tragédie inhérente au triangle amoureux, parce que Nana ne songeait pas à quitter Moshe. À ce moment, il n'y avait pas de triangle amoureux tragique, parce que Nana ne pensait pas qu'elle était amoureuse d'Anjali. Nana était amoureuse de Moshe. Elle était amoureuse de Moshe et elle avait été infidèle une fois. Telle était la position de Nana jusqu'alors. Plutôt que de se sentir déchirée, elle se sentait juste coupable.

Je ne pense pas qu'elle ait à se sentir coupable. Elle n'était pas en train d'avoir une liaison. Et ce n'était pas comme si la situation était entièrement sa faute. Même Moshe aurait pu prévoir cela. Mais Nana pensait que tout était sa faute, et cela la rendait nerveuse. Cela la faisait pleurer.

Quelques soirs après la scène de sexe lesbien, Nana était en train de pleurer. En fait, pleurer était devenu une habitude pour Nana. C'était devenu régulier. Mais je vais traiter une nuit en particulier. Nana était au lit avec Moshe et son léopard. Elle pleurait des larmes de mascara gris pâle. Ces larmes noircissaient le sommet de la tête du léopard. Elles tachaient les coutures qui figuraient ses griffes. Et tandis qu'elle pleurait, Moshe, qui était presque endormi, se colla à elle par- derrière. Il fourra son sexe dans la fourrure de son derrière, et ne fit pas de bruit. Il était trois heures du matin.

Moshe essaya de se réveiller.

Il y a toutes sortes de moments drôles quand quelqu'un pleure au milieu de la nuit. Il y a toutes sortes d'ironies curieuses. Cela peut vous paraître dénué de cœur et froid mais en fait c'est vrai.

Nana était nerveuse. Entre-temps, Moshe était simplement dérouté. Sa petite amie sensible était devenue tourmentée récemment. Vous voyez ? Voilà déjà une ironie curieuse. Elle n'était pas du tout tourmentée – elle était seulement nerveuse.

« Quoi ? » dit Moshe. Il était ensommeillé, ensommeillé. « Cira mieux d'main », dit-il d'une voix traînante, touchant le bout de ses épaules, doucement. Puis il laissa tomber sa main. Aucun doute, Moshe était fatigué. Dans sa tête Moshe dérivait. Mais Nana était éveillée. Moshe dit : « Quessquïa ? » Il se sentait impuissant. Et la raison pour laquelle il se sentait impuissant, pensa Moshe, était qu'il avait un besoin terrible de dormir.

Mais le besoin de sommeil n'était pas vraiment la raison pour laquelle Moshe se sentait impuissant. Il se trouve que je connais d'autres faits. Il se sentait impuissant parce que Nana pleurait. C'était ça. C'était le simple fait qu'elle pleure. À cause d'une certaine insuffisance interne, les pleurs laissaient Moshe tout dépourvu. Il y a des sentiments limités, après tout. Vous ne pouvez ressentir que ce que vous ressentez. Ce n'est pas très marrant, mais c'est comme ça. C'est très difficile, de ne pas se répéter, c'est très coton et pas très marrant.

Ce n'était pas très marrant pour Moshe.

Il retomba sur le dos, soucieux, inutile. Il écouta Nana. Il dit : « Amour, ptêttupourrais, ptête, o jtaime, tu sais ? » « Nana, Nana », roucoula-t-il, idole des femmes à trois heures du matin.

Nana essaya. Elle dit : « Escusemoi d'faire ça. C'est-juste. O excuse-moi. »

Moshe pensa que c'était peut-être fini. C'était peut-être le prélude au repos, pensa Moshe. Qu'elle avait compris la valeur du sommeil réparateur. « Pasgrave, dit-il, çafaitrien. » Mais non. Ce n'était pas le prélude à la tranquillité. Ce n'était pas le prélude au sommeil. C'était le prélude à une nouvelle tentative.

Tandis que Nana marmonnait et parlait, Moshe s'agitait. Il essaya de voir le temps invisible, tictaquant quelque part sur la table de chevet. Ce devait être presque l'aube, s'inquiéta Moshe, ce devait l'être et si ce l'était alors Moshe était un homme détruit, fatigué. Il se demanda s'il se rappelait son texte. Il essaya de se remémorer son texte. Dans son hystérie, Moshe n'arrivait pas à se rappeler le moindre mot du texte de Slobodan Milošević. Il paniquait, vide.

C'était le milieu de la nuit et Moshe avait peur. Il se sentait en danger.

Tandis que, quand il était petit et se réveillait au milieu de la nuit, effrayé par la forme de ses *objets trouvés** rangés dans sa vitrine, Moshe savait parfaitement qu'il n'était pas en danger. Quand il était petit, Moshe n'était pas inquiété par ses haricots sauteurs, ou sa poupée russe, ou son éléphant en bois de trois centimètres, qui était orange à pois noirs. Il n'avait pas peur, parce qu'il y avait une échelle dans l'angle de la pièce. Et il n'avait qu'à y grimper et le paradis était juste là-haut, sur une saillie le long des murs à six centimètres du plafond, où une rangée d'animaux en bois peint luisaient dans l'obscurité. Et si ça ne marchait pas, il savait que sa mère montait la garde, dans son uniforme promis, rouge avec des boutons dorés neufs et son bonnet à poils, juste derrière la porte.

Mais maintenant c'était le milieu de la nuit et Moshe avait l'impression d'être seul. Il se sentait vieux. Il était vieux de vingt-six ans. Et sa petite amie prénommée Nana pleurait. « Tu veux bien me prendre dans tes bras ? dit-elle. S'il te plaît prends-moi dans tes bras, s'il te plaît. »

Ô Moshe. Moshe avait peur. C'était un adulte. Il était incapable de faire face aux événements.

5

C'est ainsi que, le lendemain matin, coupablement, Nana baisait avec Moshe.

Au cas où vous n'auriez pas compris, je veux que ceci soit clair : ceci n'est pas leur vie sexuelle. Ce n'est pas le sujet de ce que vous êtes en train de lire. Vous êtes en train de lire quelque chose qui traite de leurs sentiments. Vous êtes en train de lire quelque chose qui traite de leur morale.

Quant à Moshe, Moshe l'adulte ne se sentait pas coupable. Il était juste au-dessus. Il tirait du vagin de Nana des bruits de rot et de succion tandis qu'il changeait, en pro, l'angle d'attaque. Mais ce n'était pas la position idéale de Moshe. Non, il avait envie d'une autre position. Il avait envie de son truc favori. Et quel était le truc favori de Moshe ? Attendez, attendez, je vais vous le dire. Son truc favori était que Nana ait les jambes repliées de part et d'autre de sa poitrine, les genoux reposant sur ses clavicules.

Toutefois, la position préférée de Moshe n'était pas, ce matin-là, le truc préféré de Nana. Ce matin n'était pas un matin, pensait Nana, pour des acrobaties si prosaïques. Non. Elle se sentait altruiste et pleine de remords. Elle allait faire quelque chose de spécial pour Moshe. Elle allait faire une chose à laquelle elle avait toujours pensé. Et Moshe lui demandait toujours de penser à ce qu'elle aimait. Elle allait rester allongée là et être vilaine.

Vilaine égalait pisser.

Elle avait besoin d'y aller, dit Nana, et elle ne savait vraiment pas si elle devait y aller. Devait-elle y aller ?

C'est juste qu'elle ne savait pas si elle pourrait attendre. Elle ne savait pas si elle pourrait attendre jusqu'aux toilettes.

Son nom pour cette innovation était cochonneries. À ce moment spécialisé elle dit : « Est-ce que je peux faire des cochonneries ? » Il semblait que Nana se fût épanouie, ce matin, en un garçon manqué aux instincts de bébé. Et les instincts sont incontrôlables, tout le monde sait ça. Nana dit : « Faut que j'y aille. J'dois y aller. » Elle le dit à Moshe les yeux fermés et le cou tendu. Elle dit : « S'il te plaît est-ce que je peux y aller. »

C'était son cadeau. C'était son excuse.

Nana avait été infidèle. Et l'infidélité donne à chacun, du moins momentanément, des remords. Mais Nana se sentait encore plus coupable, parce qu'elle n'avait pas même l'excuse ordinaire à l'infidélité – des besoins sexuels extrêmement développés. Nana n'était pas extrêmement sexuée. Elle savait que, si elle devait se mettre au sexe, elle aurait pu au moins s'y mettre avec Moshe. Aussi Nana était-elle doublement assaillie par le remords. C'est pourquoi elle avait décidé d'explorer le côté sexuel de la pisse. Elle était altruiste.

Je dois dire que, si cela est altruiste, il y a de bonnes choses dans l'altruisme. Si seulement plus de gens étaient altruistes, ils trouveraient peut-être que leur vie est plus compliquée. Ils trouveraient peut-être leur répertoire sexuel élargi de façon piquante.

Moshe dit : « Mais, mais, Nana. »

Très franchement, il était surpris.

6

Je ne suis pas sûr de ce qu'on pense généralement du fait de pisser. Je ne sais pas comment la plupart des gens considèrent le fait de pisser en tant que manœuvre sexuelle. Probablement, certaines personnes ne trouvent pas cela excitant. Je présume que ce groupe de personnes n'utilise pas la vision de filets transparents jaunes entrelacés et bruissant comme une aide à la masturbation.

Pour d'autres personnes, c'est un luxe fabuleux. Cela fait partie du triomphe du sexe. Pour ces personnes, c'est un délicieux moment d'abandon, appelant l'achat d'une alèse en caoutchouc.

Quant aux lectures sur l'ondinisme, chacun de ces groupes aura ses propres idées sur la bienséance littéraire. Chacun trouvera des choses à critiquer dans ma description de l'exploration de Nana. Ils connaîtront des problèmes d'identification. Soit ce sera trop explicite, soit ce ne sera pas assez explicite. Je sais cela. Mais je ne m'intéresse pas à ce genre de lecture. Je ne m'intéresse pas aux lecteurs qui veulent s'identifier à Moshe et Nana. Je m'intéresse au fait que les lecteurs comprennent ce qui suit. Je veux particulièrement qu'ils comprennent la position de Moshe.

La position de Moshe, voyez-vous, n'était ni pour ni contre. Il était ouvert à la persuasion, telle était la position de Moshe.

D'abord, Moshe pensa que la pisse n'était pas son truc. Il cessa de bouger et la regarda. Mais Nana ne voulait pas qu'il demeure dans l'incertitude. Elle s'amusait. Elle dit: « Je ne crois pas que je vais pouvoir tenir. »

Oui, Nana voulait cela.

Il existe un phénomène qui est peut-être minimisé par les propagandistes des expériences sexuelles particulières. Ces propagandistes croient que tout acte sexuel particulier a besoin d'être désiré par chacun des participants sexuels. D'après le propagandiste, donc, vous ne pouvez pas être un dilettante du fisting anal. Vous devez être convaincu. Mais quant à moi, je ne pense pas que c'est vrai. Si vous ne partagez pas le fantasme sexuel de quelqu'un d'autre, vous disposez d'un choix de sentiments. Le fantasme sexuel de quelqu'un d'autre peut, bien sûr, sembler bizarre ou dégoûtant. Il est également vrai qu'il peut être simplement ennuyeux. Mais une autre réaction est également tout aussi commune.

C'est d'être excité quand quelqu'un d'autre est excité.

C'était excitant pour Moshe, quand Nana était excitée. Juste pour ce matin-là, l'ondinisme était *la réalisation du rêve* de Moshe.

Elle lui avait dit qu'elle ne pouvait pas tenir. Donc Moshe dit : « Il va falloir que tu tiennes. Il va absolument falloir que tu tiennes. Je ne te laisserai pas souiller ce lit. »

Il était sérieux. Il était bon à ce fantasme. Moshe ne voulait pas que Nana pisse dans son lit, pas complètement. C'était parce qu'il n'avait jamais acheté d'alèse. Il avait acheté un matelas Dunlopillo de luxe, mais pas d'alèse. Donc il n'était pas absolument chaud pour qu'une Nana nue se compisse.

Nana gémit. Elle gémit : « Mais je ne peux pas. Je ne peux pas. » Et Moshe était de plus en plus sévère. Il dit : « Si tu fais, je serai très en colère. » Et Nana chevrota : « Oh, oh. » Elle paraissait docile. Il dit : « Si tu fais je serai très fâché contre toi. » Et Nana ne voulait pas que Moshe soit fâché contre elle, mais elle était curieuse de ce qui pourrait se passer s'il n'était pas content.

Sous lui, Nana était maintenant en train de se branler. Moshe sentait le dos de sa main qui frottait pressée contre son ventre.

Il dit : « Si tu fais, si tu fais sans ma permission, alors il faudra que je te punisse. » Elle dit : « Me punir ? » Il dit : « Te punir. » Elle dit : « Mmm. »

Moshe posa la paume de sa main gauche sur la fourrure du mont pubien de Nana. Et les yeux de Nana étaient fermés. Elle respirait, elle soufflait bruyamment par le nez. Elle tourna la tête d'un côté et de l'autre. Il leva le regard sur elle. Ses yeux étaient fermés, sa bouche était fermée.

Puis la paume de Moshe fut mouillée.

Nana avait été vilaine. Elle avait été oh si intelligemment vilaine. La peau entre les doigts de Moshe le piquait et était mouillée. De la main, Nana poussa la main de Moshe contre son con mouillé. Nana finissait de s'écouler.

Moshe s'inquiétait de l'effet de l'urine sur l'eczéma. Il ne pensait pas qu'il pouvait être calmant. Et il lui fallait réfléchir à quoi faire avec le drap. Ce n'est pas qu'il voulait paraître brusque. C'était juste que le matelas lui avait coûté cher. Dunlopillo n'était pas une petite marque. Il avait envie de courir mettre le drap dans la machine à laver. Il était particulièrement inquiet parce que c'était le matin. Comme nul bon ondiniste ne l'ignore, la pisse du matin est beaucoup plus forte que la pisse du soir.

Nana ouvrit ses yeux innocents et le regarda : « Tu me dégoûtes », dit Moshe. Nana pouffa.

7

Cela me rappelle.

Il y a un court roman intitulé *Thérèse philosophe*. C'était le roman favori du marquis de Sade. Il a été publié aux alentours de 1750. Personne ne sait exactement qui l'a écrit. Le roman est narré par Thérèse. Il y a un épisode où elle regarde Mlle Éradice qui découvre ses fesses afin de recevoir la discipline des mains de son prêtre, le père Dirrag. D'abord le prêtre la fouette avec un faisceau de baguettes de bouleau. Puis il lui annonce qu'il va la mortifier avec le vrai « cordon de saint François ». Le vrai cordon de saint François est son pénis. Elle ne sait pas que c'est son pénis. Après avoir pensé pénétrer son anus, le prêtre finit par décider de faire l'amour à Mlle Éradice par-derrière.

Voici une citation de *Thérèse philosophe*.

> Sa tête était baissée et ses yeux étincelaient, fixés sur le travail de la cheville ouvrière, dont il compassait les allées et les venues de manière que, dans le mouvement de rétroaction, elle ne sortît pas de son fourreau et que, dans celui d'impulsion, son ventre n'appuyât pas aux fesses de la pénitente, laquelle, par réflexion, aurait pu deviner où tenait le prétendu cordon. Quelle présence d'esprit !

Cette citation est importante.

Mlle Éradice finit par jouir. Et elle interprète son orgasme comme une récompense divine. « Oui, je jouis du bonheur céleste, je sens que mon esprit est complètement détaché de la matière. Chassez, mon père, chassez tout ce qui reste d'impur en moi. Poussez plus avant… poussez donc… »

Je comprends ce que l'auteur de *Thérèse philosophe* a derrière la tête. Il – car évidemment c'est un il – veut attaquer les prêtres corrompus. Il veut également satiriser les textes religieux où les vierges se pâment d'extase religieuse. Il veut satiriser la prétention à la spiritualité de la spiritualité. Tout ce que voulait cette fille, comprenons-nous, c'était de se faire baiser.

Je comprends tout cela. Je pense juste que, dans son effort pour être politiquement pénétrant, l'auteur a raté une occasion. Dans ma version, Mlle Éradice saurait dès le départ qu'elle se fait baiser par son prêtre. Et elle *ferait semblant* de ne pas le savoir. Ce serait le changement crucial. Tandis que dans *Thérèse philosophe*, Mlle Éradice ne sait vraiment pas. Elle est dupée. Mais bien sûr ça ne peut pas être réaliste ? Ça n'est pas réaliste. Et l'auteur sait cela aussi. C'est pourquoi il prend tant de soin à nous décrire le contrôle magistral dont le prêtre fait preuve sur les mouvements de son pénis. C'est pourquoi il insiste tant sur le fait que seul le pénis du prêtre la touchait. Dans son effort pour prouver ce qu'il était inutile de prouver, il a falsifié la polissonnerie.

Je ne suis donc pas surpris que, quand le marquis de Sade, Donatien pour ses amis les plus proches, décida d'écrire son propre porno politique, *Juliette ou les Prospérités du vice*, en 1797, il choisit *Thérèse philosophe* comme modèle. Il qualifia le livre d'« œuvre charmante ». Il était charmant parce que c'était le seul qui « joignait agréablement la luxure à l'impiété ». Au cas où cela serait un peu obscur, l'énigmatique Donatien signifie seulement que le livre montre des moines en train de baiser. C'est ça que Donatien voulait lire. C'est ça qu'il voulait écrire. Il ne voulait pas de la polissonnerie réaliste, il voulait de la polissonnerie politique.

Mais le marquis de Sade n'était pas un expert en polissonnerie. Il était trop théorique. Pour ce qui est de la polissonnerie, je suis meilleur écrivain que le marquis de Sade.

8

Mais assez, pour le moment, de Nana et Moshe au lit. Il faut aussi penser à Anjali. À la suite de son après-midi de passion avec Nana, avec *Trisha* en arrière-plan, Anjali avait commencé à avoir des remords. *Bourrelée de remords*, elle avait laissé Nana et Moshe seuls pour un temps. Elle ne rappelait pas. Elle ne répondait pas aux e-mails.

Anjali avait pris l'habitude de se promener dans Regent's Park. Parce que si vous êtes une jeune femme seule dans un parc, alors vous pouvez avoir l'air romantique et magnifiquement seule. Au cours des deux dernières semaines après que Nana l'eut fait jouir, Anjali avait fait de petites promenades, heureusement triste, délicieusement mélancolique.

Il y a deux choses desquelles vous devez être assuré, quand vous pensez à Anjali. Anjali avait été séduite par Nana. Cela nous le savons. Mais la seconde chose et la plus importante est la suivante. Anjali était parfois sentimentale.

Voici ma définition de la sentimentalité. La sentimentalité est la valorisation du sentiment en soi. C'est par conséquent l'exagération du sentiment. Un exemple de cette exagération est la générosité d'Anjali. Sur un escalier de secours près d'Old Street, Anjali avait découvert une séduction bien supérieure à Nana. Cette séduction supérieure était la moralité. La moralité s'était emparée d'elle.

Pour Anjali, sa vision de la noble générosité humphrey-bogartienne était plus excitante que Nana. C'est pourquoi elle se tenait à distance, déambulant dans Regent's Park. C'était plus excitant de renoncer à Nana que de la garder. C'était exactement comme de vivre en temps de guerre à Casablanca.

9

Mais Nana, apparemment, ne pensait pas qu'elle vivait en Afrique du Nord sous les nazis.

Nana dit : « Je suis tellement tellement énervée. Je viens d'aller à une conférence sur la nouvelle boutique Prada à New York, celle que Rem Koolhaas a faite. » « Rem Coolharse ? » dit Anjali. « Ouais Rem Koolhaas, dit Nana. Et ce type, ce type, ce *type*, il a dit que Prada était une nouvelle innovation en architecture. En architectchah. Je veux dire. Écoute. Voilà ce qu'a dit Rem Koolhaas : "L'architecture n'est pas la satisfaction des besoins du commun, ce n'est pas un environnement pour le bonheur borné des masses, c'est l'affaire de l'élite." » « L'affaire de l'élite ? C'est une technique », dit Nana, en colère.

Comme vous l'avez peut-être deviné d'après ce dialogue, Nana et Anjali étaient au café de l'Association d'architecture. Elles étaient debout au comptoir, attendant d'être servies. « Je vais prendre un expresso », dit Anjali, soulagée. « Non moi rien, dit Nana. Non, je vais prendre une eau gazeuse. »

« Et alors, dit Nana, ce type le recite. Rem Koolhaas a dit, c'est pas croyable, Rem Koolhaas a dit : "La véritable architecture est une opération qui s'abstient délibérément de normes ou d'architecture." Qui s'abstient délibérément d'architecture ! L'architecture devrait s'abstenir d'architecture ! »

« Dieu, dit Anjali. Je ne crois pas que je comprenne. » « Ouais pas ésactment, dit Nana. T'es pas censée. Parce que ça n'a pas de sens. »

Anjali s'assit. Nana rangea son bloc-notes.

Bon, il est vrai que Nana avait été sincèrement énervée par son conférencier. Elle était aussi sincèrement folle de rage contre Rem Koolhaas. Mais Nana ne dominait pas la conversation sur l'architecture purement à cause de son attachement passionné à l'urbanisme. Non. Nana avait un plan, elle avait un plan sexuel. Mais elle ne voulait pas parler de ce plan immédiatement. Elle voulait que ça ait l'air fortuit. Elle voulait que la conversation soit naturelle.

Nana s'inquiétait au sujet d'Anjali. Elle pensait qu'elle pouvait être triste. Telle était l'interprétation par Nana de l'étrange absence d'Anjali. Elle ne savait pas que ces deux dernières semaines Anjali avait été sentimentale dans des parcs. Elle pensait qu'elle avait été chez elle, avalant d'un air maussade des paquets trapézoïdaux de Celebrations de Cadbury. Et ce n'était pas ce que Nana voulait. Elle ne voulait pas qu'Anjali se bourre de chocolats. Elle voulait qu'Anjali se sente aimée. Oui, elle voulait qu'elle se sente aimée pour autant que Moshe se sente aimé lui aussi.

Donc Nana était arrivée ici dans le café de l'Association d'architecture avec un plan.

Mais Anjali se sentait aimée. Elle se sentait trop aimée. Elle remuait simplement le sucre dans son expresso. Elle se demandait ce que Humphrey Bogart aurait fait.

10

Nana avait un plan. Elle avait une autre suggestion sexuelle. Cette suggestion sexuelle suivante était une partie triangulaire.

Je trouve étonnant ce que les gens qui n'aiment pas le sexe font au sexe. Ils le rendent rationnel, ils le rendent moral. Souvent les gens les plus pervers sont ceux qui n'aiment pas le sexe. Ce sont souvent ceux qui sont prêts à faire n'importe quoi. Et Nana, comme nous le savons, n'était pas un monstre sexuel. Elle n'était pas hautement sexuée. Et cela la rendait, je suppose, plus perverse.

Voyez-vous, Nana ne pensait pas que Moshe vivait les moments les plus exaltants de sa vie sexuelle. Et c'est vrai, il n'était pas au *septième ciel* du sexe. Mais en fait Moshe était satisfait. C'est Nana qui n'était pas satisfaite de la vie sexuelle de Moshe. Parce qu'elle se sentait coupable, elle pensait qu'elle devait inventer des plaisirs toujours nouveaux pour Moshe, son amant. Et elle avait pensé à quelque chose.

Elle avait pensé à une partie triangulaire.

Voici quel était le raisonnement de Nana. Parce que

c'était un garçon gentil et patient, Moshe méritait une partie triangulaire. C'était le scénario rêvé de tout garçon. De plus, Anjali ne se sentirait pas écartée s'ils faisaient une partie triangulaire. Elle ne se sentirait pas rejetée. Et quant à Nana, elle n'avait rien contre une partie triangulaire.

Donc Nana allait orchestrer une partie triangulaire. C'était la solution la plus rationnelle.

11

Mais comment propose-t-on une partie triangulaire au cours d'une conversation polie ? Telle était la question que Nana envisageait tandis qu'elle regardait Anjali siroter son expresso. Comment aborde-t-on le sujet de la partie triangulaire ?

Eh bien, voici comment Nana s'y prit. On le fait en plaisantant. On le fait passer en douce. On fait comme si on ne le disait pas du tout.

D'abord elle complimenta Anjali sur son habileté sexuelle. Elle dit : « J'ai tellement aimé ce qu'on a fait, tu sais. J'ai vraiment aimé. C'était vraiment oh délicieux. » Cela désarçonna Anjali, parce que Anjali était flattée. Elle ne voulait pas se sentir flattée. Elle voulait se sentir atterrée. Puis Nana dit : « Ça m'a plu. Ça m'a vraiment beaucoup plu. » Nana souriait. Elle souriait beaucoup. Anjali continua à se sentir flattée. Elle n'agissait pas comme Humphrey Bogart. À l'heure qu'il était, Humphrey aurait attrapé la bonne femme par le cou et lui aurait dit que tout était fini.

Puis Nana dit : « Mais je ne suis pas sûre qu'on peut. » Anjali dit : « Écoute bien sûr. » Elle dit : « Écoute bien sûr. Ça ne fait rien. Bien sûr que c'était la première et la dernière fois. » « Oh, dit Nana. Oh mais ça n'est pas que je ne voudrais pas. » « Hein ? » dit Anjali. Nana dit :

«Je veux dire je suppose qu'une façon de le faire. Je veux dire. On pourrait le faire tous les trois. Je veux dire. Pourquoi pas tous les trois ?»

«Tous les trois ? Une partie triangulaire ?» demanda Anjali. Elle souriait. Elle souriait beaucoup. Elle aimait l'idée. De cette façon, elle se sentirait noble et aussi elle verrait Nana nue à nouveau.

Nana connaissait son sujet. Elle savait ce que les gens voulaient.

«C'est son idée ?» dit Anjali. «Hum, non, dit Nana. C'est la mienne. Il ne sait pas.» «Tous les trois ?» dit Anjali. «Eh ben ouais», dit Nana. Elle faisait un grand sourire. Anjali dit : «Hunhun.» Elle était intéressée. Elle aussi faisait un grand sourire.

12

Mais subsistait le problème de le dire au garçon.

J'imagine que la difficulté principale quand on organise une partie triangulaire est de persuader la seconde fille. J'imagine que pour la plupart des gens l'élément crucial est la seconde fille. Une fois que vous avez la fille supplémentaire, le garçon devrait suivre naturellement.

Mais, ainsi que le savait Nana, Moshe n'était pas un garçon ordinaire. Il était plus doux que les autres garçons. Il avait des désirs ordinaires, c'est vrai, mais Moshe était aussi du genre à les nier. En tant que petite amie de Moshe, vous ne pouviez pas proposer tout simplement une partie triangulaire. Vous ne pouviez pas le lui demander directement. Moshe, je suppose, ne pouvait pas croire qu'une fille ait envie d'une partie triangulaire. Il ne pouvait pas croire qu'une partie triangulaire était autre chose qu'un fantasme égoïste, un fantasme de garçon égoïste.

Donc Nana, astucieusement, demanda indirectement.

Elle en parla pendant le sexe. C'était juste comme un fantasme. Ce n'était qu'un fantasme.

Deux nuits après leur conversation au café de l'Association d'architecture avec Anjali, Nana décrivait la présence d'une autre femme avec eux. Elle demandait à Moshe si ça lui plaisait.

Vous savez que Nana n'était pas vraiment une fille qui était pour parler pendant le sexe. Vous pouvez donc comprendre l'effort qu'elle était en train de faire ici.

Moshe aimait. Moshe aimait que cette autre femme soit là.

Alors Nana ajouta quelques détails. Nana, à propos, était sur le dos. Elle leva les genoux, jusqu'à ses seins, et fixa les yeux de Moshe où se lisait le bonheur. En faisant cela elle dit, très doucement, en souriant : « Et cette fille est Anjali ? »

C'était un fantasme. Ils étaient en train de baiser. Donc Moshe accepta le scénario. Je ne vois rien de bizarre ou de mal à ça. Le propre d'un fantasme c'est d'être complètement amoral. Ça n'a rien à voir avec la réalité. Moshe fit un grand sourire. Il aima quand Nana décrivit ce qu'Anjali faisait à ses testicules. Ça semblait intéressant. Ça semblait techniquement avancé. Et ça le faisait jouir. Donc quand Nana dit : « Pourquoi pas ? » il se contenta de hocher la tête. Quand elle dit : « Je veux dire vraiment pourquoi pas ? » en respirant profondément et avec joie, Moshe hocha la tête. Il dit : « Ouais, ouais », tandis que Nana expliquait comment elle s'assiérait sur le visage d'Anjali tandis que Moshe sucerait Anjali.

Il haleta. Nana expliqua ce que la langue d'Anjali ferait, et où Moshe serait positionné. Il haleta. Il dit : « Ouais, on devrait le faire » et alors il jouit.

Il ne pensait pas que ce serait *pour de vrai*. Il ne pensait pas que Nana était sérieuse. Je vous l'ai dit. Ce n'était pas son style.

13

Dans la vraie vie, toutefois, Moshe ne fut pas confronté à une partie triangulaire si fantasmatique. Non. C'était plus une partie triangulaire polie. C'était digne.

Nana avait l'air effrayé, allongée par terre. Et Anjali – parce que Anjali était ce genre de fille, elle était adepte de l'aromathérapie – tendit à Moshe son flacon d'huile de massage au genièvre Aveda.

Cela peut paraître obscur au premier abord, je suppose, mais je ne pense pas que c'était obscur. C'était très intelligent. Seule dans Regent's Park elle aurait peut-être été encline à la sentimentalité mais – par terre à Finsbury – Anjali était la plus attentionnée.

La conception conventionnelle d'une partie triangulaire, je pense, met en scène des blondes drapées autour d'un garçon musclé et attirant. Ou pas même un garçon musclé et attirant. Deux blondes, pensent les gens, s'enlaceront autour de n'importe quel homme friqué. Mais c'est une conception très limitée de la partie triangulaire. Une partie triangulaire n'est pas si facile. Elle n'est certainement pas si abstraite. Il y a toutes sortes de fautes possibles à commettre. Une partie triangulaire est socialement aléatoire. La clé, donc, de la réussite d'une partie triangulaire est de faire en sorte que tout le monde soit continuellement concerné. Et c'est exactement ce qu'Anjali pensait. Son plan était qu'elle et Moshe s'occuperaient de Nana. Ils la masseraient. Un massage n'était pas tout à fait sexuel, ce n'était pas effrayant.

Donc Moshe et Anjali étalaient de l'huile sur les jambes et les pieds de Nana. Et ça marchait. Ça la relaxait. « C'est délicieux, dit-elle, fermant les yeux, comme une starlette, vraiment délicieux. » Elle souleva son verre de vin, un cabernet sauvignon californien

Ernest & Julio Gallo, et il se renversa sur son menton duveté de blond. Anjali le lécha. Moshe regardait, excité, les yeux écarquillés de peur. Il regardait.

Mais Moshe n'était pas un expert en massage. Bientôt il en eut assez de l'huile de massage. Donc tandis que la patiente Anjali passait aux mains et aux doigts de Nana, il se mit à embrasser le ventre de Nana. Je comprends que cela puisse sembler précipité. Cela peut sembler gauchement enthousiaste. Et ce l'était. Mais cela semblait aussi marcher. Nana devenait excitable. Elle dit : « Embrasse-moi » à Anjali, tandis que Moshe caressait et griffait l'intérieur de ses cuisses. Anjali posa le flacon d'huile sur le rebord de la fenêtre et dit : « Ça va ? Ça va ? » Elle embrassa Nana. Elle dit : « J'aime bien t'embrasser. » Elle fourra le nez à la base du cou de Nana, joue contre joue. « Ça m'a chatouillée », pouffa Nana à Moshe. Elle baissa les yeux sur Moshe et lui fit un grand sourire. Il répondit par le même sourire. Donc Nana laissa retomber sa tête. Elle embrassa Anjali, fermant les yeux.

C'est lent, je sais. Personne ne s'est encore déshabillé. Je sais. Mais c'est ainsi qu'est le sexe. C'est beaucoup de pensées et de mouvements.

Anjali, par exemple, se demandait pourquoi elle n'avait jamais fait cela – baiser avec un couple. Mais alors soudain Nana cessa de l'embrasser. Nana l'embrassa légèrement sur le front et puis baissa le regard sur Moshe.

J'aime bien Moshe. Moshe est vraiment tellement mignon. Il s'ingéniait à faire des caresses à l'intérieur des cuisses de Nana un plaisir pour lui. Mais ce n'était pas facile. Ce n'était pas facile de s'y absorber franchement alors qu'il se sentait un peu triste. Mais il fit un grand sourire. Et Anjali ploya le cou et fit un grand sourire à l'heureux Moshe. Elle regarda Nana, souriant largement. Et alors Anjali sut ce qui n'allait pas.

Nana s'inquiétait pour Moshe. Elle voulait voir Moshe avec Anjali. Elle ne voulait pas que Moshe soit délaissé. C'est cela qu'Anjali pensa.

Et elle pouvait faire ça, pensa Anjali. Ce n'était pas ce qu'elle avait imaginé. Elle avait imaginé juste une action fille-fille, tandis que Moshe regarderait. Mais si c'était ça que Nana voulait, pensa Anjali, alors il fallait qu'elle soit gentille. Après tout, Moshe n'était pas dépourvu d'attraits. Si c'était ça que Nana voulait, alors Anjali le ferait.

14

Oh, l'altruisme.

Positionné aux pieds de Nana, Moshe était triste. Il s'attendait à être tenu à l'écart. Il ne pensait pas qu'Anjali aimait vraiment les garçons. Maintenant qu'ils étaient dans cette position extraordinaire, il aurait aimé que cela fût un trio. Ce serait, sentait-il, mieux si tout le monde prenait du plaisir. Mais il ne s'attendait à rien. Moshe pensait juste avec tristesse que telle était la progression naturelle de tous leurs mutuels baisers et caresses. Voilà ce qu'on gagnait à manger des pizzas Go-Go Suprême en promotion à cinq heures du soir. *Il ne pouvait s'en prendre qu'à lui-même.*

Moshe, voyez-vous, ne savait pas ce qui était en train de se passer. Il pensait que c'était la première fois que Nana et Anjali étaient si intimes. En fait, il ne découvrit jamais qu'Anjali et Nana avaient déjà baisé. Il pensait que la partie triangulaire était leur toute première fois.

Mais tout autant que résigné Moshe était aussi, comme vous pouvez l'imaginer, très excité. Et je ne pense pas que vous puissiez lui en vouloir de cela. Sa petite amie et une autre fille, qui n'était aucunement déplaisante, se conduisaient homosexuellement devant lui. Il se sentait généreux, Moshe. Mais il se demandait aussi quand la soirée deviendrait véritablement pornographique. Même si Moshe ne participait pas, ce serait toujours amusant de regarder.

15

Et juste comme Moshe pensait que la soirée avait besoin de pornographie, Anjali – quelle synchronisation – leva les bras et les croisa, retirant son T-shirt turquoise. Puis elle défit l'attache de son soutien-gorge. Le soutien-gorge glissa en avant sous ses seins.

Enfin, de la nudité ! Anjali était topless.

À ce stade, je vais décrire les seins d'Anjali. Ce n'est pas parce que je suis sordide. Non. L'aspect des seins d'Anjali était important, parce que c'était l'aspect opposé à l'aspect des seins de Nana. Comme vous vous en souvenez peut-être, les seins de Nana étaient gros et entièrement pâles, avec juste deux taches très pâles en guise d'aréoles, et de légers petits cercles roses en guise de tétons. Tandis que ceux d'Anjali étaient plus petits. Chacun des seins était taché d'une aréole. Ses tétons étaient épais et d'un marron noirâtre.

Il est vrai, évidemment que je prends plaisir à cette description des seins d'Anjali. Mais cela ne signifie toujours pas que je suis sordide. Un détail psychologique crucial doit être déduit de cette comparaison. Il est crucial que Nana et Anjali aient des genres de seins différents. C'était une excitation distincte pour Moshe et une légère difficulté pour Nana. Les seins d'Anjali donnaient à Nana un léger sentiment d'insécurité. Anjali, pensait Nana, était beaucoup plus attirante que Nana.

Nana plaça ses mains de part et d'autre de la cage thoracique d'Anjali. Elle suça les tétons marron noirâtre d'Anjali. Anjali se pencha pour lui faciliter la tâche. Cela positionna Anjali face à face avec Moshe. Donc au-dessus de la bouche tétante de Nana Moshe et Anjali commencèrent à s'embrasser.

Maintenant la soirée était sexuelle. Maintenant ils faisaient une partie triangulaire.

Mais Moshe se redressa un instant. Il trouvait bizarre d'embrasser Anjali, son amie lesbienne. Il se demandait si c'était vraiment ça qu'elle voulait. Il n'arrivait pas vraiment à le croire. Donc Moshe dit: « Ça va ? » Anjali hocha la tête et l'attira à elle par la nuque, et Moshe dit non non non, est-ce que c'était vraiment ça qu'elle voulait. Et Anjali continua de hocher la tête et de l'embrasser. Alors Moshe dit à Nana: « Ça va ? » et Nana hocha la tête elle aussi.

16

Si j'étais un pornographe, ce qui se passa ensuite serait un problème. Je dois décrire mes personnages en train de se déshabiller. L'acte de se déshabiller embarrasse les pornographes. Mais heureusement, je ne suis pas un pornographe. Je déteste la pornographie, je déteste son réalisme magique. Moi, je crois au réalisme dix-neuvième.

Le déshabillage n'est pas un problème pour moi.

Tous trois se levèrent. Anjali enleva tous ses vêtements. Cela ne prit pas très longtemps, parce que tout ce qu'elle portait maintenant était une jupe en jean et une culotte noire. Elle les fit rouler toutes deux ensemble. Nana enleva sa robe et son soutien-gorge puis elle se sentit gênée à l'idée d'enlever sa culotte elle aussi. Pour l'instant elle la garda. Moshe avait déboutonné sa chemise. Il se débarrassa de son jean et de son caleçon Converse. Puis, avec une érection courbe qui lui rentrait dans le ventre tandis qu'il se penchait, il batailla avec ses chaussettes Gap à côtes récalcitrantes.

Moshe se joignit à ses deux filles qui s'embrassaient sur son lit.

17

Anjali était assise, comme un violoncelle, entre les jambes de Nana, de sorte que Nana pouvait la toucher de derrière et embrasser son cou. Moshe rampa sur le lit, s'allongea sur Anjali et l'embrassa. Mais c'était compliqué. Nana, la mince Nana, était écrasée. Ils s'arrangèrent donc différemment. Ils retournèrent par terre. Il y avait plus de place par terre.

En fait, deux d'entre eux allèrent par terre. Nana roula juste sur le ventre et pencha la tête hors du lit.

De cette position, Nana regarda Moshe *se laisser emporter*. Il embrassa Anjali, il l'embrassa brutalement. Puis il écarta ses jambes avec son genou droit, de sorte que son pénis se balançait face au vagin d'Anjali. Et quand Moshe jugea le moment venu il tint son pénis avec sa main et l'introduisit dans Anjali. Alors Anjali et Moshe commencèrent à baiser. Moshe se cabra. Les seins d'Anjali étaient secoués de part et d'autre, aplatis sur ses côtes.

Mais ce n'était pas de la pornographie. C'était confus.

Voyez-vous, Moshe était heureux. Il baisait, légitimement, avec une autre fille. Et il se sentait particulièrement heureux parce que Anjali n'était pas aussi mince que Nana. La musculeuse et élégante Nana avait toujours donné à Moshe l'impression qu'il était rondouillard. Chaque fois que les corps de Moshe et Nana s'entrelaçaient et se contorsionnaient, il semblait toujours qu'il y avait plus de Moshe que de Nana. Tandis qu'Anjali était authentiquement physique. Anjali, pensait Moshe, était totalement sexuelle. Elle était physique, sans complications et appétissante.

À l'évidence, Moshe se trompait. Anjali était compliquée.

Moshe s'était introduit en elle sans qu'elle le décide. Et Anjali savait que ne pas décider n'était pas la même chose que ne pas consentir. C'est juste qu'elle n'était pas sûre que le sexe immédiat fût le bon scénario. Elle n'était pas certaine que ce fût le plan de Nana. Donc elle essaya de ne pas regarder Nana. Anjali regardait les joints du plâtre là où le plafond devenait des murs de magnolia. Elle suivait les apparitions et disparitions du feuillage de la plinthe. C'était bizarre de regarder une pièce depuis le sol. Cela rendait la pièce inhabituelle. Elle voyait une tache jaune moutarde qui pointait de derrière le radiateur.

Et Anjali aussi était blessée. Elle s'attendait à plus de participation de la part de Nana. Ce n'était pas ce qu'elle avait imaginé. Une partie triangulaire n'était pas une attraction insipide. Et ceci n'était qu'une attraction. Moshe l'exhibait. C'était censé être plus amusant. C'était censé être plus tendre. Ce n'était pas une partie triangulaire du tout.

Anjali l'esseulée décida de hâter la fin inévitable. Et elle savait ce qu'il fallait faire. « Bon Dieu c'est merveilleux ! s'exclama Anjali. Bon Dieu. Doux Jésus. Oh Jésus c'est bon. Non c'est juste tellement. Oh. Putain de bordel de. » Elle ondula des hanches autour de Moshe. Elle embrassa la peau plus pâle sur les tendons de son cou, bandant les muscles de son con afin de se faire plus petite pour le massif, si douloureux Moshe. « Oh non c'est non non oui oh c'est. Dieu », dit-elle.

C'était l'industrie du spectacle.

Anjali fit monter et descendre ses pieds le long du dos de Moshe pour que Moshe puisse manœuvrer plus en profondeur. Elle voulait juste qu'il jouisse. Elle voulait juste le réconfort de tous les signes objectifs. Pour qu'elle puisse se pelotonner et être jolie.

OK, je vais écrire de la pornographie. Je vais écrire un paragraphe.

Tandis qu'il se retirait elle le serra avec son con comme si elle jouissait et murmura : « Baise-moi s'il te plaît baise-moi fort. » Et alors elle le sentit qui durcissait et grossissait et elle cria : « Oh oh oh oh oh. Oh. » Elle partait à la dérive. « Oo », dit-elle. Il palpitait et (« mmm ») elle le sentait, lui dit-elle, soulagée.

Elle frotta sa joue contre son visage coupant. Moshe était lourd. Il était beaucoup plus lourd que Zosia. Il se contracta, poussant sa bite plus loin, pour la fin.

Quant à Nana, Nana était triste. Parce que, comme vous pouvez voir, les scènes de sexe multiple ne fonctionnent pas. Je ne suis pas gêné de le dire. Le défaut de la partie triangulaire, avait découvert Nana, n'était pas la fatigue. Contrairement à ce à quoi elle aurait pu s'attendre, le défaut n'était pas l'activité. C'était d'être sans emploi. « Partie triangulaire » était un euphémisme. « Partie triangulaire » était le terme pour infidélité. Elle était jalouse.

Moshe était très fier. Il se sentait bizarre, et il se sentait fier.

18

Mais qu'est-ce que l'infidélité ?

La nuit du 16 au 17 mai 1934, le poète Ossip Mandelstam fut arrêté. Je vous ai déjà parlé d'Ossip. Je vous ai raconté comment il a rencontré sa femme. La police secrète frappa à sa porte alors qu'Ossip était aux cabinets, découragé, le dos droit et la tête renversée. Il était aux cabinets depuis quatorze minutes, tâchant de chier. Quand il entendit la police arriver, il se torcha rapidement, même si, dans sa hâte, il ne manqua pas d'inspecter et de humer la tache sur le papier cul avant de tirer la chasse.

Ossip fut arrêté parce qu'il avait écrit un poème dans lequel il décrivait Joseph Staline ainsi : « Gros doigts huileux comme des asticots,/ Mots assurés comme des poids de vingt kilos,/ Avec ses mollets gainés de cuir rutilant/Et ses grands yeux rieurs de cafard. » Ce n'était pas une description très amicale. Donc Staline le fit arrêter.

Mais ils ne l'arrêtèrent pas seulement pour embêter Ossip. Non. Ils voulaient savoir qui d'autre avait vu ce poème. Ils voulaient savoir ce que les gens en avaient pensé.

Ossip est uniformément considéré comme un héros. Et c'était un héros. Je ne veux pas que vous pensiez que je pense autrement.

À l'évidence, si Ossip leur avait donné des noms, alors les gens qu'il aurait nommés auraient eu eux aussi des ennuis. Donc sûrement Ossip n'a pas donné ces noms à la police ? Sûrement il ne les a pas trahis ?

Il les a trahis.

> Q. Quand ce pamphlet a été écrit, à qui l'avez-vous récité et à qui en avez-vous donné des exemplaires ?
> R. Je l'ai récité à : 1, ma femme ; 2, son frère Yevgueni Khazin, auteur de livres pour enfants ; 3, mon frère Alexandre ; 4, l'amie de ma femme Emma Gershtein, qui travaille au département de la recherche au Conseil central des syndicats ; 5, Boris Kuzin, du Musée zoologique ; 6, le poète Vladimir Narbut ; 7, la jeune poétesse Maria Petrovikh ; 8, la poétesse Anna Akhmatova et 9, son fils Lev Gumilyov.

Je sais qu'il craignait d'être torturé. Je sais ça. Peut-être même y eut-il des pauses non retranscrites dans cet interrogatoire. Mais regardez Ossip. Regardez-le faire preuve d'une extrême obligeance – « l'amie de ma femme Emma Gershtein, qui travaille au département de la recherche au Conseil central des syndicats ». C'est ce détail supplémentaire qui m'intéresse ici. Tout autant qu'il craignait la torture, Ossip essayait d'être charmant.

Je n'attaque pas Ossip. Sincèrement, je l'aime bien. Parce que je l'aime bien, je ne veux pas trop l'idéaliser. Si j'avais été dans la prison de la Loubianka, interrogé par la police secrète de Staline, j'aurais tout dit. J'aurais craint la torture, moi aussi. Je pense que j'en aurais dit beaucoup plus que lui. Comme Ossip, je veux toujours me montrer obligeant. Tout le monde est dans ce cas.

Et voilà ce qu'est l'infidélité. C'est le désir égoïste d'être obligeant envers plus d'une personne.

L'infidélité est naturelle.

19

Mais pourquoi Nana était-elle jalouse ? Était-elle jalouse d'Anjali ou de Moshe ?

Elle était jalouse d'Anjali avec Moshe. Elle était jalouse des capacités sexuelles d'Anjali. Anjali, avait remarqué Nana, jouissait encore plus vite que Moshe. Cela rendait Nana triste. Anjali était la préférée des garçons. Non seulement ça, elle était la préférée des filles. Anjali était *simpatico*.

« Alors c'était bien c'était vraiment bien ? » dit Nana à Anjali. « T'ait merveilleux, non c'était vraiment vraiment bien, dit la gênée et maussade Anjali. J'pensais pas, je n'ai pas joui comme ça depuis oh des siècles. C'était juste. Ça me picote de partout. Comme si ce n'était pas juste mon con mais partout ? » dit-elle. « Jsuis si contente », dit Nana. « Ça avait l'air merveilleux », dit-elle.

Pauvre Nana. Elle détestait le sexe. Elle détestait sa compétitivité. Elle était contente que Moshe et Anjali aient pris du plaisir. Elle n'était pas en colère contre eux. Elle était en colère contre le sexe. Elle aurait aimé qu'il n'y ait plus de sexe. Elle voulait juste que Moshe la prenne dans ses bras. Mais il était allongé par terre, l'air ravi.

Anjali se leva, à la recherche de mouchoirs en papier. Il y avait des Kleenex par terre près du lit. Elle s'accroupit et s'essuya, remontant du haut des cuisses jusqu'à ses poils pubiens. Elle en utilisa un puis en tira un autre. Alors Moshe se mit au lit avec Nana. Anjali, propre et sèche, s'y mit aussi. Ils se bousculèrent, contents.

Mais en réalité seul Moshe était content. Et même Moshe était nerveux. Il était nerveux à propos de ce qui pouvait se passer ensuite – la nature précise des galipettes à venir.

On vous fait un cadeau, pensait-il, mais c'est juste pour vous amadouer. Vous le faites une fois et après elles vous font jouer les spectateurs à n'en plus finir.

Moshe n'était pas idiot, vous voyez. Il lui fallait des signes positifs supplémentaires.

20

En août 2000, la police italienne intercepta des conversations en arabe entre des membres d'Al-Qaïda.

Un membre présumé d'Al-Qaïda originaire du Yémen, Mr Abdulrahman, dit à un Égyptien qu'il « étudiait les avions ». Puis il ajouta : « Avec l'aide de Dieu, j'espère pouvoir t'apporter un hublot ou un morceau d'avion la prochaine fois qu'on se verra. » D'après la version italienne de l'arabe, il poursuivit : « Nous devons seulement les frapper, et garder la tête haute. Rappelle-toi bien : le danger dans les aéroports. »

Ce n'est pas facile, de repérer les indices.

Parlant de l'Amérique, Mr Abdulrahman dit : « On se marie avec des Américaines, et comme ça elles étudient le Coran. Ils se prennent pour des lions, pour une puissance mondiale ; mais nous allons leur rendre ce service, et alors on verra la peur. » Il dit également : « Il y a de gros nuages dans le ciel, là-bas dans ce pays l'incendie a été allumé, il n'attend que le vent. »

La police italienne déclara pour sa défense que de telles images peuvent souvent signifier l'opposé de ce qu'elles semblent signifier. Et j'ai beaucoup de sympathie pour ces *carabinieri*. Mr Abdulrahman ne parle pas comme un terroriste international. Il parle comme un alcoolique. Il parle comme mes amis quand ils ont pris beaucoup de drogue.

Ce n'est pas facile, de repérer les indices. Rétrospectivement, tout est tellement plus clair.

8

IDYLLE

1

Le week-end suivant la première partie triangulaire de toute sa vie, Moshe était nerveux. Il voulait voir ce qui allait arriver ensuite. Il voulait découvrir quelles surprises sexuelles l'attendaient. Mais malheureusement pour Moshe, ce qui arriva ensuite n'était pas du sexe. Ce n'était pas une surprise sexuelle. C'était, en fait, une absence de sexualité de quelque genre que ce soit.

Nana partit en vacances. Elle partit avec Papa pour dix jours.

Ce n'est pas le meilleur moment pour une digression, je sais. Mais je ne peux pas toujours choisir les digressions. Certaines sont inévitables. Et ces vacances étaient inévitables. Nana et Papa avaient réservé leurs vacances de septembre, si vous vous rappelez, dès le shopping à Savile Row au chapitre 4. C'était le cadeau de Papa à Nana pour l'obtention de son diplôme. Papa avait pris deux billets d'avion pour Venise. C'étaient les vacances idéales de Nana. Ils iraient en avion à Venise et au milieu de leurs vacances vénitiennes ils feraient un pèlerinage dans une petite ville de Roumanie. Ce serait drôle d'emprunter les trains d'Europe centrale. Parce que même si Papa avait vraiment envie de Benidorm ou de Torremolinos, Nana avait envie de vacances culturelles.

C'est comme ça qu'était Nana. C'était ça qu'elle aimait. Je n'y peux rien.

2

Je ne sais pas quelles sont vos idées sur les vacances. Peut-être n'avez-vous jamais été en vacances qu'à Mykonos. Peut-être que pour vous les vacances c'est louer un studio meublé d'une table basse en rotin et d'une collection de romans de Mills et Boon, et de baiser avec au moins un garçon par jour. Ou peut-être le seul endroit où vous iriez jamais est une station de sports d'hiver. À moins de pouvoir skier toute la journée, et avaler un rapide sandwich au thon sur la piste pour le déjeuner, pour vous les vacances ne sont pas les vacances.

Les gens sont bizarres avec les vacances. Chacun a sa théorie des vacances parfaites. Et je ne veux pas que votre théorie des vacances parfaites influence votre part des vacances de Nana et Papa.

J'imagine que ceci ne serait pas vos vacances parfaites. Peut-être ceci vous amène-t-il à vous demander en quoi Nana peut-elle être aimable. Mais vous ne devez pas laisser votre théorie des vacances vous dégoûter de Nana et Papa.

L'importance de Nana et Papa à l'étranger est que c'est la seule partie d'amour véritable de tout le livre. Ça peut vous sembler plouc et con, ça n'est peut-être pas votre genre de vacances du tout, mais c'était de l'amour. C'était purement altruiste.

Vous ne devez pas mal interpréter la chose.

Non. Dans ce livre, Nana et Papa sont l'amour véritable. C'est cela que je veux que vous vous rappeliez. Donc le titre de ce chapitre est vrai et pas vrai. Si, pour vous, une idylle est toujours sexuelle, alors le titre n'est pas un titre véridique. Mais si l'idylle signifie le parfait amour, alors il est véridique.

3

À Venise, tous deux descendirent en trébuchant d'un taxi ballotté par les flots à l'Arsenale, et marchèrent sur le quai jusqu'à l'hôtel Bucintoro. Et Nana avait choisi l'hôtel sur le site web de *Time Out*. Il était petit avec une façade ocre et des vues sur la lagune. C'est aussi là que le peintre James McNeill Whistler descendait à la fin du dix-neuvième siècle. Cela plaisait à l'érudite Nana.

Ils remplirent leur fiche, puis montèrent l'escalier à fleurs rouges et vertes jusqu'à leur chambre. Nana s'assit sur l'un des lits et se débarrassa de ses sandales, tandis que Papa se tenait, en silhouette, devant la fenêtre. Il s'appuya contre la fenêtre, heureux. Et Nana vint le rejoindre. Il y avait un grand ventilateur sur pied près de la fenêtre. Nana l'arrêta. Elle se tint à côté de Papa et posa la tête sur le cadre à côté de lui, de sorte qu'ils étaient symétriques. Les pieds nus de Nana étaient froids sur le sol en vilaine mosaïque, terrine vernie d'éclats gris et noirs. Elle remarqua les coups de brosse sur la peinture du cadre, les poils incrustés dans la laque. Ils regardèrent l'eau qui s'éclaircissait, et s'assombrissait, de manière répétée.

C'était beau.

Venise est belle, vraiment. Il y a des gens qui pensent qu'elle est trop belle, quoi que cela signifie, et d'autres qui pensent qu'elle n'est pas belle du tout, qui pensent que les gens disent que Venise est belle seulement parce qu'elle est vieille, et tous ces gens ont juste complètement tort.

Venise est belle.

« C'est beaueau, dit Nana, vraiment beaueau. » Papa dit : « Et ça c'est quoi ? » Elle dit : « Ça c'est la Dogana. C'est la douane. » « Hunhun, dit Papa. Et elle est belle ? » « Non, dit Nana. Elle n'est pas belle. Enfin elle est passable. Elle est passable. Elle n'est pas non-belle.» «Et ça, c'est quoi?» dit Papa. «C'est l'église, c'est la Salute», dit Nana. «Elle est belle», dit Papa. «Non, dit Nana. Elle n'est définitivement pas belle.» «Pourquoi?» dit Papa. «C'est juste qu'elle n'est pas belle», dit Nana. «Mais pourquoi?» dit Papa. «Tu vas m'emmener au Florian, dit Nana, et alors je te dirai ce qui est beau.» Puis elle l'embrassa. «J'ai besoin d'un chocolat chaud», dit-elle.

Comme ils descendaient l'escalier en direction du hall, ils entendirent les bruits reconnaissables entre tous d'une femme en vacances feignant ou atteignant l'orgasme.

Tous deux ignorèrent ces bruits.

4

Au cas où vous auriez encore des inquiétudes, c'est le seul moment où le sexe fera intrusion dans ce chapitre. Il n'y a pas de sexe dans ce chapitre. Dans ce chapitre, Nana est au comble du bonheur.

Parfois je trouve que ce livre est une attaque contre le sexe. Parfois je pense qu'il est prude. C'est possible. Et si tel est le cas, alors certaines personnes, même peut-être de nombreuses personnes, penseront que ce n'est pas bien. Ils penseront qu'être prude est indéfendable.

Mais moi, je ne pense pas que la pruderie est indéfendable. Vraiment pas.

5

Le Caffé Florian est un café sur la place Saint-Marc à Venise. C'est un très vieux café. Cela signifie qu'aujourd'hui il est très très cher. Si Moshe avait été là ça l'aurait dérangé. Le café coûtait peut-être quatre livres. Le chocolat chaud coûtait peut-être cinq livres.

Mais Nana et Papa n'allaient pas s'en faire pour le prix. Ils étaient en vacances. Ils adoraient le charme kitsch du Florian. Ravis, ils étaient assis à leur table heptagonale miniature. Peut-être « miniature » ne rend-il pas complètement à quel point la table était petite. C'était une table du dix-huitième siècle. Elle était basée sur l'idée qu'un homme d'un mètre soixante-cinq était un géant. Et elle ressemblait à quelque chose, pensa l'inconfortablement pliée Nana d'un mètre quatre-vingts. Elle était comme quelque chose mais non, elle, non, elle n'arrivait pas à se rappeler.

Nana regarda au-dehors les dômes multicolores de la basilique Saint-Marc. Saint-Marc est le bâtiment le plus célèbre de Venise. Et cela rendait Nana heureuse. Elle était heureuse de pouvoir regarder la basilique Saint-Marc tout en sirotant un chocolat chaud dix-huitième. Elle adorait être touriste. Et ici, je suis totalement d'accord avec Nana. J'adore être touriste moi aussi.

Elle dit : « J'aime tant cette basilique. » Elle dit : « J'adore toutes ses couleurs. » Elle dit : « J'adore les formes. » Elle versa du chocolat épais d'un pot en porcelaine, et les fines coulures descendirent lentement sous son bec, chacune finissant en un caillot dense. Il était plus sombre que le chocolat, presque noir. « C'est tellement cool », dit-elle.

Ça ressemble à un échiquier de backgammon ! pensa-t-elle, soulagée. Oui, la table ressemblait à son vieil échiquier de backgammon.

Nana était heureuse. Nana était nostalgique.

Elle regardait Papa et se rappelait comment, quand elle était petite, elle se levait et descendait l'escalier tout ensommeillée. Elle entendait Papa parler au téléphone. Les portes-fenêtres étaient ouvertes. Elle se réveillait le matin et le salon était froid et Nana entendait le bruit de l'autoroute, l'entrée de la M1 dans le lointain indistinct.

Elle adorait être touriste. Le tourisme était reposant. Le tourisme était exactement comme la maison.

6

Par exemple, voici une de leurs conversations à Venise.

« Qu'est-ce que c'est que ça ? » dit Papa. « Quoi ? » dit Nana. « Ça », dit Papa. « C'est dix-huitième », dit Nana. « Vraiment », dit Papa. « Ouais », dit Nana. « C'est l'architecture du dix-huitième siècle. » « Comment est-ce que tu sais ? » dit Papa, d'un air soupçonneux. « Parce que je, à cause des, à cause des briques », dit Nana. « Mais tu ne vois pas les briques », fit remarquer Papa. « Si », dit Nana. « Non », dit Papa. « Si, dit Nana. Et elles sont dix-huitième. »

« Et ça ? » dit Papa. « C'est, c'est le palais des Doges, dit Nana. Et ça c'est le pont des Soupirs. » « Ce n'est pas le pont des Soupirs, dit Papa. J'ai vu le pont des Soupirs sur une carte postale et ça n'est pas le pont des Soupirs. » « Non, dit Nana. Non. Tu as raison. C'est le ponte dei Pugni. » « Le quoi ? » dit Papa. « Le ponte dei Pugni », dit Nana. « Jamais entendu parler », dit Papa. « Je l'ai lu dans le *Rough Guide* », dit Nana. « Architecture, c'est l'histoire de l'architecture que tu étudies, non ? » dit Papa. « C'est ça, dit Nana. Tu le sais bien. » « Je te taquinais juste », sourit Papa.

Il ne la taquinait pas. Il ne s'en souvenait pas. Mais je vous taquine moi aussi – attendez. Vous verrez plus tard pourquoi je vous taquine.

Sur une gondole, dans l'obscurité, en buvant du cava demi-sec à la bouteille, Papa et Nana étaient heureux ensemble.

7

Trois jours plus tard, au milieu de leurs études sur la Renaissance vénitienne, Nana et Papa partirent pour Târgu Jiu. Târgu Jiu est une petite ville industrielle dans l'ouest de la Roumanie. C'était le cadeau spécial de Nana.

Nana n'était pas une touriste conventionnelle.

À la gare de Venise, un homme à un guichet leur donna les horaires des trains de Venise à Budapest. Il le fit en lisant les horaires sur une grille, utilisant une règle illustrée avec des vues de Turquie. Puis de Budapest ils prirent un train pour Craiova, en Roumanie, et de Craiova pour Târgu Jiu.

Mais pourquoi cette ville roumaine imprononçable était-elle le cadeau spécial de Nana ? Parce qu'il y a trois monuments de Brancusi à Târgu Jiu. Mais qui est Brancusi ?

Brancusi était un sculpteur du début du vingtième siècle. Il était roumain mais il vivait à Paris. En roumain, Brancusi se prononce : « Brankoush ». Mais je ne crois pas que ce soit important. Prononcer « Brankoush » serait pure prétention. Dans ce livre, vous pouvez vous en tenir à « Brancouzi ».

Ça devient très culturel, je sais. Mais le tourisme culturel est inévitablement culturel. Je n'y peux rien. Si Nana et Papa avaient choisi d'aller à Benidorm, alors évidemment je n'aurais pas été obligé d'évoquer Brancusi. Mais ils ne sont pas à Benidorm. Ils viennent d'arriver à Târgu Jiu, une petite ville industrielle dans l'ouest de la Roumanie.

Quoi qu'il en soit, ce n'est pas si culturel que ça. Brancusi était un sculpteur du vingtième siècle. C'était le sculpteur préféré de Nana. C'était le sujet de son futur doctorat. C'est tout ce que vous avez besoin de savoir.

La façade des kiosques à la gare de Târgu Jiu était un collage de pubs. Il y avait des pubs pour Wrigley's Spearmint et des pubs pour Snickers. Les pubs pour les barres Marathon étaient encore là aussi, bien que les barres Marathon, pensa Nana, avaient dû disparaître il y a au moins dix ans. L'air faisait du mal à la peau de Nana. Ça faisait mal de respirer. Comme je l'ai dit, c'était une petite ville industrielle. Sa robe lui collait à la peau. Papa se dirigea vers la file de taxis et de chauffeurs devant la gare. Il réclama l'hôtel Europa. Un chauffeur sourit.

Il y avait un assemblage de perles multicolores fanées drapé sur le siège du conducteur, comme un poncho, et scotché au dos il y avait un mot écrit au feutre de temps à autre en capitales touchant ses enfants et sa foi infinie en Dieu. Son Dieu était portraituré en hologramme. Nana regardait par les vitres sales. Une demi-heure plus tard, allégés de vingt livres, ils arrivèrent à l'hôtel Europa. Cet hôtel était sur une rue principale, avec des parasols Coca-Cola et une terrasse en béton mince. Papa remercia son chauffeur, tandis qu'il se tournait, tirant la valise du coffre arrière, et vit les pubs pour Spearmint et Snickers, à un angle de trente degrés sur l'autre trottoir dans la rue de la gare.

Papa tâcha de ne pas avoir l'air abattu. Il tâcha de ne pas se mettre en colère. Retrouvant son aplomb, dans le hall sombre de l'hôtel post-communiste Europa, Papa parla français. Il donna leurs passeports. Il entraîna Nana d'un pas énergique le long des couloirs vides. Il y avait un balai avec son manche coincé dans une porte. Il localisa leur chambre, au septième étage de l'hôtel vide. Son papier peint était à fleurs. C'étaient des roses pourpres enchâssées dans des feuilles vertes.

Ils posèrent les bagages et ressortirent.

Nana et Papa passèrent devant le Manhatten Martini Bar où c'est happy hour sur les cocktails sans interruption. Ils atteignirent la place principale. Sur la place, quatre haut-parleurs diffusaient la radio locale. Et Papa et Nana paradèrent, effrayés. Ils cherchaient le parc.

Voici la partie culturelle. En 1935, la présidente de la Ligue nationale des femmes de Roumanie, qui se trouvait être la femme du Premier ministre, commanda un monument aux morts de la Première Guerre mondiale au célèbre sculpteur roumain Brancusi. Ce monument serait bâti à Târgu Jiu. Pour ce monument, Brancusi érigea une *Porte du baiser*, une *Table du silence*, et une *Colonne sans fin*. Brancusi était un sculpteur qui avait un répertoire. Il se répétait. Il se répétait avec des variations.

La *Porte du baiser* de Brancusi se trouvait dans le parc municipal de Târgu Jiu. La porte ressemblait à un dolmen. Un dolmen est deux pierres verticales sur lesquelles une pierre horizontale se tient en équilibre. La *Table du silence* se trouvait dans le parc aussi. C'était un grand bloc de pierre, de deux mètres de diamètre, avec douze sièges en pierre. Le douze était symbolique. C'était le nombre de mois dans une année, et aussi le nombre d'invités aux funérailles roumaines traditionnelles.

Nana s'arrêta devant la *Table du silence*. Si elle se retournait, la *Porte du baiser* était à l'extrémité opposée du parc. Dessous, un garçon et une fille s'embrassaient. Les cheveux du garçon étaient plaqués et séparés par une raie. Et si Nana se retournait il y avait un lac tranquille d'eau huileuse.

Elle avait juste un tout petit peu peur. C'était une aventure, et elle aimait les aventures. C'est juste qu'il commençait à faire nuit. Et elle voulait voir le dernier Brancusi avant qu'il ne fasse nuit.

Donc, après qu'ils eurent avalé un hot-dog sur le pouce, Nana et Papa atteignirent l'objet final – la *Colonne sans fin* de Brancusi, haute de vingt-neuf mètres. Comme ils s'y rendaient à pied, Nana raconta à Papa tout sur le film que Brancusi avait fait de la colonne, quand il l'avait érigée à Târgu Jiu. Il avait enregistré, dit Nana, la façon dont les nuages et la lumière changeaient la forme de la colonne. Ils semblaient changer sa forme, expliqua-t-elle, parce que la colonne était ondulée, avec des dentelures sans fin.

Mais quand ils arrivèrent à la colonne il y avait une différence. La *Colonne sans fin* oscillait entre deux échafaudages. La grue à côté était plus haute. Elle était située sur une aire de jeux, à côté d'une rue dans la banlieue. Et tout cela rendit Nana triste. Elle essaya d'imaginer que les échafaudages n'étaient pas là.

C'est triste, mais parfois même le tourisme n'est pas reposant.

Papa dit : « Non ça me plaît. Je comprends la relation avec l'architecture. Je veux dire je. Je. » Il essayait d'être gentil. Et Nana dit : « Brancusi a dit que l'architecture c'était juste de la sculpture habitée. » « Oui évidemment », dit Papa. « Donc tu vois ? » dit Nana. « Bien sûr chérie », dit Papa. « Il organisait ses trucs comme de l'architecture », dit Nana. « Hunhun », dit Papa. « C'est de l'architecture, dit Nana. C'est organisé pour que tu voies cette église derrière. »

C'était vrai. Si vous regardiez très fort, dans la pénombre, vous pouviez voir un petit dôme en bronze.

« J'ai la migraine, dit Papa. Non, vraiment. »

Ils retournèrent à pied à l'hôtel Europa.

Papa alla dans la minuscule salle de bains et la ferma au verrou. Gêné par les bruits qu'il faisait, il ouvrit le robinet d'eau chaude de la baignoire pendant qu'il pissait. Puis il ouvrit aussi l'eau froide, passant la main à travers l'eau, et ajusta de force la bonde en caoutchouc qui n'était pas à la bonne taille. Il s'assit sur le siège des cabinets. Il se leva et enleva ses chaussures par l'intermédiaire des talons striés. Puis il fixa le miroir sale. Il avait la migraine.

8

Nana et Papa retournèrent à Venise pour les quatre derniers jours. C'étaient les vacances de Papa. C'était sa partie non culturelle. Pendant les quatre derniers jours tous deux allaient s'asseoir, manger et boire. Ils ne regarderaient pas d'art. Ils ne regarderaient pas d'architecture.

Papa et Nana marchaient, à la recherche de bars. Les places qu'ils traversaient étaient presque désertes. De temps à autre un guide passait sur son scooter marin. Des caisses d'avocats étaient chargées sur une gondole, supervisées par un homme avec une liste écrite au stylo à bille au dos d'un reçu. Il y avait une fenêtre ouverte dans un bureau et une femme assise devant la boule mauve fluorescente d'un Apple iMac s'en était détournée et regardait pensivement Nana et Papa qui passaient.

Ceci est une idylle. Tout ce chapitre est une idylle.

Par exemple, dans le bar Paradiso Perduto, sur les Zattere, Nana venait d'apprendre à Papa comment rouler et fumer un joint. Elle lui donnait un cours sur la marijuana parce que ses migraines l'inquiétaient. Elle pensait que le hasch pourrait le guérir. Voilà à quel point c'était idyllique.

Nana dit : « Tu te rappelles ce resto, celui qui s'appelle My Old Dutch, où tu m'emmenais après le dentiste ? » Elle dit : « Je ne comprends pas pourquoi des crêpes. Maintenant lèche-le. Lèche le papier. Ouais. Et les crêpes étaient tellement plus immenses que les assiettes et les assiettes étaient assez immenses. » Papa dit : « C'était quand tu étais végétarienne et que je suis devenu végétarien. »

C'était ça qu'elle aimait, pensa Nana. Elle aimait se souvenir.

Elle dit : « C'était cool cet endroit. »

Puis il y eut un silence. Il est difficile de rendre un silence. Il ne peut être rendu que par ce qui se passe simultanément. Par exemple, ce silence était assez long pour que Nana puisse regarder Papa déchirer un bout de carton d'une boîte d'allumettes Paradiso Perduto, essayer de l'insérer à l'extrémité du joint, puis le déchirer en deux pour qu'il soit plus petit.

Elle dit : « Je pense que peut-être. » Elle dit : « Je pensais que peut-être je pourrais aller habiter avec Moshe. »

Elle allait habiter avec Moshe ? Elle allait habiter avec Moshe ?!

C'était vrai. Elle avait pris une décision. Je vous l'ai cachée comme ça pour que vous puissiez être surpris vous aussi. Vous pouvez comparer votre propre réaction avec la réaction de Papa.

La réaction de Papa fut le bonheur. Il était heureux. Il était purement heureux pour Nana.

Évidemment, Papa n'avait pas assisté à la partie triangulaire. Il ne connaissait pas tous les faits. Il ne savait pas pour Nana et Anjali. Il ne savait pas, par exemple, que Nana avait commencé à aimer l'expression « *ménage à trois* * ».

Pour célébrer le bonheur de Nana, Papa, l'ange bienveillant de cette histoire, alluma et prit une longue bouffée de son gros joint mal fait.

9

Quand c'était la nuit de Noël, quand Nana était encore assez petite pour croire à Noël, Papa s'asseyait au bord de son lit et faisait la lecture à Nana. Il lui lisait « La nuit de Noël ». C'était un poème. Dans ce poème, Nana découvrait que des préparatifs avaient été faits en

Laponie pour le voyage du père Noël au bout de la nuit, afin de livrer les cadeaux de Noël. Nana savait tout sur chacun des rennes. Elle connaissait leurs noms. Plus tard, elle ne put se rappeler que Rudolph – évidemment qu'elle se rappelait Rudolph – et Dasher et Prancer et Donna et Blitzen. Il y avait d'autres rennes, mais c'étaient ceux-là qu'elle se rappelait. Quand Papa lisait le poème, il avait l'air très sérieux. Ce n'était pas juste une histoire. Il avait l'air très concerné et grave. Et Nana adorait le sérieux de Papa. Elle pensait que c'était juste. C'était ce qu'il y avait de plus sérieux – la manière dont le père Noël arriverait jusqu'à Nana.

C'était le souvenir préféré de Nana. Elle adorait la voix de Papa quand il lisait.

9

INTRIGUE

1

Conventionnellement, le ménage à trois est considéré comme sexuellement non conventionnel. Il est subversif. Les couples peuvent être obscènes, c'est vrai, mais en fin de compte ce ne sont que des couples. Ils restent ordinaires. Tandis qu'un ménage à trois est bohème. Il ne peut faire autrement qu'être bohème.

Au cas où ce fait incontestable aurait besoin d'être prouvé, prenez le film *Cabaret*. Produit à New York au début des années soixante-dix, *Cabaret* possède un glamour trashy glam-rock. Situé à Berlin au début des années trente, ce film raconte l'histoire d'une chanteuse de cabaret américaine prénommée Sally (interprétée par la jeune Liza Minnelli), et d'un écrivain anglais prénommé Brian. Sally et Brian sont petite amie et petit ami. Puis ils font la connaissance de Maximilien. Maximilien est un comte allemand. Vous pouvez imaginer ce qui arrive. Sally tombe amoureuse de Maximilien. Brian tombe aussi amoureux de Maximilien. Maximilien tombe amoureux des deux.

Le trio est le sceau de toute intrigue glam-rock. Ce ne serait pas bohème sans un ménage à trois.

Par exemple, la réplique la plus célèbre du film est celle-ci : « Deux vaut mieux qu'un, mais rien ne vaut trois. » Cette phrase est chantée avec un regard concupiscent par le meneur de jeu fardé du Kit Kat Club, vêtu d'une robe de soirée et flanqué de deux femmes plantureuses. Et voilà la vision conventionnelle du trio. Le trio est d'une sexualité virulente. C'est de la décadence prénazie. C'est le sexe personnifié.

Je sais tout ça. Je sais que c'est ainsi que beaucoup de gens considèrent le ménage à trois, s'ils y pensent. Je pense juste que cette conception du ménage à trois est fausse. Elle exclut beaucoup de choses.

C'était l'automne. Comme elle l'avait dit à Papa, Nana s'installa chez Moshe. Elle entama un nouveau trimestre à l'Association d'architecture, pour commencer son doctorat en théorie de l'architecture. Moshe terminait de jouer Slobodan Milošević dans la pièce de Richard Norton-Taylor, *Maintien de la paix*, au théâtre Tricycle de Kilburn. Anjali terminait son année sous contrat pour les pubs pour le talc pour bébés Johnson's. Anjali s'installa elle aussi plus ou moins chez Moshe. Elle avait un double de la clé. Donc elle allait et venait. Elle y était tous les week-ends.

J'espère que vous êtes contents maintenant. J'espère que leur modus vivendi est clair pour vous.

Ils étaient un ménage à trois contemporain. Ils étaient définitivement un ménage à trois. C'était indéniable. Ils baisaient à deux et à trois.

2

Mais un ménage à trois n'est pas que sexuel. Ce n'est pas juste un truc décadent prénazi. Comme tout le reste, il est aussi domestique. Nana, Anjali et Moshe jouaient à des jeux sexuels dépravés, bien sûr, mais tous trois allaient aussi nager. Le samedi matin, Moshe et ses deux petites amies allaient nager à l'Oasis sur High Holborn. Et je veux les regarder nager. Je veux particulièrement regarder Moshe à la piscine.

La natation était principalement un bonheur absolu

pour Moshe. Mais il y avait des complications. Certaines étaient mineures, l'une d'elles ne l'était pas.

Voici les complications mineures.

Les vestiaires séparés l'énervaient. La ségrégation des genres lui semblait injuste. Il se sentait un peu jaloux. Comme il enlevait son jean H&M taille basse, gardant les pieds au sec en se tenant sur ses chaussettes et ses chaussures, il n'avait aucune idée de ce qui se passait dans le vestiaire des filles. D'un air morose, Moshe regardait les pénis des autres hommes. Il ne les aimait pas. Il n'aimait que les seins. Avec précaution, sans avoir l'air gay, faisant semblant de s'extraire de la cire des oreilles avec un bourgeon de coton bleu, il compara son pénis aux autres pénis. Il avait l'air correct. Il n'avait pas l'air particulièrement formidable, mais il avait l'air correct.

Moshe enfila son maillot bleu marine Adidas, se trempa les pieds dans du désinfectant visqueux, et se dirigea vers la piscine. Il descendit, se tenant bravement aux marches en acier inoxydable. La piscine semblait très profonde. Cela effrayait légèrement Moshe. Il ne savait pas quelle était sa profondeur exactement, mais il supposait qu'elle était très profonde. Sa profondeur devait faire au moins le double de la taille de Moshe.

Moshe regarda autour de lui et vit une cage blanche contenant des flotteurs en éponge à bandes, des radeaux à rayures multicolores et des brassards gonflables. Il se demanda s'il serait possible d'utiliser ce grand déploiement de flotteurs, radeaux et brassards. Il décida que non. N'importe qui pourrait entrer. Une jolie fille de seize ans pourrait entrer. Et si une jolie fille de seize ans le rejoignait dans la piscine, Moshe ne voulait pas être agrippé à un flotteur en polystyrène rayé bleu et blanc.

Moshe traîna dans le petit bain, les yeux fixés sur

l'entrée du vestiaire des filles. Il pensa aux blagues qu'elles lui faisaient. Un matin, Nana et Anjali avaient équipé Moshe de flotteurs et l'avaient porté. Ou Nana et Anjali s'éloignaient et s'embrassaient, nageant en chien, dans le grand bassin. Nana et Anjali étaient bien meilleures nageuses que Moshe. Elles le taquinaient. Il les imaginait en train de se savonner pornographiquement les seins sous la douche. Cela lui donna une érection, coincée dans son maillot. Il resta donc là, les coudes posés sur les carreaux graisseux et inégaux, l'air nonchalant et pensif. Et il était pensif. Il pensait à son café ensuite dans son café préféré qui s'appelait le Mustard Seed à Finsbury. Au Mustard Seed Moshe pourrait mettre de la vaseline sur les plaies et les rougeurs de l'eczéma chloré de ses doigts. Le Mustard Seed était sa cure de repos, sa retraite urbaine.

3

Tandis qu'il attend que son érection passe et pense au cappuccino, examinons Moshe. Nous avons considéré toutes les complications mineures qui rendaient les corvées de Moshe problématiques. Mais maintenant examinons sa nature érotique. Sa nature érotique était la complication majeure.

Ce qui se passe, c'est que Moshe n'est pas du genre don Juan. S'il avait été du genre don Juan, il aurait considéré sa présente situation sexuelle comme une conquête. Il aurait considéré deux filles d'un coup comme une victoire sexuelle. Mais Moshe ne le voyait pas comme ça. Et je comprends cela. Je ne suis pas non plus du genre don Juan.

Moshe était moral. Il aimait Nana. Il l'aimait vertueusement. Et cet amour vertueux signifiait qu'il ne pouvait pas vraiment l'apprécier, le ménage à trois.

Dans le film *Cabaret*, il y a une conversation tendue entre Sally et Brian, la petite amie et le petit ami originels. Brian crie : « Oh va te faire foutre par Maximilien » à quoi Sally répond : « C'est ce que je fais. » Puis Brian, après un court silence, dit doucement : « Moi aussi. »

J'aime beaucoup ce petit bout de conversation. Il résume avec netteté les relations sous-jacentes dans un ménage à trois. Le ménage, ainsi que Moshe était en train de le découvrir, était fondé sur l'infidélité mutuelle. Un trio était trois couples différents. Et l'un de ces couples était Anjali et Moshe. Cela ne rendait pas Moshe très heureux. Il l'appréciait, il appréciait tout du sexe avec Anjali. C'est juste qu'il n'était pas sûr de l'approuver. C'était, en fin de compte, de l'infidélité.

Moshe n'était pas un don Juan. Il n'était pas cool. C'était un romantique. Ma définition d'un romantique est la suivante. Un romantique est une personne qui a besoin qu'une relation amoureuse soit aussi une relation morale. Et Moshe ne pensait pas qu'un ménage à trois était moral.

Moshe était trop délicat pour un ménage à trois.

4

Cependant, vous pouvez penser deux choses à la fois. Il se sentait mal à l'aise, et ce sentiment est important. Mais Moshe n'était qu'humain. En plus de se sentir mal à l'aise, il était aussi capable de reconnaître les avantages évidents d'avoir deux petites amies.

Par exemple, à la piscine, le ménage à trois était normalement domestique. C'était normalement une série d'allers-retours revigorants dans la piscine. Mais ce dimanche matin particulier, il était coquin. Le soutien-gorge d'Anjali était défait. C'était pourquoi Anjali et

Nana étaient en retard. Elles émergèrent du vestiaire en pouffant, avec les bras d'Anjali croisés sur sa poitrine. Les crochets, expliqua-t-elle, étaient cassés. Et c'était vrai. Comme elle fendait les eaux, ses seins apparurent. C'était, dit-elle à Moshe, un nouveau bikini. Elle l'avait acheté la semaine dernière à Topshop. Elle l'avait porté une fois, dit Anjali aux grands yeux innocents, sans aucun problème. C'est juste que maintenant il était inutilisable.

C'était un trio coquin et ils improvisèrent. Comme vous vous en souvenez peut-être, j'aime que les gens improvisent. Ingénieusement cachés par des brassards orange, les bras d'Anjali restaient près de sa poitrine. Pour un soutien-gorge, ça faisait l'affaire. Mais cela ne résolvait pas le dilemme de la nage matinale bienséante. Tous trois étaient debout dans le petit bassin, près du filtre, embarrassés.

J'ai honte de l'avouer, mais l'étrange sensation d'abandon que lui causaient ses seins nus venait juste de donner une idée à Anjali. Bien qu'elle soit l'une de mes héroïnes, elle n'avait pas envie d'une nage bienséante. Elle avait soudain envie d'une nage louche. Elle voulait faire jouir Moshe dans l'eau. Donc avec Nana debout derrière lui, Anjali se baissa dans l'eau et ramassa le pénis de Moshe à l'intérieur de son maillot. Même avec le poids d'une piscine dessus, son pénis grossit. Il grossit et grossit. Et, prévenante, Anjali promit à Moshe que rien ne serait répandu. Au moment critique, elle se pencherait et Nana le soulèverait pour que son pénis surgisse et rencontre sa bouche. Donc tout allait bien.

Le regard de Moshe était effrayé. Il exprimait la peur de la police. Tandis qu'Anjali expliquait qu'en cas d'urgence le filtre éliminerait toutes les autres traces de preuves, Moshe se tenait raide et avait peur. Cela ne semble pas déraisonnable. Ils étaient agglutinés dans le coin d'une piscine publique, l'une d'eux apparemment vêtue d'une seule paire de brassards. Ce n'était pas, raisonnait Moshe, tout à fait banal. Cela ne passerait probablement pas inaperçu aux yeux du maître nageur.

Cela ne passa pas inaperçu aux yeux du maître nageur. Il arrivait pour aider ce groupe de non-nageurs dans le petit bain, dont l'un avait besoin de brassières. Le maître nageur était un grand beau gars. Ses six abdominaux étaient visibles. Il était très beau. Il était absolument magnifique. Il donnait l'impression à Moshe que lui-même était sous-alimenté. Et, malheureusement, Anjali, Moshe et Nana ne purent jamais savoir son nom. Mais je vais vous dire le nom du maître nageur. Son nom était Ade.

Ade dit : « Salut. » Moshe répondit gaiement : « Salut. » Il se demandait ce qu'Ade voyait. Ade en voyait assez. Ade dit : « Elles vont bien ? » Il parlait des brassières. « Oui oui oui tout va bien », dit Moshe, se demandant ce que diraient ses parents quand l'histoire apparaîtrait dans la *Jewish Chronicle*. Anjali sourit à Ade. Nana détourna le regard, gênée. Et Ade sourit.

Vous voyez, même un maître nageur était charmé par un trio. Même un maître nageur considérait le trio comme l'essence du cool subversif. Ade fit un clin d'œil. Il s'éloigna.

5

Peut-être la conduite d'Anjali paraît-elle exceptionnellement exhibitionniste. Je vois bien qu'elle pourrait appeler des explications. Ce qui se passe, c'est qu'Anjali et Moshe ne vivaient pas le fait d'être sexuels ensemble d'une manière particulièrement détendue. Tout du long du ménage à trois ils demeurèrent des amis qui, inexplicablement, baisaient aussi. Ils baisaient parce qu'ils étaient censés baiser. Ils étaient, après tout, deux tiers d'un ménage à trois. Mais le sexe par devoir est, disons, un devoir. Le sexe par devoir est ennuyeux.

Je trouve que c'est dommage. À bien des égards le trio est l'unité sexuelle suprême. C'est l'utopie socialiste du sexe. L'un des avantages du trio est que la responsabilité sexuelle peut être partagée également. Les positions sexuelles peuvent être redistribuées. Anjali, par exemple, avait toujours été malheureuse d'avoir à demander à une fille d'utiliser un godemiché. Avec les filles, Anjali sentait que le fait d'implorer un godemiché semblait trahir un intérêt excessif pour la pénétration. Mais à l'évidence, dans le ménage, elle ne ressentait pas une telle inhibition pour demander à Moshe d'utiliser son pénis. Et Moshe était content d'utiliser son pénis. La position que Nana n'aimait pas était celle de la fille à quatre pattes, baisée par-derrière. Elle disait que Moshe lui faisait mal quand il faisait ça. Elle le sentait presque dans son ventre et ça lui faisait mal. Tandis qu'Anjali était contente de se mettre en levrette.

La redistribution fonctionnait. Elle fonctionnait sexuellement. Anjali adorait quand Moshe la pénétrait profondément. Elle *jouissait*.

Quant à Moshe, le regret qu'il avait quand il songeait à son répertoire sexuel avec Nana était la difficulté de la position sexuelle « 69 ». Cette position est le sexe oral simultané. Elle apparaissait rarement dans la vie sexuelle de Nana et Moshe parce que Nana mesurait un mètre quatre-vingts. Et pas Moshe. Pour que la position fonctionne vraiment, le pénis de Moshe aurait dû se prolonger dans la direction inverse. Au lieu de quoi, dans la vie réelle, soit le dos de Nana était douloureusement arqué, soit sa bouche ne pouvait que suçoter l'intérieur de sa cuisse, près du genou. Ou Moshe pouvait lécher le nombril de Nana. Tandis qu'Anjali, Anjali était plus petite que Moshe. Sa bouche était juste à la bonne place. Tout était à la bonne place.

Alors pourquoi, si c'était une utopie sexuelle, le trio n'était-il pas parfait ? Je vais vous l'expliquer par une illustration. Enfin, une illustration imaginaire. Vous allez devoir imaginer un dessin. Ce dessin représente Anjali à quatre pattes, et Moshe agenouillé derrière elle. Si vous voulez, vous pouvez imaginer une petite pointe qui dépasse de la taille de Moshe. Quoi qu'il en soit, l'intérêt de ce dessin n'est pas la pointe. Ce sont les bulles de leurs pensées.

Vous savez ce qu'ils sentent. Ils se sentent agréablement baisés. C'est ce qu'ils pensent qui est le problème. Vous savez déjà ce qui serait écrit dans la bulle de Moshe. « Nana, gémirait-il dans ce dessin, Nana chérie. » Sa bulle était sentimentale et romantique. La bulle d'Anjali était différente. Elle était sentimentale et romantique, c'est vrai. Mais elle était lesbiennement romantique. Elle était pleine de souvenirs lesbiens. « Zosia, pensait-elle, Zosia. » Elle se rappelait son ex. Et même, oh non non non non, elle pensait de temps à autre : « Nana. » Elle se rappelait de temps à autre des moments lesbiens plus récents, comme la fois où Nana l'avait fait jouir dans la bibliothèque de Camden sur Euston Road, à la section des cartes d'état-major, appuyée contre le pays de Galles et l'Irlande du Nord.

Voyez-vous, comme je l'ai déjà dit, Anjali était plus bisexuelle que la plupart. Et c'était une fille bisexuelle compétente. Elle était douée pour toutes les permutations sexuelles. Elle avait du talent. Mais en fin de compte elle n'était pas tant que ça pour les garçons. Pas autant qu'elle était pour les filles.

Anjali donnait dans les filles. Elle tombait amoureuse des filles.

6

Donc, comme vous voyez, ce ménage à trois était ambigu. Il était moins bohème qu'il ne paraissait. Vous savez que Moshe n'était pas heureux. Et il ne semble pas qu'Anjali soit très heureuse non plus. Un ménage, voyez-vous, n'est pas la décadence prénazie. Pas du tout.

Même les dispositions dans le lit étaient difficiles.

Les couples ordinaires développent souvent des côtés spécifiques du lit. Dans la relation malheureuse de Stacey et Henderson, par exemple, Stacey dormait toujours à gauche. Mais dans un trio, les positions du sommeil sont plus complexes. Elles ne sont pas neutres. Elles sont symboliques.

Par exemple, pour célébrer la fin de la carrière triomphante de *Maintien de la paix* au Tricycle, Nana, Moshe et Anjali allèrent déjeuner au Caprice. Nana, Moshe et Anjali ne se rappelèrent pas, toutefois, grand-chose de leur coûteux déjeuner. Ils n'étaient pas des gourmets. Ils burent. Ils se soûlèrent et se mirent à parler fort d'eux-mêmes. Ils se soûlèrent et devinrent irritables.

C'était très glamoureux, pensa Moshe.

Mais voici la conversation. La conversation n'était pas glamoureuse.

« Ça vous gêne pas, hein, que je dorme au milieu cette nuit ? » dit Nana. « Juste pour cette nuit ? » demanda un Moshe étonné. « Je ne peux vraiment pas continuer à dormir au bout, dit Nana. Je me réveille tous les matins quand ces types viennent pour les bouteilles et après je ne peux pas me rendormir et après vous vous levez et j'ai sommeil toute la journée. Ça vous gêne pas, hein ? »

Et Moshe dit : « Non, euh, non, ça va. »

Laissez-moi dessiner un rapide schéma. Généralement au lit ç'avait été

Nana, Moshe, Anjali.

Maintenant Nana voulait

Moshe, Nana, Anjali.

Il y avait une différence subtile. Regardez qui était à côté de qui. Et Moshe comprenait cette différence.

« Et aussi, dit-elle, il y a la fenêtre. » « La fenêtre ? » dit Moshe. « Ouais eh bien je croyais que je m'y habituerais, je veux dire, dit Nana, souvent je dors mal et peut-être que si. Je sais pas. Il fait juste si froid. » « Eh bien on n'a qu'à arrêter de dormir la fenêtre ouverte », dit Anjali. « À partir de maintenant, dit Anjali, elle est fermée. Je préfère moi aussi. »

Moshe regarda son loup à la vapeur, empaqueté dans une feuille fanée.

« Ou tu pourrais dormir au bout et je me mettrais au milieu, dit Anjali. Si tu te mets de l'autre côté tu ne seras pas près de la fenêtre. »

Dans le schéma revu par Anjali, la disposition était la suivante

Moshe, Anjali, Nana.

Cette disposition plaisait à Nana. Cette disposition ne plaisait pas du tout à Moshe.

Moshe se tourna et attrapa la bouteille dans le porte-bouteilles sur pied derrière lui, ce qui le mit face à face avec une photo en noir et blanc d'Elvis Costello. Elvis Costello, semblait-il, était un habitué du Caprice. Il appartenait aux gens brillants. Moshe lui lança un regard haineux. Il détestait soudain Elvis Costello. Il détestait les gens célèbres et heureux.

« Tu n'en as jamais parlé », dit-il à Nana. « Elle en a parlé ? » dit-il à Anjali. « Je ne veux pas », dit-il à Anjali et Nana.

Et Nana dit : « Eh bien je pourrais dormir sur le futon ce soir, je suppose. Je pourrais dormir là. » « Le futon ? dit Moshe. Pourquoi le futon ? Pourquoi on ne ferme pas juste la fenêtre ? » « On pourrait fermer la fenêtre », dit Anjali à Nana. « Non non, pourquoi embêter Moshe ? dit Nana à Anjali. Je veux dire c'est son appartement non ? dit-elle à Moshe. Et tu dis toujours que tu as trop chaud avec la fenêtre fermée. Donc je devrais juste dormir sur le futon ce soir. » « Écoute, dit Moshe, en fait ça n'est rien. Rien du tout. Ce n'est pas un grand sacrifice », sourit Moshe.

Nana dit : « Qu'est-ce que tu as dit ? » Elle dit : « Désolée je n'ai pas entendu. J'ai cru que mon téléphone sonnait. »

Il dit : « C'est pas un sacrifice. » Mais Nana dit : « Non non. J'dors sur le futon. » « Et si je dis que je ne veux pas ? dit Moshe. Je veux dire, tu n'aimes pas dormir seule. Je sais ça. Pourquoi tu ne dors pas dans la chambre avec moi et Anjali ? Tu n'aimes pas être seule. »

Deux garçons étaient à la table à côté d'eux, occupés à ramasser les miettes.

« Écoute tu es bête, dit Nana. Je veux dire. Je suppose je veux dire si Anjali préfère la fenêtre fermée. Je peux dormir là avec Anjali. » « Mais mais, je viens de dire qu'on pouvait fermer la fenêtre », dit Moshe. « Oh les enfants, dit Nana, ça ne sera pas toujours comme ça. » « C'est juste que je ne dors pas », dit-elle. « C'tune bonne idée, dit Anjali. Parce que quand tu te lèveras tu n'auras pas à t'inquiéter de me réveiller. » « Je te réveille ? » dit Moshe. « Ouais, ouais, dit Anjali. Le matin. Quand tu passes par-dessus moi. »

Nana secoua les petits glaçons qui encombraient son eau pétillante. Moshe alla pisser.

Il y avait un homme à une table près de l'escalier des toilettes qui avait une coiffure, pensa Moshe, qu'il devait avoir consciencieusement faite lui-même. Elle avait été ondulée serré ce matin avec une brosse ronde. Cet homme était en train de montrer des photos à son compagnon. Son compagnon avait la peau jaune sombre, des cheveux brillants teints en rouge et des lunettes Hugo Boss en or avec des lignes en métal qui traversaient horizontalement le haut. Il avait une verrue et une moustache.

Sans qu'il sache pourquoi ces deux hommes donnèrent à Moshe un sentiment d'amertume. Ils lui donnèrent un sentiment de grande amertume. Et bien que Moshe ne voulût pas l'admettre, je peux vous dire la raison. C'était parce que c'étaient deux hommes ensemble. Ils avaient l'air homosexuel.

C'est triste, mais oui, l'un des héros de mon livre est devenu momentanément homophobe.

Les toilettes des hommes, cependant, étaient plus calmes. Heureusement, il n'y avait pas d'hommes. Les urinoirs étaient un long urinoir. Cet urinoir avait du verre dépoli incliné à sa base, pour permettre aux dernières faibles gouttes secouées de disparaître facilement. Moshe se pencha en arrière, sortant son pénis de son caleçon imprimé cachemire. Il enleva un poil pubien de son prépuce. Puis il pissa. On était mieux, pensa Moshe, dans les toilettes, avec la lumière tamisée et une épaisse moquette noire. Il regarda les rangées d'*Armitage Shanks* en italique gris discret écrit à la main. Il regarda la façon dont un cercle vide s'étendait autour du point où sa pisse frappait la porcelaine. Il secoua les dernières faibles gouttes. Puis il rangea son pénis, il goutta un peu, se rezippa, et s'ébouriffa les cheveux avec de l'eau. L'eau coulait du robinet, dense et régulière avec des bulles.

À son retour, la note était sur la table, dans un portefeuille en faux cuir. Nana et Anjali étaient en train de s'embrasser. Elles se donnaient de petits baisers.

Moshe, pensa Moshe, avait un problème.

7

Le problème de Moshe était, de façon distrayante, similaire au problème de la dissidence dans une société capitaliste. Ainsi que l'ont fait remarqué de nombreux critiques de gauche, il est très difficile d'objecter au capitalisme. Une personne qui essaya d'expliquer cela fut Antonio Gramsci. Antonio Gramsci était un marxiste italien. En 1926, il fut arrêté par le gouvernement fasciste, et mis en prison. En 1928 il fut condamné à vingt ans, quatre mois et cinq jours. Il mourut d'une crise cardiaque en 1937. Il souffrait également alors d'artériosclérose, d'une infection tuberculeuse du dos, et de tuberculose pulmonaire. Cependant, tout ne fut pas négatif. Il avait écrit ses *Carnets de prison*.

Dans ces carnets, Antonio esquissait des tas de théories. L'une de ces théories traitait de la manière d'être révolutionnaire quand on vit dans une société capitaliste. La révolution était coton, pensait Antonio, à cause d'une chose appelée « hégémonie ». L'hégémonie était « la combinaison de force et d'assentiment, qui s'équilibrent réciproquement, sans que la force prédomine excessivement sur l'assentiment. Bien sûr, il est toujours fait en sorte que la force paraisse fondée sur l'assentiment de la majorité, exprimé par les soi-disant organes de l'opinion publique – journaux et associations… »

Haha.

Antonio, en gros, disait que tout le monde se foutait que vous ne soyez pas d'accord avec le capitalisme.

Les capitalistes se débrouillaient pour que personne ne le remarque.

Moi, toutefois, j'ai une théorie différente pour expliquer que tout le monde se foute qu'on attaque le capitalisme. On a toujours l'air d'un poseur. Si on est riche et qu'on se plaint, les gens pensent qu'on est hypocrite. Si on est pauvre, et qu'on se plaint, les gens pensent qu'on est envieux.

De la même manière, si Moshe se plaignait qu'un trio ne soit pas idéal, vous penseriez qu'il est hypocrite. Un homme adulte qui se plaint d'avoir deux filles dans son lit. Et puis quoi encore ! Mais s'il vous tenait le poignet, regardait dans vos jolis yeux bleus, et vous répétait que ce n'était pas idéal, alors vous penseriez que son objection au trio était pure jalousie. Il ne connaissait pas les rencontres sexuelles extraordinaires, les attentions sexuelles doubles, auxquelles il s'était attendu.

Sexuellement, Moshe était pauvre.

8

Un ménage à trois, donc, est un mélange de vie domestique et de sexe. C'est beaucoup plus semblable à un couple que les gens ne pensent. C'est juste un couple plus compliqué. Par exemple, vous êtes quand même obligé d'acheter du lait. Donc, un samedi ou un dimanche matin, Nana et Anjali se rendaient à pied à la jolie crémerie d'Amwell Street.

Je vais décrire l'achat du lait. C'était une habitude révélatrice.

Lloyds & Son – Dairy Farmers – First Class Dairy Products était peint en italique doré au fronton de la boutique. Lloyds & Son – Dairy Farmers – First Class Dairy Products était toujours pleine d'épouses. Elle était aussi pleine de pères. Cela faisait pouffer Nana.

Cela la faisait pouffer parce qu'elle imaginait ce que les pères et les épouses pensaient quand ils regardaient Nana et Anjali. Les pères et les épouses ne savaient que penser, pensait Nana, de deux filles entrant dans la boutique main dans la main. Et ce que Nana aimait vraiment c'était que, bien qu'elle et Anjali fussent apparemment avant-garde, bien qu'elles fussent apparemment bohèmes, elles étaient bohèmes par accident. Nana se sentait tout aussi épouse que les épouses dans la crémerie Amwell. Elle se sentait complètement femme mariée. C'est juste qu'elle avait une épouse en plus d'un mari. C'était la seule différence.

À l'évidence, Anjali n'avait pas les mêmes sentiments concernant maris et femmes. Elle était beaucoup plus intéressée par la femme.

Le décor de la crémerie était un enchantement. Il y avait des pots ocre de moutarde Colman disposés en pyramide, comme des acrobates de cirque. Il y avait une affiche des années cinquante représentant une femme jolie et heureuse avec son lait de Jersey préféré. Ses cheveux bouclaient autour de ses oreilles parfaitement bouclées. Nana aimait le charme du passé. Près du pas de la porte, un cigare sans filtre de merde de chien avait été soigneusement balayé de côté. Nana tapotait la fausse herbe verte de l'étalage tout en faisant la queue. Elle aimait la douceur piquante. Elle aimait le factice.

Quant à Anjali, Anjali cancanait. Elle disait : « Tu sais pourquoi ils se séparent ? Je sais. Et ils avaient l'air tellement heureux ensemble. Je veux dire rien que la semaine dernière tu as lu cette interview celle dans *Heat* où elle disait. Je sais. C'est si vrai. » Ou : « Et apparemment il n'avait même pas l'air palestinien. Il avait l'air, je veux dire il avait un costume. » Et Anjali demanda le lait, puis elle essaya de trouver de l'argent. « J'ai besoin d'une livre, dit Anjali, tu as une livre, j'ai besoin d'une livre !» Puis elles s'en allèrent, slalomant en souriant entre les marmots et les sacs.

C'était la routine. Anjali et Nana retournaient à Lloyd Baker Street par Amwell Street. Nana adorait regarder les fenêtres avec des rideaux en macramé et des yuccas, un sticker «I love Washington» à moitié décollé, un Oui-oui en plastique moulé. Et parfois elle imaginait une fille étendant une jambe sur la couette, dans une chemise de nuit bon marché avec une vilaine étiquette qui la grattait. Ou elle voyait une femme debout près d'une petite fille avec des nattes, vêtue d'une robe en velours noir, dont les mains se plaquaient sur un invisible piano.

Les maisons incitaient Nana à penser aux bébés. Elles lui faisaient penser aux familles. Et les familles, en fin de compte, pour Nana, étaient des familles hétérosexuelles. Je pense qu'il faut que je sois plus clair.

Entre-temps, à environ ce moment de l'expédition pour l'achat du lait le dimanche matin, Anjali disait : «Je t'aime tant.»

Voilà pourquoi le lait était révélateur.

Il est important de se rappeler qu'il y a plus d'une façon de dire : «Je t'aime.» Il y a le «Je t'aime» de l'amour dévorant et enchanteur. Mais il y a aussi le «Je t'aime» de l'amitié décontractée et heureuse. Et Anjali utilisait l'expression de la seconde manière. Enfin, non, elle avait commencé à l'utiliser de cette manière. C'est juste que graduellement cette phrase devenait de plus en plus sérieuse. Au cas où vous n'auriez pas deviné, l'affection d'Anjali pour Nana était en train de grandir. Son usage de l'expression «Je t'aime» devenait de plus en plus un exemple d'amour dévorant et enchanteur.

Et peut-être y avait-il une autre raison aussi. Anjali n'était pas vraiment sûre que cet arrangement marcherait pour elle. Elle se sentait encore à l'écart du couple central. Le trio était toujours incertain. Donc peut-être que le « Je t'aime », seule avec Nana, était un exemple d'insécurité aussi. Elle demandait à Nana de la rassurer.

Parce que, après tout, pensait Anjali, c'était elle qui allait souffrir ici. Si quelqu'un devait être abandonné et dévasté, cette personne serait Anjali.

Personne ne tombe amoureux immédiatement. Ça prend du temps. Ça se développe, parfois, pour des raisons délicates et inaperçues. Du début octobre à la mi-novembre, Anjali prit des habitudes laitières avec Nana et tomba simultanément amoureuse.

Mais Nana n'en savait rien. Elle pensait que le « Je t'aime » d'Anjali n'était qu'une expression d'amitié décontractée et heureuse. À cette occasion, en novembre, Nana regardait distraitement une fille avec une poussette, qui bavardait avec une fille avec une poussette. L'une d'elles disait : « Parce que je suis une nègre, noire, fière. Tu sais comme Michael Jackson quand il était jeune et qu'il avait cet afro ? » Les deux gros bébés affalés regardaient le ciel en plastique froissé. Et Nana hocha la tête et l'embrassa, elle embrassa Anjali en public. C'était le dimanche matin. Elles allaient acheter du lait. C'était domestique.

Nana était heureuse. Elle pensait aux familles heureuses.

9

Un soir de 1936, l'actrice de cinéma Renée Muller était seule à la chancellerie du Reich avec le chancelier du Reich. À cette époque le chancelier était Adolf Hitler. Parce qu'il était tard, et qu'ils étaient seuls, Renée était sûre qu'Adolf voulait baiser. Et il semble qu'elle avait raison. Il se mit à la déshabiller. Mais juste comme ils allaient se mettre au lit, Adolf tomba à genoux et supplia Renée de lui donner des coups de pied.

Au début, Renée refusa. C'était tout à fait embarrassant, de voir le chancelier nu à quatre pattes, suppliant de se faire donner des coups de pied. Mais Adolf insista. Il dit qu'il était indigne, rien qu'un ver, un idiot, une brute qui ne méritait pas d'être mieux traitée qu'un chien, un vilain petit garçon qui avait besoin d'être puni.

Adolf rampait. Sexuellement, il rampait pour Renée.

Ce qui est amusant dans le fait d'être embarrassé c'est qu'à la fin vous préférez faire ce qui vous embarrasse plutôt que de continuer à être embarrassé. Vous vous en débarrassez. À la fin, Renée Muller donna des coups de pied à Adolf. Elle lui donna des coups de pied très légers, mais elle lui donna quand même des coups de pied. Et cela excita Adolf. Il lui en demanda encore. Encore et encore il la supplia. « Espèce de ver, disait Renée, rat dégénéré. » Adolf s'amusait vraiment beaucoup. Il dit à Renée combien elle était généreuse, combien plus il recevait qu'il ne méritait, que vraiment elle ne devait pas le récompenser par tant de discipline. Il n'était même pas digne d'être dans la même pièce qu'elle, dit Adolf.

Ce qui est amusant c'est qu'alors Renée elle aussi s'amusait. Elle n'avait jamais encore été dominatrice, mais c'était amusant. Loin d'être embarrassée, l'actrice de cinéma Renée Muller venait juste de découvrir la fascination sexuelle de sa vie. Elle lui donna des coups de pied très fort. Elle se mit à rosser Adolf.

Comme il y a peu de permutations sexuelles. Pauvre Adolf, qui voulait recevoir des coups de pied. Pauvre chose, qui débitait des phrases telles que : « Je ne suis pas digne d'être dans la même pièce que vous. » Je commence à me prendre plutôt de sympathie pour Adolf. Et la pauvre Renée, si rapidement enivrée par le rôle de la dominatrice. Dans leur innocence, ni Adolf ni Renée n'étaient très spécifiques dans leurs goûts sexuels. Il n'y avait pas d'ordres minutieux de la part d'Adolf concernant l'enchaînement exact et la puissance des coups de pied de Renée. Il n'y avait qu'un souhait général. Il n'y avait qu'une rossée générale.

Adolf et Renée venaient juste de tomber sur un problème humain central. Le voici. Le sexe n'est pas spécifique. Il n'est pas original. Vous pouvez penser que vos perversions ne sont qu'à vous, mais non. La perversion est générale. Les perversions sont universelles. C'est à vous de les rendre spécifiques.

10

Anjali était sur Internet. Elle regardait le porno gratuit, seule dans le salon de Moshe, un matin. Elle se baladait dans une galerie proposée par eroticamateurz.com. Au cas où vous ne sauriez pas ce qu'est une galerie, c'est une galerie de photos pas plus grandes qu'un ongle de pouce. Elles s'agrandissent, toutefois, quand vous cliquez dessus.

Cela est crucial pour le récit. Sincèrement.

Anjali était en train de se masturber.

Une fille vêtue d'un collier en jais et de bas résille noirs introduisait la main dans un vagin, de telle sorte que tous les doigts étaient submergés. Ou, alternativement, devant ce qui ressemblait à un tableau de Jackson Pollock noir et violet, elle était à quatre pattes, appuyée sur un coussin à damiers marron et bleu marine. Le bras d'un homme était aussi sur cette photo. Pas sa main. C'était parce qu'elle était dans un gant chirurgical blanc et que ses doigts étaient submergés. Anjali ne voyait pas exactement où ses doigts étaient submergés. Il était vraisemblable qu'ils étaient submergés dans l'anus de la fille. C'était difficile à dire.

Ayant épuisé la galerie de fisting, Anjali se vit proposer 29 photos de petite salope en chaleur baisant son amant dans le fond de la classe, 30 zooms d'une magnifique vicieuse hyperchaude écartant sa grosse chagatte rasée, 12 clips d'une petite cochonne exhibant des lèvres rose vif, 23 aperçus de filles aux seins splendides avec de toutes petites chattes mais bien baveuses, et 20 clichés d'une jeunette brûlante vêtue de cuir avec un flingue sur son clito.

Cette liste ennuyait Anjali.

Le problème avec la pornographie, qui est aussi le problème avec le sexe en général, c'est qu'il vous faut de l'imagination. Il vous faut être précis. Et il est difficile d'être précis. Très souvent, vous empruntez les scénarios des autres. Vous ne pouvez pas vous empêcher d'emprunter les scénarios des autres.

Par exemple, la classe et la famille étaient les histoires les plus fréquemment présentées à Anjali. Il y avait 28 zooms de blonde sexy ouvrant son buisson délicieux pour l'amant de maman. C'était la famille. Ou 16 photos fixes d'amazones en selle toute la journée. C'était la classe. Ou 27 diapos de nièces rendant visite à leurs oncles et attaquant des bites de trente centimètres, et 25 diapos de papa bordant sa fille préférée pour la nuit. La famille. Ou 28 aperçus d'une belle blonde faisant poser son cul superbement moulé, et 16 pix de jeunes femmes d'affaires jouant avec leurs chattes après le travail. La classe. Puis il y avait 16 diapos de petite traînée pissant sur une bite avant de sucer un étalon, et c'était plus inhabituel. Ce n'était pas le truc d'Anjali – ce n'est pas mon truc, en vérité – mais c'était plus imaginatif.

En fait, pensait Anjali, il n'y avait qu'une description prometteuse. C'était 18 vues du jeune voisin en train de baiser grand-mère après avoir tondu sa pelouse. C'était la pelouse tondue qui était bien. Elle faisait preuve d'un goût du contexte sans prétention.

La raison pour laquelle Anjali surfait sur le net était triste. Mais c'était aussi une raison prévisible. Elle ne prenait pas grand plaisir à toutes les responsabilités sexuelles d'un ménage. Toutes n'étaient pas des plaisirs.

Elle ressentait, en d'autres termes, un manque d'imagination précise dans sa vie sexuelle. Et j'en connais la raison. Vous aussi en connaissez la raison. Elle était tombée amoureuse de Nana.

Donc elle en avait assez, pensait Anjali, des garçons.

11

Les sentiments de Nana ont été passés sous silence dans cette description du ménage à trois. Peut-être pensez-vous que c'est une grave omission. Mais j'ai ignoré Nana pour une raison. Je voulais que vous observiez deux faits avant que j'en arrive à Nana. Le premier fait était le suivant. Anjali et Moshe baisaient bien. Physiquement ils baisaient bien. Et c'était parce que Anjali avait un talent sexuel. Mais il y avait aussi un second fait. Ni Anjali ni Moshe n'étaient émotionnellement satisfaits du sexe. C'était parce qu'ils étaient tous deux attachés à Nana.

Nana, cependant, était malheureuse elle aussi.

Au début, Nana était contente que tous trois semblent heureux. Ce n'est pas ce qu'elle avait imaginé quand elle avait rencontré Moshe, mais c'était ce qui était arrivé. Et j'applaudis à ce pragmatisme. J'applaudis à cette absence d'apitoiement sur soi-même.

Mais il y avait des soucis. Le sexe était un souci pour Nana. Il l'était de plus en plus.

Quel ménage impossible ! C'était l'arrangement le plus sexuel possible, mais aucun n'était satisfait par le sexe. Moshe était culpabilisé. Anjali était frustrée. Et maintenant on voit que Nana était troublée.

Elle était envieuse d'Anjali. Elle était jalouse de Moshe. La raison de cela était que Nana n'avait pas de talent sexuel. Elle était sexuellement compliquée. Et cela la rendait triste, d'être dans la même pièce que Moshe et Anjali, tandis que Moshe et Anjali baisaient frénétiquement et habilement. Il était difficile de rester amusée par cela. C'était un effort social.

Voilà pourquoi j'ai voulu passer sous silence les sentiments de Nana. Je voulais que vous appréciiez combien elle avait tort d'être inquiète et triste. Je voulais que vous perceviez l'ironie. Moshe et Anjali pensaient que leur vie sexuelle était une pénible comédie. Nana pensait que leur vie sexuelle était extatique, kamasutrique. Elle était inquiète et triste. Elle était déprimée par sa libido terre à terre.

Il y avait là une autre ironie aussi. Afin de contrer le sentiment d'être l'anomalie sexuelle dans le ménage, Nana voulait faire montre de volonté. Elle voulait être l'égale d'Anjali. Elle ne faisait pas cela, toutefois, simplement en baisant avec Moshe. Elle faisait ça, bien sûr, elle baisait avec Moshe. Mais, ce qui est plus important, elle se livrait à des expériences avec Anjali. Elle acceptait toutes les suggestions d'Anjali. Et les demandes d'Anjali devenaient très intenses. À mesure qu'Anjali devenait de moins en moins hétérosexuelle, ses demandes devenaient plus spécifiques et étranges.

Je ne sais pas à quel point Nana peut paraître étrange. Je présume qu'elle ne paraît pas très étrange. Dans le sexe, la chose qu'aimait Nana, et nous savons tous trop bien que le sexe n'était pas le sujet favori de Nana, c'était l'intimité. Elle aimait au moins sentir qu'on tenait à elle. Tandis qu'Anjali était en train de devenir féroce. Cela mettait Nana mal à l'aise. Mais que pouvait-elle faire ? Elle ne voulait pas avoir l'air prude.

12

Voilà pourquoi, un jour, l'index, le médium et l'annulaire d'Anjali étaient dans le vagin de Nana, juste sous les articulations. Ils étaient enduits de gel K-Y de Johnson's, dont le tube bleu à bouchon-pression était quelque part sur la couette.

Dans leur répertoire domestique, Anjali et Nana avait introduit la pratique sexuelle connue sous le terme de fisting. Elles domestiquaient le fist-fucking. Elles faisaient cela, sous la conduite d'Anjali, à l'aide de tuyaux pris sur Internet et de classiques du film lesbien tels que *Comment baiser avec des talons hauts* et *Femme II*.

Pour ceux qui aiment faire des expériences, ou qui simplement ont du mal à imaginer cela, je vais essayer de vous fournir un guide.

D'abord, Anjali chauffa Nana. Elle pressa sa langue lentement contre le clitoris de Nana. Anjali lapa le mucus qui coulait du vagin de Nana. Elle l'étala autour de ses lèvres chiffonnées et molles. Et Nana laissa aller sa tête sur le côté, soulevant sa vulve contre la langue d'Anjali. Ce geste donna de nouvelles idées à Anjali. Anjali pressa son doigt autour du trou du cul de Nana, l'y introduisant, puis le bougea vers le haut et en cercles et plus profond. Cela donna à Nana l'impression d'être douillettement et bizarrement pleine. Et c'est ce qu'aimait Nana, Anjali savait ça. Mais malheureusement, Nana n'était pas elle-même ce matin-là. Elle se trémoussa. Elle se trémoussa. Le doigt d'Anjali était légèrement inconfortable. Mais Anjali interpréta le trémoussement de Nana non comme un trémoussement d'inconfort, mais comme un trémoussement de plaisir. C'était, pensa Anjali, une demande pour quelque chose de plus profond. Donc Anjali poussa plus profond. Elle sentait des bouts de la merde de Nana.

Nana dit: « Aahtumme. »

C'était un bruit ambigu. Je ne pense pas que vous auriez pu savoir sans que je vous le dise que c'était un bruit de douleur. Ç'aurait pu aussi être un gémissement de plaisir. Mais non, c'était un bruit de douleur.

Anjali leva les yeux.

La raison pour laquelle cet épisode unique de fisting lesbien ne se termina pas prématurément en crise de nerfs, avant que ce fût même du fisting, était qu'Anjali continua à s'abuser. Elle ne savait pas que Nana n'était pas en chaleur. Elle pensait que c'était un gémissement de plaisir. Elle pensait que Nana en voulait plus. Elle pensait qu'un seul doigt la barbait. Elle voulait tout le tremblement.

Anjali prit le tube de lubrifiant intime K-Y Johnson & Johnson's, qu'elle avait eu dans le paquet-cadeau de Johnson's. Elle pressa du lubrifiant sur ses doigts et en enduisit Nana.

Nana, au cas où vous poseriez des questions, était pétrifiée. Elle était contente que les mains d'Anjali fussent les plus petites qu'elle eût jamais vues, mais même, ça faisait toujours peur. Et je suis avec elle là-dessus. J'aurais eu peur. Encore plus effrayant, toutefois, était l'article qu'elle se rappelait, peut-être de *Marie Claire*, qui informait ses lectrices que seul un orgasme pouvait libérer un poing du vagin. Cela mettait la pression sur une fille comme Nana.

Anjali avait maintenant étalé une grande quantité de lubrifiant K-Y à l'extérieur et à l'intérieur du vagin de Nana. Elle en avait étalé sur sa main droite en coulées transparentes. Elle s'amusait beaucoup. Franchement, cela ne me surprend pas. Une blonde d'un mètre quatre-vingts aux pâles poils pubiens était allongée toute barbouillée devant elle. Ce n'était pas une vision sans attraits.

Anjali, paume en l'air, comme elle l'avait vu sur ses

photos éducatives, introduisit l'index et le médium de sa main droite. Elle fit cela très lentement. Elle bougeait très très lentement. Elle arriva presque à la jointure. Et simultanément, avec un délicat index de sa main gauche, elle toucha délicatement le clitoris de Nana. Cela dura plusieurs minutes. Puis elle glissa son annulaire. Il glissa d'une manière étonnamment rapide. Il glissa si rapidement qu'Anjali décida d'y ajouter le pouce aussi. Le pouce devait être à plat sur les autres doigts, dans la position dite de « l'ornithorynque ». Anjali forma l'ornithorynque. Nana gémit. Elle gémit, cette fois-ci, de plaisir. C'était, pensa-t-elle, la chose la plus extraordinaire. Et Anjali poussa. Elle poussa lentement, introduisant son auriculaire en plus.

Graduellement, graduellement, la main droite d'Anjali s'enfonça. Sa main était à l'intérieur de Nana jusqu'à la base des doigts. Enfin elle la fistait.

Alors Moshe entra.

Ils firent tous comme si de rien n'était.

Moshe s'assit dans le fauteuil de bureau en bois à côté de son petit bureau en Formica noir. Il s'assit dans le fauteuil et prit le livre le plus proche – indifférent, effrayé, excité. Il se mit à lire. Le livre le plus proche se révéla être les *Nouvelles* de Saul Bellow, recommandé, d'après Anjali, par *Elle*. Moshe n'achetait pas de livres. Il les trouvait trop chers. Il lui arrivait d'en feuilleter qui lui plaisaient dans une librairie mais ensuite il regardait le prix et c'était fini. Moshe reposait le livre. Il jeta un coup d'œil au rabat de la jaquette des *Nouvelles* de Saul Bellow. Vingt livres ! pensa-t-il, éberlué. Vingt livres ! Mais il le lut. Il lut des choses concernant la vie du mâle juif en Amérique.

Nana, tout en se faisant fister, regardait la photo d'une Cadillac, enneigée, à Chicago, sur la couverture des *Nouvelles* de Saul Bellow. Ça lui faisait quelque chose d'autre à quoi penser. Elle grogna. Anjali ouvrait et fermait les doigts dans le vagin de Nana. Et c'était un plaisir fondamental pour Nana. Elle grogna. Anjali eut un sourire d'approbation.

Mais Nana avait du mal à se décontracter avec son petit ami qui lisait de la littérature contemporaine américaine tandis qu'elle se faisait fister. Et elle s'inquiétait pour l'orgasme. Elle se disait que ce n'était pas le moment d'atteindre le premier orgasme sociable de sa vie. Anjali était agréable mais aussi douloureuse. Donc Nana décida que, pour une expérience, elles s'étaient remarquablement bien débrouillées. Elles avaient découvert une gâterie particulière. Mais maintenant il était temps d'arrêter. « Je pense que ça suffit », dit Nana. Elle le haleta. Et Anjali, parce que Anjali est gentille, je ne veux pas que vous pensiez qu'elle n'était pas gentille, sourit à Nana et hocha la tête. Elle mit un doigt de sa main gauche dans le vagin de Nana, à la base, sous la main droite d'Anjali. Et elle poussa sur le vagin de Nana. C'était pour faire sortir de l'air. C'était pour libérer le vide.

Moshe posa Saul Bellow. Il étendit les bras sur les bras du fauteuil, puis les laissa tomber, inconfortable, lourd. Il alla faire du thé pour tout le monde.

13

Il y a quelque temps, j'ai parlé des surréalistes. J'ai parlé de leurs conversations sur le sexe. Peut-être que le surréalisme est encore une fois en train de s'introduire en douce. Ce genre de situation – où un garçon regarde sa petite amie se faire fister par une autre fille, tout en lisant Saul Bellow, et va faire trois tasses de thé – est souvent qualifiée de surréaliste. Un autre raconteur que moi pourrait dire : « C'était tellement surréaliste.» En fait, c'était exactement ce que Moshe et Anjali étaient en train de penser. Tandis que Moshe faisait le thé, et qu'Anjali se détendait, ils étaient tous deux en train de penser avec une ironie désabusée que c'était très surréaliste.

Mais était-ce surréaliste ?

Celui qui inventa le terme « surréalisme » est Guillaume Apollinaire. Guillaume était un poète français du début du vingtième siècle. Il l'inventa dans un texte pour le programme du ballet *Parade* – dont le scénario était de Jean Cocteau, la chorégraphie d'André Massine, le décor de Pablo Picasso et la musique d'Erik Satie. Six semaines plus tard il employa de nouveau le terme, dans un texte pour le programme de sa propre pièce : *Les Mamelles de Tirésias*. Voici sa définition du surréalisme : « Quand l'homme voulut imiter la marche, il inventa la roue, qui ne ressemble pas à une jambe. Sans le savoir, c'était un surréaliste. »

Je ne suis pas sûr que cette définition nous mène très loin. D'après cette définition, Anjali et Moshe avaient probablement tort. Ça ne ressemble pas beaucoup à l'invention de la roue – un garçon qui fait du thé pour sa petite amie et la petite amie de celle-ci, après les avoir regardées se fister.

Ses poèmes mis à part, la chose la plus célèbre écrite par Guillaume Apollinaire est un roman porno, intitulé *Les Onze Mille Verges*. Dans *Les Onze Mille Verges*, beaucoup de gens se font psychopathiquement violer, fouetter et tuer par un automate sexuel humain appelé Mony. Ce n'est pas un très bon livre. Dedans, il y a beaucoup de phrases comme celle-ci : « Lorsqu'il fut à la jouissance, il prit le sabre et, les dents serrées, sans arrêter le culetage, trancha la tête du petit Chinois dont les derniers spasmes lui procurèrent une grande jouissance, tandis que le sang jaillissait de son cou comme de l'eau d'une fontaine. »

Toutefois, certaines personnes pensent que ce roman porno définit aussi le surréalisme. Apparemment, ce roman montre comment, en réalité, il n'y a rien de tel que la motivation psychologique ou les considérations morales. Il montre que, si nous étions authentiques, nous prendrions conscience que le monde est, en essence, surréel.

Je pense que ces gens sont stupides. Est-ce que Guillaume Apollinaire déflorait analement de jeunes Chinois avant de les décapiter ? non. Cela parce qu'il y a un vice fondamental dans le raisonnement du surréalisme. Le voici.

Rien en réalité n'est surréel. Seul le « surréel » est surréel.

Par exemple, le jour suivant celui où Nana avait été férocement fistée par Anjali, alors que le ménage durait depuis environ deux mois, Papa eut une attaque.

J'imagine que vous ne vous attendiez pas à ça. J'imagine que c'est une triste surprise pour vous. Il est difficile de s'attendre à la maladie. Mais je pense quand même qu'il était possible de le deviner. Il y avait eu les migraines de Papa pendant les vacances. Il y avait l'indice que je vous avais donné dans la gondole à Venise. Il y avait ses étourdissements. J'en ai même parlé au début du chapitre 2.

Mais quoi que ce fût, ce n'était pas surréel. Non. Rien n'est surréel.

Guillaume Apollinaire, par exemple, n'est pas mort après un viol homosexuel sadique. Non. Il est mort de la grippe.

14

« Écoute tu peux parler », dit Nana. « Ouais ouais ouais, dit Moshe. Enfin cinq minutes. J'fais une pause. » « Il va bien maintenant, dit-elle. Ils disent qu'il va bien.» «Non attends je ne t'entends pas», dit-il. «Attends. Qu'est-ce qui s'est passé ?» dit Moshe.

«C'est peut-être une tumeur», dit-elle. «Une tumeur une putain de tumeur ?» hurla Moshe. «Bon Dieu», dit-il.

«Peut-être», dit-elle. Moshe dit : «Vraiment ? Quoi ? Mais depuis combien de temps il ?» Et elle dit : «Les médecins ne le disent pas. Ils ne savent pas. Mais il ne se sentait pas bien depuis quelque temps, il disait. Il s'était mis à faire toutes sortes de trucs bizarres. Je veux dire au moins ça explique ça. Toutes les migraines», dit-elle.

Moshe vérifia par inadvertance s'il avait la migraine. Il ne pouvait pas s'en empêcher. Il, oui, il non non non il, non.

«Je veux dire, dit-elle, il m'a téléphoné une fois – je te l'avais dit – pour me dire qu'il n'arrivait pas à faire une tasse de thé. J'ai dit : “Qu'est-ce que tu veux dire ?” Il m'a dit : “Le sachet a disparu.” J'ai dit : “Qu'est-ce que tu veux dire ?” » « Où es-tu ?» dit Moshe. «Je suis à la réception, dit-elle. J'ai dit : “Qu'est-ce que tu veux dire ?” » « Il avait mis le sachet dans la bouilloire, non ?» Elle dit : «C'est drôle il était plus lui-même après l'opération. Il était plus coquin. Il n'arrêtait pas de flirter avec l'infirmière.» Moshe dit : «Mais il va bien.» Elle dit : «Il est plus coquin. Il n'arrêtait pas de se plaindre que les médecins ne s'intéressaient qu'au dateur de l'infirmière.» «Son dateur ?» dit Moshe. «Je sais», dit-elle.

Il dit : «Eh bien qu'est-ce, je viens te chercher ?» «Écoute tu n'as pas besoin de t'occuper de moi», dit-elle. «C'est pas m'occuper de toi, dit-il. J'ai envie.» «Tu n'as pas besoin», dit-elle. «Écoute je suis ton petit ami, dit-il. J'ai envie. Je t'aime.»

Et c'était vrai, pensa-t-elle. Elle était sa petite amie. Cela la rendit heureuse. Mais elle était adorable, Nana.

Se sentir heureuse la rendait triste pour Anjali. Donc Nana changea d'avis. Il était possible, pensa-t-elle, d'être deux petites amies à la fois.

« Donc c'est le cancer, dit-il. Bon Dieu. Nana, dit-il. Nana, dit-il. Nana est-ce que tu ? » « Ouaisjuis, j'suis là. Eh bien ils ne savent pas si c'est le cancer », dit-elle. « Alors qu'est-ce qui se passe maintenant, dit-il, la chimio ? » « Oui oui oui, dit-elle. Eh bien d'abord on fait des rayons et après on fait la chimio. C'est son choix mais il va falloir qu'il en passe par là. Après on fait la chimio. Je veux dire je le forcerai s'il ne le fait pas. »

« Écoute, dit-il, bon Dieu écoute il va falloir que j'y aille. Ils sont tous partis, ils sont tous rentrés. » « Je ne t'entends pas », dit-elle. « Ils sont tous rentrés, cria Moshe. Écoute je. Écoute je t'appelle quand je sors, dit-il. Tu veux que je vienne te retrouver ? » « Qu'est-ce, qu'est-ce que tu veux dire », dit-elle. « Eh bien tu veux ? Je pourrais être à la station, je pourrais être à Edgware à six heures », dit-il. « Non prends le Thameslink », dit-elle. « Le quoi ? » dit-il. « Le Thameslink », dit-elle. « Qu'est-ce que c'est que ça ? » dit Moshe. « Tu le prends. Tu montes à King's Cross et tu descends à Elstree. Après prends un taxi », dit-elle. « C'est plus rapide », dit-elle. « Non attends je ne t'entends pas », dit-il. « Oh demande à Anjali, dit Nana, elle a dit qu'elle venait. » « Quoi ? » dit-il. « Quoi quoi je ne », dit-il. « Demande à Anjali », dit Nana.

Et ensuite elle raccrocha.

15

C'est à ce moment de l'histoire, à la fin du chapitre 9, que le chapitre 1 se passait. Environ une semaine plus tard, Nana et Moshe essayèrent le sexe anal. Vous vous rappellerez, j'espère que vous vous rappellerez que ça n'avait pas vraiment marché. Comme Moshe essayait, doucement, de resserrer les menottes d'un rose duveteux qui entouraient les poignets de sa petite amie, il remarqua un léger froncement de sourcils. Et cetera.

Je suis sûr que maintenant vous pouvez comprendre toutes les pensées bien intentionnées et compliquées et les compromis qui menèrent à leur décision mutuelle de s'abandonner au bondage et au sexe anal.

Et une fois l'épisode terminé, vous vous rappellerez aussi, Moshe poursuivit son travestissement de judaïté. Il dit : « Tu n'as pas aimé le truc juif ? C'est ce que j'ai trouvé de mieux. »

Déprimé, Moshe sourit.

Elle le regardait, en silence. Il assurait une diversion visuelle comique. « Quoi ? » dit-il. Et elle sourit. Elle dit : « Chéri, tu n'es qu'à moitié juif. »

Déprimé, Moshe sourit.

Moshe était debout devant elle, son corps penchant légèrement vers l'avant. Il avait le poids du corps sur la jambe droite, qui était maintenant pyjamée d'écossais. Le pied de sa jambe gauche était un peu avancé. Et son genou était doucement ployé. Il était en train d'enfiler son pyjama.

Nana se demandait pourquoi elle était heureuse, allongée là tandis que les réverbères s'allumaient, inégalement.

« Et tu n'es même pas circoncis », dit-elle.

« Ne nous disputons pas », l'admonesta-t-il, tandis qu'il sautait à cloche-pied à la recherche de la jambe gauche du pyjama.

Moshe n'était pas heureux. Il était déprimé. Nana et Moshe, pensait-il, n'étaient pas une réussite. Rien n'était jamais une réussite. Il broyait du noir et disséquait les effets nocifs que la transformation en un ménage à trois avait sur une relation. Il pensait des pensées furieuses. Il aurait aimé qu'ils ne soient à nouveau rien qu'eux deux.

Si seulement Nana avait su ça ! Mais elle ne le savait pas. Au lieu de quoi Nana était heureuse. Elle était heureuse parce qu'elle avait pris conscience qu'elle n'aurait plus à essayer de baiser comme dans le Kāma Sūtra. Elle n'aurait plus à regarder Anjali et Moshe ensemble être plus compétents et excités. C'était parce qu'elle devait prendre une noble décision. Nana devait retourner à la maison vivre avec Papa. Elle devait quitter Moshe. Moshe n'avait pas besoin d'elle. Il était *mieux* sans elle. Tandis que Papa avait besoin d'elle.

Voyez-vous, au cas où vous vous seriez demandé s'il était convenable de projeter des relations sexuelles contre nature pendant que son père est à l'hôpital avec peut-être une tumeur au cerveau, vous devez comprendre que Papa n'était pas à l'hôpital. On n'était pas vraiment sûr que c'était une tumeur. On pensait que ce pouvait juste être une petite attaque. Donc Papa avait été décrété malade en consultation externe. Il avait été renvoyé chez lui pendant qu'on étudiait ses scanners.

Papa était chez lui, heureux, et se reposait. Il était possible qu'il soit guéri. Tout paraissait calme.

Mais le calme n'était pas une raison pour ne pas s'occuper de lui, pensait Nana. Nana aimait son Papa. Ne pas être à la maison avec Papa lui manquait. Elle allait lui montrer à quel point elle l'adorait.

Un acte d'amour – tel était ce que Nana avait décidé.

10

ILS SE DÉSAIMENT

1

Je veux que cela soit parfaitement clair. Nana voulait se tirer. Elle avait décidé qu'elle voulait se tirer pour toujours.

Il y avait une raison égoïste à cela. Elle ne voulait plus être en compétition sexuelle. Elle ne voulait plus être obligée de regarder Moshe et Anjali. Nana en avait assez d'être humiliée.

Et il y avait une raison altruiste. Elle voulait s'occuper de Papa.

C'était aussi un acte d'amour.

2

En 1995, le lauréat du prix Nobel de la paix, sir Joseph Rotblat, appela à la signature d'un traité entre les puissances nucléaires. Chaque État accepterait de ne pas faire usage de l'arme atomique en premier dans quelque conflit que ce soit. Le 5 avril 1995, une Politique de non-usage en premier des puissances nucléaires reconnues fut dûment signée.

Je sais que ni Nana ni Moshe ni Anjali n'étaient des Puissances nucléaires. Ils n'étaient évidemment pas des Puissances du tout. Donc cela peut sembler un peu mélodramatique et déplacé. Mais ce n'est pas mélodramatique et déplacé.

La Politique de non-usage en premier est fondée sur la certitude d'une destruction mutuelle. Et c'est une excellente base d'accord. C'est la base de beaucoup d'accords. Mais elle comporte aussi un défaut. Ce genre d'accord ne fonctionne que si tout le monde se sent menacé. Cela dépend du fait que les gens perçoivent la destruction comme, tout compte fait, indésirable. Dès que quelqu'un pense que la vie ne peut pas être pire, alors il ne se sent plus menacé. Il faut y prendre un tout petit peu de plaisir afin de se sentir menacé. Si vous n'aimez pas du tout votre vie, alors peu vous chaut de vous faire bombarder en retour. Et vous pourriez violer votre promesse de n'être pas le premier à utiliser l'arme nucléaire. À ce moment, l'accord n'a plus aucune force contraignante.

Peut-être cela ne peut-il être mis en parallèle avec la décision de Nana de quitter le ménage. Elle ne partait pas parce que pour elle sa vie était sans espoir. Elle partait pour s'occuper de Papa. C'était noble.

Mais Nana n'était pas juste noble. Il y avait une autre raison. C'était la raison égoïste.

C'est là que je perçois une similitude. Et je tiens spécialement à la souligner, parce que la raison égoïste était une raison cachée. Elle n'était pas évidente. Donc je pense qu'il est important de la souligner ici. Dans ses moments les plus larmoyants, tandis qu'elle nourrissait de sombres réflexions sur l'inégalité sexuelle, Nana pensait qu'elle n'avait plus rien à perdre. Leur accord tacite de rester ensemble n'avait plus de force contraignante. Il ne serait pas pire pour Nana de partir que de rester.

3

Nana se réveilla. Elle voulait se tirer. Elle voulait quitter Moshe. Elle voulait quitter Anjali. Elle voulait les quitter tous les deux ensemble. C'était ce qui était le mieux pour tout le monde.

Tous trois étaient disposés, ce matin-là, comme suit :

Nana, Anjali, Moshe.

Peut-être cela n'exprime-t-il pas tout à fait la disposition. Moshe était enroulé autour d'Anjali. Il était accroché à elle.

Tandis qu'elle les regardait, Nana se sentait très triste. Elle se sentait très triste et heureuse. La tristesse, sans doute, était évidente. C'était triste de regarder Moshe blotti contre Anjali. C'était triste de le regarder être heureux avec une autre fille. Et c'était triste pour Nana de penser qu'elle allait partir. Mais si elle faisait un effort, elle pouvait aussi se sentir heureuse. Elle pouvait s'imaginer dans le rôle de la noble épouse, abandonnant son mari à sa maîtresse.

Si elle faisait un effort, Nana pouvait imaginer une fin différente à *Casablanca*.

Dans cette fin, Nana joue le rôle de Victor Laszlo, le mari juif et intellectuel antinazi. Dans la version de Nana, c'est Victor, pas Rick, qui est noble. C'est Victor qui se sacrifie. Il monte dans son petit avion avec ses deux hélices, et *laisse les amants en plan*, au Maroc. Bergman reste avec Bogey. Dans cette fin, Victor n'est pas égoïste. Il n'est pas si obsédé par son bonheur personnel.

Moshe se retourna et se réveilla. Il leva les yeux sur Nana. Nana le regardait. Il lui demanda quelle heure il était. Nana le lui dit. Elle se pencha au-dessus d'Anjali et embrassa Moshe.

Nana, sur le point de partir pour toujours, dit à Moshe qu'elle allait faire du café.

4

Ce n'est pas facile – de rompre. Ce n'est que très rarement le bon moment. En fait, je ne sais pas quel pourrait être le bon moment. Cette rupture particulière se passa à huit heures du matin. Ce n'est pas une heure géniale. Et Nana était nue. Elle était dans la cuisine, occupée à remplir la bouilloire. Moshe la suivit. Il était nu lui aussi.

La seule bonne chose, pensa Nana, était qu'Anjali n'était pas là. Au moins Anjali dormait encore. Parce que c'est déjà assez difficile de rompre avec une personne, sans en plus avoir une autre personne pour s'immiscer et fournir des explications.

Elle dit: «Moshe.» Et elle se tut. Moshe ne dit rien, il bâillait. Donc Nana dit: «Je, je veux dire, je ne suis pas sûre que ce soit bien.» Et Moshe dit: «Quoua?» Il dit: «Quoua» et ensuite il bâilla de nouveau.

Elle alla dans la chambre et ramassa ses vêtements. Elle retourna dans la cuisine. Elle les lâcha sur le plan de travail.

Elle dit: «Mosh écoute je t'aime vraiment. Je ne te rejette pas mais. Tu ne dois pas penser que je te rejette. C'est juste que je pense de plus en plus que je veux être avec Papa. Et toi et Anj. Toi et Anjali vous devriez être ensemble.»

Moshe dit: «Quoua.» Il était endormi, Moshe. Il venait juste de se lever. Moshe n'était pas à son mieux intellectuellement à huit heures du matin.

Nana dit: «Je suis désolée c'est juste c'est juste que je pense qu'on a besoin d'être un peu séparés. Moi en tout cas. Juste pour quelque temps. Et peut-être. Peut-être qu'on pourra. Je veux juste pas que tu aies de la peine.» Elle se tut. Elle dit: «J'suis désolée d'être comme ça.»

Et Moshe dit: «Je ne vois pas pourquoi. Je. Je vois pas pourquoi. Je vois pas pourquoi on a besoin d'arrêter ça.»

C'est particulièrement difficile – de rompre – quand on ne le veut pas complètement. Et Nana voulait rompre, elle voulait vraiment. Elle voulait être avec son Papa. Mais elle était toujours amoureuse de Moshe. Elle pensait toujours que Moshe était adorable. C'est juste que maintenant Nana pensait qu'il était plus heureux avec Anjali.

Donc Moshe ne l'aidait pas – à tenir une conversation délicate. Ne serait-ce que tenir une conversation était un problème pour Nana. Il ne fallait pas qu'il pèse le pour et le contre. Il ne fallait pas qu'il soit raisonnable. Elle voulait se tirer. Elle voulait s'en aller pour toujours. Elle ne voulait pas de conversation. Dans une conversation, il faut expliquer des choses. Il faut dire que vous voulez vous en aller pour toujours. Et Nana ne voulait pas dire ça. C'était en partie parce que Nana était bonne. Elle ne voulait pas faire de peine. C'était aussi parce que Nana n'était pas complètement sincère.

Le problème de rompre avec quelqu'un, si vous êtes un peu incertain – et si souvent les gens sont incertains –, c'est que rompre implique la persuasion. Il faut persuader son ex que c'est mieux comme ça pour tout le monde. Et c'est difficile si vous ne vous êtes pas entièrement persuadé vous-même. C'est particulièrement coton de faire ça si en plus vous êtes nue, et en train de faire deux tasses de café.

Nana tendit un café à Moshe. Il l'emporta dans le salon. Et Nana suivit. Elle ramassa ses vêtements et elle suivit.

«Mais je t'aime», dit Moshe.

Personnellement, je pense que c'était un très bon argument. Cela peut faire un peu cliché de la part de Moshe, mais je pense qu'il a touché le fond du problème.

C'était vrai. Il l'aimait. C'est une bonne raison pour ne pas rompre avec quelqu'un.

Il était assis sur le futon. Il ne se sentait pas très heureux. Il n'était pas heureux d'être nu, de cette façon, tandis qu'une belle fille d'un mètre quatre-vingts rompait avec lui. Donc Moshe arrangea adroitement et précautionneusement la chemise de Nana sur son corps. Cela cacha les bourrelets et rides de graisse qui dessinaient des moues et des pincements quand il était assis.

Nana enfila un pantalon noir. Puis elle s'arrêta. Ça ne faisait pas bien, de s'habiller, en pleine crise. Ça faisait un peu insensible. Donc elle s'arrêta.

Jusqu'à la fin de ce chapitre, donc, Nana était nue à partir de la taille et sa braguette était ouverte. Cela signifiait que Moshe voyait la dentelle turquoise de sa culotte. Sa culotte venait de l'extrémité chic de la gamme Marks & Spencer.

Il y avait un mini miroir sur la table et Nana l'ouvrit avec l'ongle de son pouce. Le miroir était dans un écrin en acier inoxydable. Sur l'écrin, le mot « miroir » était imprimé. Elle le referma. Elle dit : « Moshe. » Il mit sa main autour de ses testicules pendouillants, avec pudeur, se sentant nu. Il se sentait très très nu. Nana prit un nouveau rouge à lèvres qu'elle avait acheté hier appelé Moxie. Moxie était rouge comme Ruby Woo mais plus clair. Il ne semblait pas si intéressant maintenant. Il ne semblait pas intéressant du tout. Et Moshe regarda le réveil de voyage, posé sur un dessous-de-plat en osier sur la table à rallonges du salon. Le réveil avait des aiguilles jaune fluorescent. Il était huit heures trente. Moshe dit : « Tu es en retard. »

Elle dit : « Ça ne fait rien. » Il dit : « Non c'est important, il faut que tu y ailles. On pourra. On pourra parler plus tard. » Elle dit : « C'est seulement un dentiste Mosh. » Il dit : « Je sais, c'timportant. »

Je ne suis pas en train de faire l'imbécile. Il était soudain obsédé par les dents de Nana. Cela semblait soudain si mélancolique et important. Cela semblait essentiel d'être prévenant. S'il avait l'air prévenant, pensa Moshe, alors peut-être que Nana pourrait peut-être changer d'avis. Elle pourrait se rendre compte à quel point il était gentil, s'il était gentil.

Moshe dit : « Écoute, il y a quelque chose qui te fait de la peine. Alors dis-moi. » Elle dit : « Non écoute vraiment il n'y a rien. Ça n'est rien d'autre. Je veux juste. Je ne sais pas. » Il dit : « Non, dis-moi. »

Ce n'était pas l'échange le plus articulé qui soit, mais c'est comme ça. C'est ce qui se passe dans ces situations. Les répliques sont rarement préparées d'avance.

Moshe se leva et alla à la fenêtre. Cette scène matinale ne lui plaisait pas. Ce qui lui manquait, pensait-il, c'était l'élégance. Il lui aurait fallu être élégante et subtile. Ce qui lui aurait surtout fallu c'est que Moshe soit élégant et subtil. Il lui fallait *sauver la situation*. Mais il ne voyait pas comment il pouvait faire ça. Il était nu. Il regardait par la fenêtre. Dehors, un garçon passait, tenant une raquette de tennis au-dessus de sa tête. C'était une raquette de tennis Wilson. L'étui en plastique similicuir était son imperméable improvisé.

Moshe se sentait très triste pour ce garçon trempé.

Oh, pauvre Moshe. Bientôt, très bientôt, il lui faudra se rendre compte que rompre n'est pas élégant. Ce n'est jamais élégant et amusant. C'est un tas de mensonges et de faux-fuyants. Bien sûr cette scène n'avait pas la classe élégante 1930 qu'il aurait espérée. Non, à la place, Moshe tout nu était embarrassé. Il était planté là – bête, morose, dévasté.

Et Nana était bête elle aussi. Elle pensait à Anjali de nouveau, abandonnée dans la chambre à côté. Elle ne voulait surtout pas qu'Anjali débarque dans le salon pour écouter Moshe et Nana discuter d'une rupture. Mais d'un autre côté, pensait-elle, il fallait quand même que Moshe et Nana parlent. Ç'avait été trop *unilatéral*. Moshe n'avait pas eu son mot à dire.

Oh, pauvre Nana. Elle ne savait que faire. Elle dit: « Tu veux venir avec moi chez le dentiste ? »

Moshe la regarda. Ce n'était pas la rupture à laquelle il s'attendait. Évidemment il ne s'attendait à aucune rupture en réalité. Mais si on devait lui demander ce qu'était une rupture, il n'y inclurait pas de visite chez le dentiste.

Il dit: « Le dentiste ? » Elle dit: « Eh bien si tu ne veux pas, tu pourrais juste m'accompagner jusqu'au métro. C'est juste. Je veux pas qu'Anjali entende. Je ne pense pas que ce serait bien. »

Ce n'était pas une mauvaise idée, Moshe s'en rendait compte. C'était raisonnable.

Il y eut un interlude de ralenti comique d'habillement en temps réel. Puis Nana et Moshe partirent. Sans parapluie, ils sortirent sous la pluie.

5

En 1920, alors que la Russie communiste était en proie à la guerre civile, Nicolaï Boukharine écrivit un petit livre intitulé *Économie de la période de transition*. Nicolaï était un bolchevik. Il était donc très favorable à la récente révolution. Dans son livre, il tentait d'expliquer pourquoi tout se passait comme sur des roulettes. Il tentait d'expliquer que, alors qu'il pouvait sembler que le pays était en train de s'écrouler, en fait tout allait très bien. La révolution allait très bien. Il y avait peut-être des gens qui mouraient, le prolétariat était peut-être en train de mourir, mais tout cela faisait partie du plan.

« D'un point de vue plus large, écrivait Nicolaï – c'est-à-dire du point de vue d'une échelle historique plus étendue –, la dictature du prolétariat dans toutes ses formes, depuis les exécutions jusqu'au travail forcé, constitue, aussi paradoxal que cela puisse paraître, une méthode de formation de la nouvelle humanité communiste à partir du matériel humain de l'époque capitaliste.»

Dans la marge de son exemplaire, Lénine avait écrit: «Exactement!»

Mais je ne suis pas sûr du degré réel d'exactitude de Nicolaï. Je pense qu'il est possible d'être plus précis.

Nicolaï disait que, oui oui, beaucoup de gens étaient fusillés ou forcés de travailler vingt-quatre heures par jour. Mais ce n'était pas une mauvaise chose. C'était le communisme. Si seulement les gens voyaient plus loin, pensait Nicolaï, si seulement ils cessaient d'être égoïstes, alors ils verraient comme la vie était belle.

Je ne suis pas sûr que Nicolaï ait choisi le bon titre pour son livre. *Économie de la période de transition* n'était pas tout à fait juste. Il aurait dû s'intituler *Psychologie de la période de transition*. La psychologie de la période de transition est la suivante. C'est l'optimisme aveugle. Vous vous dites que les choses sont en train de changer pour le mieux quand en fait elles sont juste foutues.

Voici quelques chiffres de la période héroïque de la Grande Révolution russe.

En 1917, Petrograd comptait 2,5 millions d'habitants. En 1920 il en comptait 700000. En 1913, il y avait 2,6 millions d'ouvriers. En 1920 ils étaient 1,6 million. En 1920, la consommation de nourriture était à 40 % de son niveau d'avant-guerre. Entre janvier 1918 et juillet 1920, 7 millions de personnes moururent de malnutrition et d'épidémies. Le taux de mortalité doubla. Entre 1921 et 1928, en Ukraine, 200000 juifs furent tués, 300000 devinrent orphelins et plus de 700000 perdirent leur foyer.

À l'évidence, Moshe n'était pas un juif ukrainien

sans domicile et massacré. Ce n'est pas ce parallèle que je fais. Non, je fais un autre parallèle.

Moshe pensait comme Nicolaï Boukharine. En plein milieu d'une révolution, devant la parfumerie Americana de Pentonville Road, Moshe était aveuglément optimiste.

6

« Je ne crois vraiment pas que je comprends tout ça, disait Moshe. Je t'aime. » Il l'avait déjà dit une fois, c'est vrai, mais Moshe ne pensait pas que le dire deux fois était un problème. C'était son argument principal. C'était son argument principal incontestable. Donc, Moshe se tut. Il se tut pour faire un effet. Tandis qu'il se taisait, Moshe se mordillait vaguement la lèvre inférieure.

Nana dit : « Moi aussi je t'aime. » « Alors pourquoi on doit se séparer ? » dit Moshe.

Moshe se mordilla vaguement la lèvre inférieure.

Alors le téléphone de Nana sonna. Moshe le regarda. Nana le regarda. Elle répondit. Elle dit : « Salut non je suis. Non demain. C'est pour. Ouais absolument. Okay cool à plus. »

Moshe regarda la vitrine de la parfumerie Americana. C'était la vitrine d'une pharmacie maniaque. Et, même en cet instant de crise, Moshe fut distrait par l'offre que faisait la boutique d'

Une coiffure
unisexe
afro
&
européenne.

Moshe examina les perruques affalées sur des bustes en polystyrène. Il y avait Sindy et Edna, et Simone et Rosa. Aucune n'était jolie. Des queues-de-cheval amputées étaient rangées par couleurs. Il y avait une pochette en plastique de cils naturels, teints en bandes arc-en-ciel. Oui, même aux instants de crise, Moshe avait son côté plouc. Il pouvait toujours s'étonner de ce que les gens étaient capables d'acheter.

Moshe dit : « Mais tu ne peux pas. Je veux dire. Si tu dis ça sincèrement. Tu ne peux pas ne plus m'aimer. » Et Nana dit : « Non c'est pas ça – je t'aime vraiment, je t'aimerai toujours. » « Mais tu ne peux pas », dit Moshe.

Je suis très triste pour Nana. Je suis très triste pour tous les gens gentils. C'était trop difficile pour Nana, d'expliquer pourquoi elle voulait partir. C'était trop difficile d'expliquer toutes les pensées tristes et malheureuses.

Et alors la pluie cessa.

Cela rendit Moshe encore plus triste. Il aimait bien l'effet. Moshe aimait bien les connotations mélancoliques « film noir ». La pluie, pensait Moshe, était au moins le temps qui convenait à la tristesse.

7

OK. Laissez-moi revenir à Nikolaï Boukharine. Je vais faire une avance rapide, de 1920 à 1930.

Dans les années 1930, Nikolaï donnait quelques petits soucis à Staline. Beaucoup de gens semblaient penser que Nikolaï n'adorait pas Staline autant qu'il l'aurait dû. Ils prétendaient que Nikolaï était un terroriste, un conspirateur.

Évidemment, cela inquiétait Nikolaï. Donc Nikolaï passa un coup de fil à Staline.

« Hé, Nikolaï, *Kolia*, ne panique pas, dit Staline. On

va arranger ça. Bien sûr que nous ne croyons pas que tu es un ennemi.» Et Nikolaï glapit: «Mais comment peux-tu même *penser* que je suis complice de groupes terroristes?» Staline pensa que c'était vraiment adorable. Tout en redressant un trombone, il dit: «Calme-toi, Kolia, calme-toi. Nous allons arranger ça.»

Je dois dire que j'aime beaucoup le style téléphonique de Staline. Je l'ai déjà dit et je le redirai. L'homme était un génie du téléphone.

En 1938, Staline fit juger Boukharine pour trahison.

C'est ici qu'il y a une autre similitude entre la vie de l'homme politique Nikolaï Boukharine et la vie de deux de mes héros – Nana et Moshe.

À ce procès truqué de 1938, Nikolaï fit une fausse confession. Il plaida coupable de «la somme de tous les crimes commis par cette organisation contre-révolutionnaire, que j'en aie été ou non informé, que j'aie pris ou non une part directe à quelque action particulière».

Nikolaï prétendit, bien sûr, que ce n'était pas une fausse confession. C'est l'essence de toute véritable fausse confession.

Avant, Nikolaï était comme Moshe. Maintenant, il est comme Nana.

Je pense que rompre avec quelqu'un est plutôt comme de participer à un procès truqué. On y fait étalage de justice et de raison. Et la personne qui rompt accepte toute la responsabilité. Lui ou elle fait une fausse confession.

8

Devant la parfumerie Americana, Nana fit une fausse confession.

«Peut-être. Eh bien peut-être que je t'aime plus. Peut-être que tu as raison. Tu serais mieux avec Anjali, dit-elle. Moi je veux être avec Papa et c'est plus simple. Peut-être que t'as raison.»

Je suis désolé pour Nana. Vraiment. Ce n'était pas agréable de mentir comme ça. Mais je suis encore plus triste pour Moshe. C'était peut-être socialement coton et secrètement triste pour Nana de rompre avec Moshe, mais au moins c'était sa décision. C'était sa décision angoissée et irrationnelle. Tandis que ce n'était pas la décision de Moshe du tout. Moshe n'était pas heureux. Il était seul. Il était soudain très seul. Moshe était désespéré.

Tout ce à quoi il pouvait penser c'était à Anjali. Cette pensée ne le fit pas se sentir moins seul.

Il dit: «Qu'est-ce que tu veux dire à propos d'Anjali?» Nana dit: «Eh bien ce que j'ai dit.» Elle dit: «Je pense ce que j'ai dit. Tu serais mieux avec Anjali.» Il dit: «Mais je ne veux pas Anjali. Je veux toi.»

Un minuscule triangle de peau, juste sous l'ongle de l'index de sa main gauche, était accroché à un fil de polyester de la doublure de la poche de pantalon de Nana. Elle l'ignora. Elle regarda le pistolet à colle professionnel Jazzy dans la vitrine de la parfumerie Americana. Elle se demanda à quoi ça servait.

Nana dit: «Non je pense que tu devrais être avec Anjali.» Et Moshe dit: «Mais je ne veux pas être avec Anjali. Je veux être avec toi. C'est toi qui l'as amenée. Ce n'était pas mon idée. Ce n'est pas moi qui voulais.» Moshe était complètement blessé et dérouté. «C'est toi qui la voulais, dit-il. C'est à moi que ça posait un problème. Ça devrait être moi. J'aurais pu partir il y a des siècles.»

Naturellement, Moshe avait songé à partir. Mais ce n'avait jamais été une possibilité réelle. Il aimait Nana. Il voulait rester avec elle quoi qu'il arrive. Mais je comprends pourquoi il disait ça. Je comprends pourquoi il voulait faire cette déclaration d'indépendance. Il se remontait le moral. Il s'adaptait à sa perte. Il essayait de ne pas se sentir trop humilié.

Parce que c'est humiliant, quand quelqu'un rompt avec vous. C'est un des pires sentiments qui soient.

Il dit : « Nana il faut que j'y aille. Toi aussi tu dois y aller. Tu dois aller chez le dentiste. » Et bien que Moshe ait l'air noble et calme, il n'était pas noble et calme. Sincèrement, il était juste perdu. Il était très bouleversé. Il ne savait absolument pas quoi dire. Dans son trouble, il s'inquiétait de ce que Nana rate son rendez-vous avec son dentiste. Parce que cela demeurait important pour lui. Il était sincère.

Il dit : « Je t'aime plus que tout. »

Il y eut un silence.

« Tu dois y aller », dit Moshe. Donc il y alla.

9

Le dentiste de Nana s'appelait Gottlieb.

Mr Gottlieb avait son cabinet à Cavendish Square. Cela peut donner l'impression que c'était un dentiste très chic. Et c'était un dentiste très chic. Son cabinet était à côté de Harley Street. Mais Nana n'allait pas voir Mr Gottlieb à cause de son adresse.

Mr Gottlieb avait commencé comme petit dentiste conventionné à Edgware. Puis il était devenu un dentiste très chic du centre de Londres. Il la gardait parce que c'était un ami de la famille. C'était une faveur envers la Nana de Papa.

Dans la salle d'attente de Mr Gottlieb il y avait un aquarium et une sélection de magazines. Nana prit un exemplaire de *Faites une pause* de 1998. *Faites une pause* était collant. Nana l'ignora. Elle se mit à lire *Faites une pause*. Très vite, elle se mit à pleurer.

Nana avait commencé à lire l'histoire vraie d'une

femme prénommée Mandy qui était tombée amoureuse d'un homme prénommé Alan. Il se révéla qu'Alan avait une maladie des neurones moteurs. Cette histoire vraie fit pleurer Nana. Elle la fit pleurer parce que, défiant la mort, Alan et Mandy avaient décidé d'avoir un enfant. Un enfant serait une façon de se rappeler Alan. Et cette histoire culminait avec une scène de lit de mort.

> Je lui ai montré une enveloppe. J'en ai sorti un certificat.
>
> « C'est une étoile, dis-je. Elle porte ton nom et celui de James. »
>
> Elle s'appelait l'étoile Alan et James Wilson.
>
> Alan sourit. « Tu lui raconteras tout sur moi, n'est-ce pas ? » me demanda-t-il.
>
> Je hochai la tête.
>
> Je tins sa main et il me quitta doucement.
>
> Il avait 48 ans. James avait 14 semaines.

Puis Mr Gottlieb entra tandis que Nana sanglotait bruyamment, à côté du poisson tropical muet.

Mr Gottlieb dit : « Nina. » Il dit : « Nina. » Nana le regarda et se tamponna le visage du dos de son poignet. Elle dit : « Non c'est. C'est. » Mr Gottlieb dit : « Ça va ? » Et elle dit : « Ouais très bien. » Mr Gottlieb dit : « Et ton père ? » Et parce que Nana était perdue, elle ne se rappela pas que Mr Gottlieb n'était pas au courant de la récente histoire de la maladie de Papa. Elle pleura. Elle sanglota. Elle essaya de parler. Elle essaya de dire quelque chose comme : « J'ai peur qu'il meure. » Mais les sanglots ne sont pas le meilleur moment pour parler. Ça n'aide pas si on veut parler clairement.

Mr Gottlieb avait du tact. Il ne voulait pas ajouter au chagrin de Nana. Il ne voulait pas lui arracher des détails sanglants. Si Nana voulait continuer à vivre sa vie comme si de rien n'était, alors il fallait la laisser faire. Il était naturel, pensa-t-il, que Nana soit *perdue*.

Je ne crois pas que vous devriez trop en vouloir à Mr Gottlieb d'avoir cru que Papa était mort.

« Pourquoi tu ne rentres pas chez toi ? » dit Mr Gottlieb. Oui, il renvoya la malheureuse chez elle. Il n'y avait pas de place pour les dents, pensa Mr Gottlieb, en présence de la mort.

Ce n'était pas un maniaque idéologique, Mr Gottlieb. Il n'attachait pas une importance excessive à un sourire éclatant.

10

Je vais interrompre cette histoire pour un moment.

En 1975, Andy Warhol écrivit *La Philosophie d'Andy Warhol (de A à B et retour)*. Enfin, il ne l'écrivit pas. Il la dicta. Quoi qu'il en soit, une des choses qu'il écrivit ou dicta est la suivante.

> Le sexe est la nostalgie de l'époque où vous en aviez envie, parfois.
>
> Le sexe est la nostalgie du sexe.

Et je pense que c'est vrai. Je pense que parfois c'est vrai. Par exemple, après que Stacey et Henderson se furent séparés, Stacey rencontra un garçon qui lui plaisait prénommé Kwame. Kwame étudiait la théorie environnementale à l'université de Middlesex. Kwame était intéressant. Il lui parlait des poissons de la mer du Nord. La mer du Nord était très polluée. Cela provoquait des tas de problèmes pour les poissons de la mer du Nord. Malheureusement, toutefois, Kwame était un garçon de petite taille qui portait des lunettes cerclées d'argent. Donc Stacey, qui était une fille qui aimait le grand et le cool, n'était pas particulièrement attirée par Kwame. Mais elle baisait quand même avec Kwame.

Elle l'aimait bien. Et elle pensait que baiser était ce qu'elle aimait faire avec les garçons qui lui plaisaient. C'est ce qu'elle faisait avec Henderson.

Le sexe, pour Stacey, était la nostalgie du sexe.

11

Cela n'était pas juste une distraction. Cela n'était pas juste destiné à vous remonter le moral, au moment le plus triste de mon histoire. J'avais une raison plus importante.

D'une manière très similaire à Andy et Stacey et Kwame, quelques jours après le départ de Nana, Anjali était au lit avec Moshe. Ils étaient presque sur le point de s'endormir.

Peut-être cela vous surprend-il. Peut-être êtes-vous surpris que Moshe et Anjali soient toujours ensemble.

Peut-être pensez-vous que si quelqu'un quitte un ménage à trois, la relation des deux personnes abandonnées pourrait devenir inconfortable. Il serait bien trop évident qu'ils n'étaient pas naturellement un couple. Ils étaient juste les restes d'un trois. Et cela introduirait beaucoup de tension dans le couple.

C'est juste d'une certaine manière, je pense. Mais c'est ignorer un détail crucial. Personne ne veut admettre être les deux tiers d'un trois. C'est gênant. Bien qu'il y ait beaucoup de tension dans le couple, aucun n'est prêt à admettre cela. Aucun ne va admettre que cette relation est coton. Ils ont tous deux leurs raisons de rester à la colle.

Mais quelles sont ces raisons ?

Eh bien, elles seront décrites au mieux dans une scène de sexe. Oui, une scène de sexe. Peut-être commencez-vous à être fatigués des scènes de sexe. Laissez-moi vous rassurer. C'est la dernière scène de sexe de ce livre. Et c'est une scène de sexe agréable. Contrairement à beaucoup d'autres scènes de sèxe dans ce livre, elle n'a pas besoin d'être anatomique. C'est juste une scène de sexe nostalgique. Et de toute façon une scène de sexe nostalgique n'est pas vraiment une scène de sexe. Ce n'est pas un grand acte coïtal.

Donc. Anjali était au lit avec Moshe.

Il y avait une raison très simple pour laquelle Moshe restait à la colle. C'était la suivante. Il n'était pas convaincu qu'Anjali fût une véritable hétérosexuelle. Voilà pourquoi Moshe restait à la colle. Déconcerté et dérouté par les récents développements, il avait décidé d'*attendre de voir*.

Et je suis sûr que Moshe avait raison. D'un point de vue pratique, c'était la bonne manière de faire. Anjali n'était pas du tout sûre d'être une véritable hétérosexuelle. Mais elle était bonne. Elle ne pouvait pas expliquer à Moshe que Moshe n'était pas son petit ami. Le ménage, s'inquiétait Anjali, aurait semblé cruellement manquer de sincérité. Et Anjali avait aussi une autre raison. Elle était seule. Nana lui manquait beaucoup. Et si vous êtes seul, c'est beaucoup plus relaxant d'avoir une personne avec qui dormir que de n'avoir personne du tout.

C'est pourquoi Moshe et Anjali étaient encore ensemble. Telles étaient les raisons de ne pas s'étendre plus avant sur la bizarrerie de leurs relations.

Et je pense qu'il y avait quelque chose d'autre aussi. Bien que Moshe et Anjali n'aient pas été heureux dans le ménage, en fait ils avaient été très tristes, ce n'est pas une raison pour qu'ils ne soient pas heureux en tant que couple. Les sentiments peuvent changer très rapidement dans une situation nouvelle. Par exemple, je pense qu'il est naturel pour deux personnes, qui sont soudain devenues un couple, de penser que ça pourrait marcher. Il est naturel qu'ils aient de l'espoir.

Les gens ont l'instinct de normalisation. Ils sont naturellement optimistes, je pense.

Et ils étaient tous deux optimistes, Anjali et Moshe. Après tout, ils s'aimaient bien. Donc il était possible, pensaient-ils, en secret, qu'ils puissent être un couple. C'était peu probable, mais c'était possible.

Mais pourquoi cela était-il une scène de sexe ?

Parce que pendant que j'expliquais ce que Moshe et Anjali ressentaient, ils se touchaient, en silence.

12

Une semaine ou deux plus tard, Nana et Moshe remontaient Hatton Garden, sous la pluie. Hatton Garden est la rue des bijoutiers de Londres. C'est aussi une rue très juive. Et c'est, je pense, une coïncidence. Je hais Snoop Doggy Dogg, qui a prétendu un jour que dans « joaillerie » on peut entendre « juiverie ». Alors qu'il ne s'agit que d'une coïncidence phonétique.

Sur Hatton Garden la juive, toutefois, il est vrai que Moshe parlait de sa judaïté.

Tandis que Nana et Moshe marchaient sous la pluie, Moshe parlait des juifs orthodoxes, qui protégeaient leurs chapeaux à large bord sous des marquises en plastique. Il adorait ces hassidim, disait Moshe. Il aimait tout en eux. Il aimait leurs silhouettes rondouillardes et les boucles qui se balançaient autour de leurs oreilles. Ils avaient leur délicieux style à eux. Moshe appréciait le style avec lequel leurs pantalons battaient au-dessus de leurs chaussettes à côtes en polyester noir. Ou la façon dont leurs calottes étaient épinglées à l'unique touffe de cheveux qu'ils avaient sur la tête. Oui, il aimait ça, disait Moshe, se sentant triste.

J'espère que vous appréciez combien Moshe est bon. Il est très poli. C'est un ex-petit ami modèle.

Parce que bien que Moshe fût triste, il était aussi très charmant. C'était un moment socialement difficile – passer la journée avec son ex, tout en continuant à sortir avec son autre ex à elle. C'était assez délicat. Et aussi le père de Nana était peut-être en train de mourir. Donc, pensait Moshe, ce n'était pas une journée idéale. Mais Moshe n'était pas une mauvaise personne, ce n'était pas une personne égoïste. Parce que c'était socialement difficile, Moshe était disert. Il était disert et très charmant.

« On trouve un endroit où manger à l'intérieur ? » et Nana acquiesça parce que c'était une fille généralement non préparée – avec un chemisier blanc Boden en janvier. Donc à l'intérieur avait un air adorable.

Moshe avait une idée d'un endroit où manger. Ce n'était pas une question innocente. Il allait emmener Nana à la Knosherie Kosher.

Ils allèrent donc sans se presser sous la pluie à la Knosherie Kosher de Greville Street.

Devant la Knosherie Kosher, le taxi noir Knosherie Kosher – pour les livraisons – était garé avec un pneu écrasé contre le trottoir. Sur la portière du côté chauffeur était peint au pochoir *Knosh Around The Clock* en grosses lettres italiques violettes. C'était, l'assura Moshe, le meilleur bœuf salé de la ville. Meilleur, dit-il, qu'à Brick Lane. Il était vert-de-gris et gras, là sur le comptoir, visible vingt-quatre heures sur vingt-quatre.

Ils s'assirent. Moshe était nerveux. Nana était nerveuse elle aussi.

Nana décolla son chemisier humide du feuillage en dentelle de son soutien-gorge. Moshe dit qu'il adorait cet endroit.

Je ne veux pas que vous pensiez que Moshe s'est soudain converti. Ce n'est pas que, à la suite de sa rupture avec Nana, il avait découvert Jéhovah. Non, il n'était absolument pas devenu bigot. La relation de Moshe à la judéité et à la foi juive était, comme toujours, purement émotionnelle. La Knosherie Kosher le rendait émotif. Maintenant qu'il était triste, elle le rendait heureux. Elle lui faisait croire qu'il aimait le bœuf salé. Chaque fois qu'il mangeait du bœuf salé avec un bagel dans la Knosherie Kosher, Moshe se sentait une parenté avec les Jeunes Juifs Urbains Branchés de l'East End.

Un homme avec du duvet blond vénitien sur les oreilles achetait un bagel au fromage frais. « Mais mon préféré, ç'a toujours été Stanley Matthews », dit-il en ouvrant la porte et en la tenant. « Ouais », répondit l'homme derrière le comptoir. L'homme derrière le comptoir essayait de fixer un couvercle en plastique sur un gobelet en carton de café. « Les embrassades il connaissait pas, dit l'homme, refermant la porte, tendant le poing de son sac à bagel froissé. Quand il marquait un but il serrait les mains, tapait sur les épaules et il courait se remettre en position. »

Moshe regarda le menu. Il regarda Nana. Il dit : « Tum, tum. » Il dit : « Tu m'as manqué. Tu nous as manqué à tous les deux. » Nana dit : « Tu m'as manqué à moi aussi. » Moshe dit : « Je t'aime toujours. Tu sais. Je t'aime toujours. » Et Nana dit : « Je sais. »

Moshe dit : « Tu te rappelles quand tu m'aidais à apprendre mon texte pour qu'est-ce que c'était, Noël Coward ? Jamais on s'est marrés autant. »

Je ne pense pas que c'était tangentiel. Ça peut en avoir l'air, mais ce ne l'était pas. Moshe était amoureux de Nana. Il voulait qu'elle soit nostalgique. Il voulait qu'il lui manque à elle aussi.

Nana dit : « Qu'est-ce que tu dois faire ensuite ? » Moshe dit : « Moi ? moi, oh. Oh rien. Je dois rencontrer des gens la semaine prochaine. Mais Anjali est sur quelque chose. Elle a une autre pub pour quelqu'un. Je ne me souviens plus. Mais ça doit payer, ça doit payer pas mal. »

Nana acquiesça.

Moshe dit : « Et comment, comment va ton père ? » Nana dit : « Oh. Oh il va bien. Plus ou moins. Je veux dire son goût est bizarre. Il ne peut rien goûter d'extrême, le curry par exemple. Mais juste tout ce qui est dans la moyenne. Bien qu'il ne puisse toujours pas faire la différence entre le citron et le citron vert. » Moshe dit « Hunhun ». Et ce n'était pas un « hunhun » d'ennui. Je ne veux pas que vous pensiez ça. C'était un « hunhun » d'inquiétude. Nana dit : « Tu sais ce qui est revenu en premier ? » « Quoi ? » dit-il. « Le calmar », dit Nana. « Le calmar ? » dit Moshe. « C'était un très bon calmar et il l'a goûté. Ça lui est revenu après un rhume, dit Nana. Il a dit qu'il avait attrapé un rhume et qu'il ne sentait plus aucun goût et quand le rhume est passé son goût est revenu meilleur qu'avant. Je veux dire pourquoi ? »

Moshe dit : « Nana. Nana chérie. Je n'en ai aucune idée. »

Moshe prit le menu. Cette action était là pour masquer le texte qui allait venir. Il dit : « Je crois que ça pourrait marcher, moi et Anjali. Je veux dire. C'est bizarre sans toi. C'est triste. Mais je sais pas. Peut-être, peut-être que ça va marcher. »

Je suis un peu surpris que Moshe ait dit ça. S'il voulait récupérer Nana, alors ce n'était pas très malin, de dire à Nana que Moshe et Anjali pouvaient être heureux. Mais je crois percevoir la logique malencontreuse de Moshe. C'était, après tout, vrai d'une certaine façon, et cela lui donnait l'occasion d'être poli. Il essayait de ne pas rendre cette excursion à la Knosherie Kosher difficile pour Nana. Donc Moshe voulait avoir l'air calme.

Mais aussi, je suppose, cela rendait Moshe heureux – de dire à Nana qu'elle ne l'avait pas détruit. C'était un minuscule moment poli de vengeance.

Et c'était une vengeance. Nana aimait beaucoup Moshe. Elle l'aimait plus que beaucoup. C'était difficile, d'être aussi noble que ça. Elle n'aimait pas vivre loin de Moshe. Elle était jalouse de Moshe et Anjali. Elle ne voulait pas penser qu'ils finiraient peut-être par être heureux ensemble.

Nana acquiesça.

Elle regarda autour d'elle. Un homme à côté d'elle barbouillait ses frites de ketchup. Sur les murs, il y avait des puzzles grands comme des peintures murales. À la droite de Nana, il y avait *La Tentation de saint Antoine* de Jérôme Bosch. C'était indiqué en dessous en trois langues différentes, chacune écrite sur un rouleau de parchemin en trompe-l'œil. « The Temptation of Saint Anthony – La Tentation de saint Antoine – La Tentazione di Antonio. » À côté du puzzle, il y avait une étiquette

« LE PLUS GRAND »
PUZZLE DU MONDE
PLUS DE 16 000 PIÈCES

et sur sa gauche il y avait un autre puzzle. C'était un lac. Nana se demanda si Israël possédait des lacs. Elle demanda si ce lac se trouvait en Israël. Elle regarda le menu en plastique avec des bords en cuir marron verni. À l'aide d'un trombone on avait fixé au menu une photocopie d'un article de l'*Evening Standard* sur les meilleurs bœufs salés. Nana commanda un bagel et un œuf poché. Moshe commanda le bœuf salé.

Et c'est la dernière fois que vous verrez Moshe. La dernière fois que vous le verrez est à cet instant, après que Nana eut rompu avec lui, où il commande un bagel au bœuf salé à la Knosherie Kosher.

Je comprends pourquoi Moshe se sentait ému à la Knosherie Kosher. C'étaient les années cinquante juives.

Imprimé au centre de chaque assiette, en rose porc, il y avait un gros B et puis « ienvenu au », « on », « œuf salé » superposés à la verticale sur sa droite. C'était un autre monde. Celui des toiles cirées rose vif et des courbes dorées pour les dos de chaises. C'était un monde bien plus sûr et heureux.

Et je reconnais ce sentiment. Quand je suis là-bas, moi aussi je suis ému.

13

Mais je ne vais pas me laisser aller à l'émotion. Je ne vais pas me laisser aller à la tristesse. Je vais décrire le bonheur plutôt. Bien que, à ce moment de l'histoire, je n'aie pas beaucoup de choix.

Je vais essayer de décrire le bonheur de Nana.

Edgware rendait Nana heureuse. Elle aimait habiter Edgware. Parce que Papa était heureux d'y habiter, Nana pensait qu'Edgware était cool.

Peut-être n'avez-vous jamais été à Edgware. Peut-être ne pouvez-vous pas comprendre quelle bizarre variété de bonheur c'était. Edgware se trouve au bout de la Northern Line. Ce n'est donc pas un quartier exactement urbain. Il est définitivement suburbain. La station de métro fut conçue en 1924 par S. A. Heap, dans un style néo-georgien retenu. Chaque année, on y érige un chandelier à neuf branches de trois mètres de haut pour Hanoukka. Si vous tournez à gauche en sortant de la station, vous passez devant le McDonald's et l'entrée du centre commercial Broadwalk.

Les samedis soir, à la fin du shabbat, un groupe de garçons et filles juifs se rassemble avec des garçons et filles noirs et asiatiques devant le McDonald's. Ils se vendent mutuellement de la drogue. Parfois, pour passer le temps, ils vont en métro jusqu'à Golders Green et restent devant la station. Puis ils retournent à la station d'Edgware.

Edgware est un havre multiculturel.

Si vous continuez après le McDonald's, vous passez aussi devant un marchand de journaux, qui est sponsorisé par le *Jewish Chronicle*. Il y a un panneau devant le marchand de journaux. Le panneau fait partie du contrat. C'est là qu'on affiche les gros titres. Quand Nana était revenue à la maison, pour s'occuper de Papa, le gros titre du *Jewish Chronicle* était le suivant :

« Gagnez un voyage pour quatre personnes à Majorque pour les vacances de Pessah ! »

Je crains que cela, avec le chandelier de trois mètres de haut, n'ait rendu Nana triste. Cela l'avait rendue nostalgique. Eh bien, peut-être pas nostalgique exactement. Elle n'était pas du tout juive. Israël n'était pas sa patrie personnelle. Elle avait seulement des pensées tristes et tragiques à propos d'un juif adorable en particulier.

Il faut que vous vous rappeliez. Elle aimait Papa. Mais elle aimait Moshe aussi.

Après ce marchand de journaux, si vous regardez sur votre droite, il y a le cinéma Belle Vue. Si vous continuez à marcher, toutefois, vous arrivez bientôt à la folie architecturale de l'hôtel Railway. L'hôtel Railway fut bâti en 1931 par A. E. Sewel dans un style faux Tudor dénué de toute retenue, gibet compris. Et c'est la fin de la grand-rue d'Edgware.

Edgware est suburbain. C'est un quartier lugubre, tranquille, adorable et kitsch.

14

Mais non, en fait il y avait une autre personne dans cette histoire qui était heureuse. D'une certaine façon, à ce moment, elle était même plus heureuse que Nana.

Anjali était dans l'appartement de Moshe, en train de somnoler. Elle était dans l'appartement de Moshe et pensait à Nana. Elle pensait aussi à Moshe.

Anjali pensait à l'amour.

Je veux que vous vous rappeliez Anjali. Il ne faut pas lire cela négligemment.

Anjali se rappelait ses films bollywoodiens. Le film bollywoodien le plus beau qu'elle avait vu était *Devdas*. Ce film était très émouvant. Dans les dernières scènes, où Shah Rukh Khan meurt devant la maison d'Aishwarya Rai, il montre combien l'amour est merveilleux et puissant. Il montre, pensait Anjali, que l'amour est plus fort que tout.

Et je pense qu'Anjali avait raison. Je l'aime bien, vraiment. Mais je l'aime particulièrement, je pense, parce que, bien qu'elle fût en train de glisser dans le sommeil en pensant aux merveilles et au pouvoir de l'amour, elle restait pratique.

Parce que Anjali était pratique, elle était déconcertée. Elle ne comprenait pas vraiment ce qu'elle ressentait. Ce n'était pas de l'amour. Elle savait ça. C'est juste qu'elle était heureuse. Elle était soudainement et étrangement heureuse.

III

11

LE FINALE

1

Assis sur sa couette, avec son dessin moderne de petits lions et faucons blancs et d'arbres fruitiers sur fond magenta, Papa parlait avec Nana de son charmant petit ami Moshe.

Papa aimait Moshe. Il aimait beaucoup Moshe.

Anjali n'est pas la fin. Vous vous en étiez sûrement doutés. Je n'allais pas finir sur Anjali toute seule, heureuse. Non. J'ai commencé par une scène de chambre et je finirai sur une scène de chambre.

« Bon. Comment va Moshe ? dit Papa. Quand est-ce que tu retournes chez lui ? »

Avant d'aller plus loin, je vais décrire la tenue de Papa. Sa tenue était inhabituelle. C'était une chaussette rouge, une chaussette bleu marine, un pantalon de costume noir – dont la braguette était fermée mais pas le bouton – et un T-shirt blanc imprimé d'un satyre à la barbe frisée que Papa avait acheté à Rhodes en 1987.

Donc, je peux recommencer. Je voulais juste que vous ne vous mépreniez pas sur la manière dont il était habillé.

« Bon. Comment va Moshe ? dit Papa. Quand est-ce que tu retournes chez lui ? »

Voyez-vous, Papa ne savait pas que Nana avait quitté Moshe, pour toujours. Nana ne le lui avait pas dit. C'était parce qu'elle ne voulait pas le mêler à sa vie amoureuse. Elle voulait que Papa se sente entièrement aimé par Nana. Et cela signifiait qu'elle ne pouvait pas lui dire que Moshe et Nana n'étaient plus ensemble. Cela aurait compliqué son acte de pur amour. Cela lui aurait donné l'air d'être moins sincère.

Parce que Nana était en train d'accomplir un acte de pur amour. C'est la vérité.

2

Je pense qu'il ne faut pas que vous jugiez la cachotterie de Nana, à propos de sa séparation avec Moshe, comme totalement folle. C'est très difficile, d'être moral. C'est, je trouve, presque impossible. Vous êtes obligé de vous appuyer sur toutes sortes de généralisations et de théories.

Une de ces généralisations est la suivante. Les gens pensent souvent qu'un acte noble est par essence meilleur qu'un acte pragmatique. Même s'il est inefficace et potentiellement dangereux pour soi-même, un acte noble est toujours noble, il est toujours moral.

Dans le vocabulaire de ce roman, alors, habiter avec Papa est mieux qu'habiter avec Moshe. C'est peut-être autodestructeur et potentiellement dangereux pour le bonheur éventuel de Nana, mais c'est plus vertueux.

Nana trouverait un partisan de sa théorie en la personne du dissident et ex-président tchèque Václav Havel. Le 9 août 1969, alors qu'il était dissident, Václav écrivit une lettre à l'ancien président tchèque, Alexander Dubček. C'était un an après l'invasion de la Tchécoslovaquie par les Russes. Les Russes avaient envahi à cause de la version plus douce et plus gentille du communisme pratiquée par Dubček. Ils avaient obligé Dubček à démissionner de son poste de président mais lui avaient permis de rester au Parlement. Toutefois, ils ne l'avaient pas laissé tranquille. Ils avaient voulu qu'il répudie publiquement sa version plus gentille du communisme.

Václav ne voulait pas que Dubček fasse cela. Václav voulait qu'il affirme sa croyance en une version plus gentille du communisme, même si c'était dangereux pour Dubček et ne pouvait avoir aucun effet. C'est pourquoi il avait écrit sa lettre à Dubček, l'implorant d'être noble.

Parce que, écrivait Václav, « même un acte purement moral dont on ne peut espérer aucun effet politique immédiat et visible peut, de manière graduelle et indirecte, avec le temps, gagner en signification politique ».

Václav veut dire que nous ne devrions pas nous moquer des actes moraux inutiles et autodestructeurs. Ils ne sont pas forcément juste pour la frime. Ils ne sont pas nécessairement des gestes. Il peut même en sortir du bon à la longue.

Malheureusement la théorie de Václav n'eut pas l'occasion d'être testée. En septembre 1969, les Russes expulsèrent Dubček du Parlement un mois après la lettre de Václav. Václav ne reçut jamais de réponse.

3

Nana ne répondit pas immédiatement à la question de Papa. Elle ne lui dit pas immédiatement quand elle retournerait avec Moshe. À la place, assise avec Papa sur le lit de Papa, elle ouvrit le courrier. Le courrier, ce matin, était une carte. C'était une carte de condoléances de leur dentiste et ami, Mr Gottlieb.

Chère Nina
Quelle grande perte pour nous tous.
Avec toute l'amitié de
Luke Gottlieb.

Elle pouffa. Elle la lut tout haut. Ils pouffèrent tous deux.

« Quel salaud ! dit Papa. Voilà ce qu'il t'envoie pour ma mort ? Une phrase ? Donne-la-moi. » Papa la lut. Il la relut. « Quel salaud ! » dit Papa. Nana posa la carte sur l'appui de la fenêtre. Elle ne tenait pas. Elle la ploya vers l'extérieur. Elle tint. Papa dit : « Et tu lui as dit que j'étais mort ? Pourquoi est-ce qu'il a envoyé cette carte, c'est ça que je veux savoir. » « Je ne me rappelle pas, dit Nana. Je ne lui ai rien dit. J'ai dit, non j'ai rien dit. »

Bien sûr, ce n'était pas vrai. Elle avait pleuré et dit au Dr Gottlieb qu'elle était terrifiée que Papa ne soit en train de mourir. Mr Gottlieb avait dû mal entendre. Mais Nana ne pouvait pas dire à Papa qu'elle avait eu peur que Papa meure. Non. Nana était trop prudente pour ça. Elle était trop bonne.

Papa dit : « Alors. Comment va Moshe ? Tu ne m'as pas dit. Quand est-ce que tu retournes chez lui ? » Et Nana dit : « J'y r'tourne pas. » Cela surprit Papa. Il dit : « Quoi ? » Nana dit, enfin elle soupira et dit : « J'ai rompu avec Moshe. »

Cela surprit Papa beaucoup plus. Cela le peina. Il essaya de dire quelque chose de calme. Il dit : « Toi ? »

Nana dit : « Nous avons rompu. » Papa dit : « Mais pourquoi ? C'était un garçon charmant. Pourquoi est-ce que tu as rompu avec lui ? » « Je voulais », dit Nana. « Mais pourquoi ? » dit Papa.

« Je voulais être avec toi », dit Nana.

Elle était en train d'accomplir un acte de pur amour, pensait-elle.

Mais Papa ne voulait pas qu'elle accomplisse des actes de pur amour. Et moi non plus. Il était horrifié et abasourdi. Papa n'était pas quelqu'un d'égoïste. Ce n'était pas un patient égoïste. Il pensait qu'il ne pouvait pas laisser Nana faire cela. « Avec moi ? dit Papa. Mais c'est avec Moshe qu'il faut que tu sois. » Il ne pouvait pas la laisser s'occuper de lui, pensa Papa. Elle avait un garçon, elle avait une vie. Il ne pouvait pas laisser Nana perdre du temps avec son Papa.

« Non je veux être avec toi », dit Nana. « Retourne avec Moshe, dit Papa. Retourne avec lui et dis-lui que tu regrettes. Dis-lui que tu as changé d'avis. Tu ne peux pas rompre avec Moshe à cause de moi. » « C'est fou, dit Papa. Je veux dire, combien de temps tu pensais ? Combien de temps tu pensais rester avec moi ? »

Soudain, Papa se sentait fatigué. Il se sentait très fatigué et triste.

Je vis trop longtemps, pensa Papa.

Voyez-vous, l'attaque de Papa ou sa possible tumeur constituait une énigme particulière. Le pronostic n'était qu'approximatif. Même si c'était une tumeur, lui avait-on dit, Papa pouvait encore vivre vingt ans. Il pouvait aussi mourir demain. Ce manque de précision prophétique peinait Papa. Si Nana devait s'occuper de lui juste une semaine, ça ne l'aurait pas gêné. Mais s'occuper de lui pouvait signifier n'importe quoi. Ça pouvait signifier des années.

Il était troublé. Il pensait qu'il vivait trop longtemps. Sa vie gâchait la vie de Nana. Il était en train de tout gâcher. Même l'argent était gâché. Ses soins étaient onéreux. Et Papa ne voulait pas dépenser l'argent des vingt ans à venir qui aurait pu revenir à sa fille chérie.

Papa est l'ange bienveillant de cette histoire. Vous devez garder ça en tête.

Il dit : « Écoute c'est une histoire de fous. Je n'ai pas besoin de quelqu'un qui s'occupe de moi. Il y a une infirmière qui vient tous les jours. Je n'ai même pas besoin de l'infirmière. Je vais très bien. Tu n'as pas besoin de rester avec moi. »

C'était à la fois généreux et méchant. Cela peut paraître contradictoire mais c'est vrai. C'était généreux de la part de Papa. C'était méchant pour Nana.

4

La lettre de Václav Havel avait une raison cachée, je pense. Václav réagissait à une autre théorie rivale de la noblesse. D'après cette théorie, le fait d'accomplir des actes nobles qui peuvent se révéler inutiles n'est pas noble du tout. Non, c'est juste une forme d'exhibitionnisme. Un acte qui pourrait paraître noble est par conséquent juste égoïste.

Bien sûr Václav ne pouvait pas imaginer que les motifs des actes nobles puissent jamais être mis en doute. Enfin, il en concédait peut-être la possibilité. Mais il n'en voyait pas l'utilité. Il croit en la morale transcendante, Václav. Dans un entretien, *Trouble-fête*, il déclare : « Je crois que rien ne disparaît pour toujours, et encore moins nos actions... » Il ne veut rien avoir à faire avec les gens qui sont sceptiques. Il ne veut pas faire des courbettes à des dissidents tchèques plus compliqués, comme Milan Kundera.

En 1968, voyez-vous, un an avant la lettre de Václav à Dubček, Milan et Václav s'étaient brouillés. Je vais vous esquisser brièvement cette dispute.

En 1968, Milan avait écrit un article intitulé « Českỳ úděl ». Cela signifie : « La destinée tchèque ». Milan ne s'y montrait pas défaitiste. Il n'allait pas se laisser abattre par l'invasion russe. Milan faisait remarquer que, jusqu'alors, la politique de réformes de Dubček avait été maintenue. Il n'y avait pas d'État policier. Il y avait la liberté de parole. Il y avait la possibilité – pour la première fois, pensait Milan, dans « l'histoire du monde » – de créer un nouveau socialisme démocratique. Donc les gens qui s'inquiétaient publiquement de l'avenir soviétique, concluait Milan, étaient « simplement des gens faibles, qui ne peuvent vivre que dans l'illusion de la certitude». Ils n'étaient pas moraux du tout.

Mais Václav n'apprécia pas cet article. En février 1969, il écrivit un essai intitulé : *Český úděl ?* Cela signifie : *La Destinée tchèque ?* Il n'estimait pas qu'il était si mauvais que ça de demander publiquement des garanties. Il pensait qu'il était important d'apaiser les inquiétudes tout à fait raisonnables des gens. La vision de Milan d'une Tchécoslovaquie au centre de l'histoire mondiale était, pensait Václav, sentimentale.

En réponse, Milan écrivit un autre article. Celui-là était intitulé «Radikalismus a Exhibicionismus». Ce qui signifie : «Radicalisme et exhibitionnisme». Milan essayait d'expliquer ce qu'il avait voulu dire. Il pensait que toutes ces inquiétudes au sujet des Russes et des États policiers n'étaient que de l'«exhibitionnisme moral». C'était cela qui lui déplaisait. Et Václav, pensait Milan, souffrait lui aussi de cette «maladie des gens désireux de prouver leur intégrité».

Bien que Václav eût l'air noble, donc, ce n'était qu'un exhibitionniste.

Qui a fini par avoir raison ne m'intéresse pas. Rétrospectivement, certains pourraient penser que Milan avait tort. Il ne semble pas que ce soit le moment idéal, quand les tanks soviétiques patrouillent dans les rues de Prague, pour pinailler sur des questions d'éthique. Mais en fait, je ne pense pas qu'il avait tort. Milan n'était pas moralement naïf. Il disait une chose très vraie et importante. Il est possible, après tout, qu'une action semble altruiste, mais ne soit en réalité que destinée à servir son auteur.

C'est une complication.

Dans le vocabulaire de ce roman, par exemple, habiter avec Papa pourrait paraître noble mais en réalité cela servirait l'auteur de ce choix. La noblesse apparente du sacrifice de Nana serait simplement motivée par son désir de ne pas regarder Moshe faire jouir Anjali.

Je ne dis pas que cela soit entièrement vrai. Je dis seulement que c'est comme ça que ça serait.

Mais Václav n'admettrait pas cela. Et c'est pourquoi je n'aime pas Václav. Mais j'aime Milan Kundera. Je l'aime beaucoup.

5

« Tu ne veux pas que je reste avec toi ? » demanda Nana. Elle était peinée. Et Papa dit : « Ma douceur, bien sûr que je veux que tu restes avec moi. En fait non je ne veux pas que tu restes. Mais ce n'est pas parce que ça ne me plairait pas. Je veux que tu retournes avec Moshe. C'est fou. Ceci est fou. »

C'est la fin. C'est là que tout est renversé cul par-dessus tête.

Nana dit : « Mais je ne peux pas y retourner. » « Tu ne peux pas y retourner, dit Papa. Tu ne peux pas retourner avec Moshe. » « Parce qu'il sort avec quelqu'un d'autre », dit Nana. « Avec quelqu'un d'autre ? Déjà ? » dit Papa. « Il sort avec Anjali », dit Nana.

« Oh chérie, dit Papa. Oh je suis désolé. » « C'est pas grave, dit Nana. C'est pas grave. Comme ça je peux être avec toi. » « Alors c'est lui qui a rompu avec toi », dit Papa. « Non, dit Nana. Non, c'est moi qui ai rompu avec lui. » « Eh bien il semble que Moshe s'en est mieux tiré, dit Papa. Il m'a l'air d'aller plutôt bien. »

6

Écoutez, je pourrais mettre fin à la fin juste ici. Et si j'y mettais fin ici, ce serait une histoire très triste. Ce serait l'histoire de la solitude de Nana. Si j'étais méchant, alors je ferais probablement ça. Mais je ne suis pas méchant. Je suis gentil. Ce livre tout entier est gentil. La gentillesse, je suppose, est ce à quoi vous devez vous attendre de ma part.

Donc je vais continuer.

7

« Non, non, dit Nana. Scompliqué. Sscompliqué. On. On. » Elle se tut et se tut et se tut. « On vivait ensemble, plutôt, genre », dit-elle. Elle se tut.

OK, avant d'aller plus loin, il faut que je vous explique à propos de Nana et Papa et du sexe. Ce n'était pas un couple prude, ils étaient amicaux sur le sujet. Ils n'en parlaient peut-être pas souvent, mais quand ils en parlaient, c'était librement et sans chichis. Le sexe était neutre et souriant. Mais cela ne signifie pas qu'il était facile pour Nana d'expliquer tout ça. Ça restait un peu coton de raconter à Papa ses expériences dans un ménage à trois.

Elle dit : « On était un genre de trio. » « Vous étiez un trio ? » dit Papa. « Je, ouais », dit Nana. Il y eut un autre silence. Il y avait beaucoup de silences dans cette conversation. Je pense qu'il faudra que vous les imaginiez vous-même. Je ne peux pas écrire tous les silences. « Pourquoi tu ne m'en as jamais parlé ? » dit Papa. « Je sais pas, dit Nana. C'est juste, c'est juste. Je n'en avais pas besoin, je suppose. » « Alors ça fait combien de temps que vous êtes à trois ? » dit Papa.

Parce que le sexe était un sujet neutre, c'était un choc pour Papa – de découvrir que Nana avait fait partie d'un ménage à trois – mais ce n'était pas un choc moral. Il n'était pas désapprobateur. Papa n'était pas ce genre de parent. C'était une surprise absolue.

Il ne savait pas vraiment pourquoi il lui parlait comme ça. Il lui parlait de la même façon que lorsqu'il lui parlait jadis de l'école. Mais Papa n'était pas sûr du ton à adopter. Après tout, ce n'est pas la situation la plus habituelle – relever d'une attaque ou d'une tumeur tout en parlant avec sa fille de sa vie sexuelle extraordinaire.

« Oh quelques mois, dit Nana. Depuis qu'on est revenus de Venise. » « Quelques mois. Okay », dit Papa.

Papa se sentait fatigué. Il se sentait complètement abasourdi et fatigué.

8

Ceci est un autre moment de mon roman où vous ne devez pas laisser vos propres théories privées influencer la façon dont vous lisez. Dans ce cas précis, vous ne devez pas laisser vos théories sur les parents vous influencer. Il y a beaucoup de parents dans le monde. Tous les parents ont leurs bizarreries. Donc je ne pense pas qu'il existe une manière prévisible pour un parent de réagir à cette situation. Quand votre enfant vous dit qu'il vient juste de quitter un ménage à trois, il y a beaucoup d'options possibles.

Je vais juste décrire la façon dont Papa réagit. Je ne suis pas en train d'établir une règle générale.

« Je ne vais pas. Je ne vais pas être indiscret », dit Papa.

« Non, très bien », dit Nana.

« Je, je suis évidemment surpris. »

« Humhum. »

« C'est. Donc cette histoire, elle est terminée ? »

« Ouais. »

Jusque-là, Papa ne réagissait pas du tout. Il essayait juste de comprendre. Il essayait de trouver des définitions.

« Non qu'est-ce que tu veux dire ? dit Papa. Tu étais dans un ménage à trois ? Dans un, un vrai ménage à trois ? »

« Ouais », dit Nana.

« Donc toute cette histoire, toute cette histoire de t'installer avec Moshe. C'était t'installer avec Anjali aussi ? »

« Eh bien un peu. Pas exactement. Elle avait une clé. »

« Ah d'accord. »

« Elle était là la plupart du temps. »

« Bon Dieu », dit Papa.

Ce n'est pas que c'était un patriarche, Papa. Donc ce n'était pas un « bon Dieu » courroucé. C'était un « bon Dieu » étonné et éberlué. C'était un « bon Dieu » complètement dépassé.

« Donc. Donc. Tu n'as pas rompu avec Moshe ? » dit Papa.

« Si », dit Nana.

« Je veux dire, mais tu as rompu avec Anjali aussi ? »

« Eh bien okay avec elle aussi ouais. »

9

Donc Papa fit une esquisse mentale. Ça ressemblait à un ménage à trois classique, pensa-t-il. C'était un ménage de cinéma. C'était exactement comme *Jules et Jim*. (À part moi, vous vous rappellerez, dans ce roman seul Papa a vu *Jules et Jim*.)

Il était complètement dépassé, mais Papa était aussi fasciné.

« C'était comment ? Non excuse-moi. Je n'aurais pas dû demander ça », dit Papa.

« Spasgrave », dit Nana.

« Mais c'était comment ? » dit Papa.

Peut-être, peut-être seulement, cela vous choque-t-il. D'après vous, un père ne devrait pas demander à sa fille des détails de sa vie sexuelle. Poser des questions pourrait paraître lubrique. Eh bien, je ne suis pas d'accord. Papa avait son côté malicieux. Il trouvait ça très drôle, la vie amoureuse française et farce de Nana. Et le côté malicieux de Papa le rendait curieux. Cela peut être similaire à la lubricité, mais je ne pense pas que ça ait de l'importance. Cela montre seulement à quel point Nana et Papa étaient intimes. La lascivité, je pense, est OK. Un ménage à trois est fascinant. Sûrement vous savez cela maintenant. Je ne pense pas que j'aimerais quelqu'un qu'un ménage à trois laisserait imperturbable et non fasciné.

« Eh bien c'était bizarre, dit Nana. C'était. C'était difficile de dormir. »

Ce n'était pas une réponse, vraiment. Ce n'était pas le genre de réponse que voulait Papa. C'était beaucoup trop sociologique.

« Alors vous dormiez ensemble ? dit Papa. Je veux dire vous étiez toujours trois dans le lit ? »

« Hum, dit Nana. Oui. »

« C'était difficile de dormir ? »

« Anjali fait des cauchemars. Elle fait. Elle fait des cauchemars. »

« Hunhun. »

« Elle était au milieu. »

« Okay. »

« On n'est pas obligés de parler de ça », dit Papa.
« Non ça va, dit Nana. Je t'ai dit. »

Ce qui se passait, c'est que Papa pensait que Nana était une experte sexuelle. Il pensait qu'elle devait être une artiste du plumard. Quiconque a été un tiers d'un ménage à trois, pensait-il, devait être un artiste du plumard. C'était logique. Elle ne devait pas être réprimée. Poser des questions n'était pas un problème.

Mais Nana n'était pas une artiste du plumard. Je suppose que vous savez aussi cela maintenant.

« Je ne comprends pas très bien », dit Papa.
« Comprends pas quoi ? » dit Nana.
« Eh bien je suis juste intrigué par les. Je suis juste. »
« Tu es quoi ? »
« Eh bien. Est-ce que. Est-ce que Moshe regardait quand toi et Anjali ? ou. »
« Ouais parfois. »
« D'accord. Mais pas ensemble ? »
« Pas ensemble ? »
« Pas vous trois ensemble. En même temps. »
« Eh bien parfois. »
« Hunhun. »
« Mais c'est coton. »
« Oh les. Les positions. »
« Ouais plutôt. Oui. Il faut faire attention. »
« Oui bien sûr. Je vois. Oui. Les positions. »

« Est-ce que ça venait naturellement ? » dit Papa.
« Quoi le sexe ? » dit Nana.
« Eh bien oui. Les, euh, les positions ? Est-ce que tu savais où te mettre naturellement ? »
« C'était. Eh bien ça n'était pas trop difficile. »

« Non ? »

« C'était. Ça semblait assez facile. »

« Mais comment vous décidiez ? » dit Papa.

« Nous », dit Nana.

« Je veux dire est-ce que vous parliez de ce qui allait se passer avant ? »

« Nous. »

« Je ne sais pas. Je. Ça semble tellement compliqué. »

« Et Moshe. Il faisait aussi l'amour avec Anjali », dit Papa.

« Oui. Oui », dit Nana.

« Devant toi ? »

« Eh bien ouais. Ou quand je n'étais pas là aussi. »

« Et ça ne te ? Tu n'étais pas triste ? »

« Pourquoi ? »

Nana essayait d'être une artiste du plumard. Elle essayait d'avoir l'air d'une artiste du plumard. Et elle s'en tirait très bien. Mais très franchement, Papa était plus cool par rapport au sexe que Nana, je pense.

« Est-ce que c'était gênant, comme ça ? » dit Papa.

« Comme quoi ? » dit Nana.

« Ensemble. »

« Oh non non non non non. »

« Vraiment pas ? »

« Oh non. »

« J'imaginerais que ça serait très compliqué. »

« Non. Non pas vraiment. »

« Je veux dire. C'est déjà assez coton à deux. »

Assis sur le lit de Papa, dont la housse de couette avait un dessin moderne de petit lions et faucons blancs et d'arbres fruitiers sur fond magenta, Nana et Papa se mirent à glousser. Ils eurent une crise de gloussements.

« Je veux dire. Est-ce que tu avais, est-ce que tu avais déjà couché avec des filles ? Ou oui ? » dit Papa.

« Moi, euh, non, dit Nana. Non. »

« Et est-ce que c'était ? Est-ce que c'était bizarre ? »

« Quoi avec Anjali ? »

« Eh bien oui. »

« C'était. C'était marrant. C'était différent. »

« Donc ça te plaisait ? »

« À moi ? »

« Ça te plaisait, avec Anjali ? »

Nana gigota. Elle posa la paume à plat sur la couette, sur un lion blanc et fier.

« Je ne répondrai pas à ça », dit Nana.

« Donc. Ça devait être l'idée de Moshe, je suppose ? » demanda Papa.

« Non, dit Nana. C'tait la mienne. »

« C'était la tienne ? »

« Écoute c'était l'idée de personne. »

« Le, le, comment tu appelles ça, le ménage ? »

« Ouais le ménage. »

« Mais, comment ça se commence ? Comment ça a commencé ? »

« Écoute Papa. »

« Okay, okay. »

« Vous étiez tous soûls ? » dit Papa.

« Tu es obligé de poser ces questions ? » dit Nana.

« Je suis juste. Je. Non. »

« Je veux dire ça va. »

« Je dois dire, dit Papa. Que j'ai toujours aimé ce garçon. »

« Papa ! » dit Nana.

« Eh bien c'est vrai. Il me faisait rire. »

« Mais. Bon Dieu », dit Papa.

C'était un « bon Dieu » différent. C'était un « bon Dieu » plus assuré, plus compréhensif. C'était un bon Dieu fasciné.

10

Papa était polisson et fasciné. Mais il avait aussi son côté plus aimant. Cela le rendait protecteur. Cela le rendait protecteur et sérieux.

« Mais. Je ne suis pas entièrement satisfait de cette histoire, dit Papa. Je dois bien dire. »

« Tu es quoi ? » dit Nana.

« Je ne suis pas entièrement, je ne peux pas entièrement approuver cette histoire. »

« Quoi, mon départ ? »

« Non pas le départ. Eh bien. Je n'approuve pas le départ. Mais tout cet arrangement. »

« Ce n'est pas un arrangement. C'est fini. »

« Eh bien c'était un arrangement. »

« Eh bien ce n'en est plus un. »

« Vraiment ? » dit Papa.

« Vraiment quoi ? »

« C'était vraiment idéal ? »

« Non bien sûr que non. »

« Je pensais que ce serait une bonne chose », dit Nana.

« Une bonne chose ? » dit Papa.

« Je pensais que ça le rendrait heureux. Je pensais que ça la rendrait heureuse. »

« Mais et toi ? »

« Je pensais que je. Je. Je. Je ne sais pas. »

« C'est difficile d'en parler », dit Nana.

« Humhum », dit Papa.

« C'est, eh bien, c'était chouette un moment. Ça semble bizarre mais c'était chouette. »

« Non je peux croire ça. »

Je crois que vous pouvez suivre la progression des émotions de Papa dans cette scène. C'est une progression très compréhensible. D'abord Papa fut choqué. Puis le choc se transforma en un léger étonnement. Puis cet étonnement vira à la curiosité amusée. Puis il devint de la tendresse et de l'inquiétude. L'inquiétude laissait maintenant place à la simple pensée logique.

« Mais alors Moshe ne sort pas vraiment avec Anjali, dit Papa. Il a été laissé avec elle. »

« Non non, dit Nana. Il l'aime bien. Ils sortent ensemble. »

« Mais est-ce qu'il l'aime ? Est-ce qu'ils sont amoureux ? »

« Je sais pas. »

« Est-ce qu'ils sont amoureux ? »

« Je sais pas. Peut-être. »

« Je veux dire ça fait combien de temps qu'ils ? je veux dire. Ça ne fait que quelques semaines. »

« Mois. »

« D'accord mois. Bon Dieu. Mois. »

« Mais quand même, dit Papa. Chérie, qu'est-ce que tu croyais ? »

Non, Papa était intelligent, pas de doute.

« Et qu'est-ce qui se passe avec toi et lui ? dit Papa. Est-ce que Moshe t'aime toujours ? »

« Je sais pas », dit Nana.

« Tu ne sais pas ? »

« Eh bien peut-être. Eh bien ouais. »

« Donc d'accord. Voilà ce qui se passe, dit Papa. Tu as quitté Moshe avec une autre fille, pour qui il a de la pitié, tandis qu'il est toujours amoureux de toi. Et tu as fait ça pour être avec moi. »

Cela n'était pas exactement correct, rappelez-vous. C'était un peu plus noble que la vérité. C'était correct quant à ce que Papa savait, mais Papa ignorait les soucis de Nana avec le sexe. Il ignorait qu'il y avait une raison égoïste de quitter Moshe aussi bien qu'une gentille.

« Eh bien si tu le dis comme ça », dit Nana.

11

Quand Nana était petite, elle montait dans sa chambre et se couchait dans son lit en position fœtale. Elle faisait cela parce qu'on lui avait dit à l'école que ça vous donnait l'impression d'être en sécurité. Donc Nana se lovait. Elle se mettait au lit tôt, au crépuscule. Et puis elle restait allongée là en attendant que Papa vienne l'embrasser. Elle écoutait les craquements du palier tandis que Papa montait. Et alors elle faisait semblant d'être endormie tandis que la porte s'entrouvrait doucement. Puis son visage était près d'elle et elle gardait les yeux extraspécialement fermés. Il l'embrassait, puis il partait. Elle se couchait tôt, au crépuscule, et les rideaux bleuissaient la chambre blanche de sorte que si vous vous réveilliez de votre rêve le plus bref vous n'arriviez pas à dire si c'était vraiment une chambre blanche dans la lumière bleue ou une chambre bleue resplendissant de lumière blanche.

Quand Nana se réveillait, elle traversait le palier pour aller trouver Papa dans son grand lit. Et s'il était du côté près de la porte elle se faufilait tout contre lui, perchée sur le bord. Elle le protégeait. Elle faisait cela en sommeillant avec lui. Et quand il se levait pour aller travailler alors Nana se laissait tomber et finissait où Papa avait été. Et elle regardait ses seins ramassés et la touffe de son blaireau et son bizarre pénis coudé à travers la porte à demi fermée.

Deux fois par semaine le bureau laissait Papa rentrer tôt pour retrouver Nana, de sorte qu'il pouvait la surveiller tandis qu'elle faisait ses devoirs à la table de la cuisine. Il sortait ses boutons de manchettes de ses manchettes et lui faisait du thé.

Chaque fois que Nana imaginait le bonheur c'était dans la cuisine avec Papa.

C'était sa maison préférée. Il y avait un buisson de gratte-cul au coin de la rue. Il y avait des gendarmes couchés, faits en brique rouge avec des bordures jaunes. Il y avait un salon vert et une cuisine jaune avec du papier peint pissenlit. Et au premier il y avait un palier blanc avec une moquette marron qui faisait des plis. Au bout du palier il y avait une fenêtre avec une tulipe en vitrail. Sur cette tulipe, Nana avait collé à la pâte à posters un oiseau qu'elle avait fait, découpé dans du carton – sa silhouette détourée au feutre noir couverte de plumes poisseuses.

Elle aimait la maison. Elle aimait son Papa. Je ne veux pas que vous sous-estimiez ça, maintenant que Papa, le gentil le pragmatique le généreux Papa, était en train de lui faire changer d'avis.

12

Papa dit : « Tu vas évidemment devoir retourner avec Moshe. »

Nana dit : « Je peux pas. »

« Non. Tu retournes avec Moshe. »

« Mais je peux vraiment pas. »

« Pourquoi ? »

« Je ne peux pas retourner parce qu'il y a Anjali », dit Nana.

« Chérie je ne vois pas où est le problème avec Anjali, dit Papa. Tu aimes Anjali ? »

« Non. »

« Et tu aimes vraiment Moshe ? »

« Oui. »

« Alors ? »

« Je ne peux pas faire de mal à Anjali. »

« Nana. Nana. Anjali n'est pas le problème. »

Bien sûr c'était ce que Nana voulait entendre. C'était ce qu'elle voulait vraiment. Elle voulait récupérer Moshe tout seul. Mais c'était difficile pour Nana, de faire ce qu'elle voulait. C'était particulièrement difficile si ce qu'elle voulait faisait aussi de la peine à quelqu'un d'autre.

Mais c'est la fin. C'est là que tout se renverse. Et Nana serait égoïste. Voilà pourquoi c'est la fin.

Peut-être vous n'êtes pas d'accord que c'est égoïste. Peut-être vous pensez que si Papa voulait que Nana parte, alors il n'y a pas vraiment de sujet de débat moral. Mais le sujet n'est pas Papa. Enfin, ce n'est pas juste Papa. Le sujet est Anjali.

Je vous avais dit de vous rappeler Anjali. Anjali était,

d'une manière bizarre, heureuse. Et Nana le savait. Moshe le lui avait dit. Elle savait aussi que, si elle revenait, elle prendrait Moshe à Anjali. Moshe lui avait dit ça aussi. Donc ce que je suis en train de dire est la chose suivante. Nana savait tout cela, et elle allait quand même revenir. Elle allait faire tout ce qu'il fallait qu'elle fît.

« Tu sais que je t'aime très fort », dit Papa.

Et Moshe lui reviendrait. Bien sûr que oui. Je sais tout. Je connais très bien Moshe.

13

L'amie tchèque de ma mère, Petra, n'aimait pas Milan Kundera. Elle pensait qu'il n'aurait pas dû quitter son pays. Elle pensait qu'il était égoïste.

Je possède une drôle d'édition du second roman de Kundera : *La Valse aux adieux*. Cette édition a été publiée en 1979. Elle a une couverture en faux cuir rouge, avec un motif de faux fer doré imprimé dessus. En introduction, il y a un entretien avec Milan Kundera. Je vais vous citer une phrase de cet entretien : « Personne ne peut soupçonner ce qu'il m'en a coûté de quitter ma patrie : mes cheveux en sont devenus gris », dit Milan.

Je pense que nous devrions nous remémorer quelques dates ici. Kundera est né en 1929. Quand il quitta la Tchécoslovaquie en 1975 il avait donc quarante-six ans. C'est un âge très avancé pour quitter son pays. Et il n'est parti qu'après avoir passé sept ans, sous surveillance, dans la forêt près de Brno, non publié et isolé. Sept années, c'est long pour rester tout seul quelque part.

Je ne pense pas que les gens sont très intelligents à

propos de l'égoïsme. Je ne pense pas qu'ils voient à quel point il peut être moral. Parce que c'est moral, de refuser d'être autodestructeur. C'est une position parfaitement morale.

Papa était l'ange bienveillant de cette histoire.

Je n'ai pas arrêté de vous dire ça. Ce n'était pas juste une image sympathique. C'était vrai. C'était bienveillant, de dire à Nana d'être égoïste. C'était bienveillant, de lui dire de s'en aller. Parfois on ne peut pas être altruiste. Parfois, je pense, c'est trop autodestructeur. Peut-être que cela vous semble blasphémateur, peut-être que cela offense votre moralité personnelle. Mais j'ai raison.

Ce livre est universel. J'ai dit ça au début. Parce qu'il est universel, il est ambigu. Il a quelque chose pour tout le monde. Et l'ambiguïté finale est la suivante.

Je suis évidemment du côté de Papa. J'admire évidemment sa générosité et son amour. Moi, je crois en la générosité. Mais je ne suis pas seulement du côté de Papa. Je suis du côté de Nana aussi. Parce que je comprends l'intérêt d'être gentil. C'est une chose très merveilleuse.

Mais qu'est-ce qu'on peut vraiment reprocher à l'égoïsme ? L'égoïsme est parfois moral aussi.

RÉALISATION : PAO ÉDITIONS DU SEUIL
IMPRESSION : NOVOPRINT
DÉPÔT LÉGAL : JANVIER 2005. N° 78747
IMPRIMÉ EN ESPAGNE